2017年度教育部人文社会科学研究青年基金项目
《多学科视角下校园欺凌防治的理论与行动方案研究》（17YJC880088）成果
《校园欺凌法治研究》一书荣获上海市第十五届哲学社会科学优秀成果奖（著作类）二等奖。

校园欺凌法治研究

任海涛　著

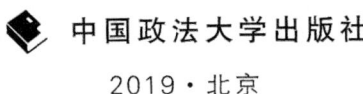

2019·北京

声　　明　　1. 版权所有，侵权必究。

　　　　　　2. 如有缺页、倒装问题，由出版社负责退换。

图书在版编目（CIP）数据

校园欺凌法治研究/任海涛著. —北京：中国政法大学出版社，2019.4（2023.9重印）
ISBN 978-7-5620-8957-5

Ⅰ.①校… Ⅱ.①任… Ⅲ.①校园－暴力行为－法治－研究－中国 Ⅳ.①D922.74

中国版本图书馆CIP数据核字(2019)第064935号

出 版 者	中国政法大学出版社
地　　址	北京市海淀区西土城路25号
邮寄地址	北京100088 信箱8034分箱　邮编100088
网　　址	http://www.cuplpress.com（网络实名：中国政法大学出版社）
电　　话	010-58908285(总编室) 58908433（编辑部）58908334(邮购部)
承　　印	北京九州迅驰传媒文化有限公司
开　　本	880mm×1230mm　1/32
印　　张	9.5
字　　数	220千字
版　　次	2019年4月第1版
印　　次	2023年9月第2次印刷
定　　价	49.00元

目 录
CONTENTS

上 篇：正文——理论研究

第一章 初识欺凌：基本问题介绍 …………… 3
 一、同伴欺凌现象的历史 …………………………… 3
 二、校园欺凌概念的历史 …………………………… 11
 三、校园欺凌行为的类型 …………………………… 15
 四、校园欺凌行为的危害 …………………………… 19
 五、我国校园欺凌的现状考察 ……………………… 24
 六、我国校园欺凌现象的成因 ……………………… 31

第二章 研究基石：校园欺凌概念的法学分析 …… 35
 一、界定概念是依法治理校园欺凌的必要前提 …… 35
 二、校园欺凌与校园暴力应清晰界分 ……………… 39
 三、狭义校园欺凌概念的内涵 ……………………… 43
 四、结 语 …………………………………………… 49

第三章 宏观视角：我国校园欺凌法治体系构建 …… 50
 一、学者关于校园欺凌法治体系的建议 …………… 51

二、11 部门《方案》构建的校园欺凌法治体系 …………… 53
三、构建我国校园欺凌法治体系的基本原则…………… 58
四、我国校园欺凌法治体系之重构 ……………………… 60

第四章　立法审视：校园欺凌行为的现行法律责任 …… 70
一、学生作为欺凌者产生的法律责任　…………………… 70
二、教师作为欺凌者产生的法律责任 …………………… 72
三、校园欺凌管理不力者的法律责任 …………………… 73

第五章　家庭责任：欺凌者及监护人"中间性处罚"
　　　　责任体系 ……………………………………………… 76
一、校园欺凌"法律责任"研究与立法现状 …………… 77
二、校园欺凌"中间性处罚"的设定原则 ……………… 86
三、欺凌者的"中间性处罚" …………………………… 91
四、监护人的"中间性处罚" …………………………… 101

第六章　学校策略：反欺凌班级文化建设 ………………… 105
一、班级的性质 …………………………………………… 105
二、班级环境对学生的影响 ……………………………… 108
三、班级是校园欺凌治理的核心场域 …………………… 112
四、构建以班级为中心的欺凌防治体系 ………………… 114

第七章　同侪作用：旁观者的积极作用 …………………… 121
一、问题的提出 …………………………………………… 121
二、旁观者的概念、特征、类型 ………………………… 124
三、旁观者与欺凌行为之间的相互关系 ………………… 128

四、影响旁观行为的因素 …………………………………… 130
五、发挥旁观者积极作用的策略 …………………………… 133

中篇：附录——课题组研究及重要资料

第一章　新兴类型：校园网络欺凌依法治理 …………… 141
一、校园网络欺凌的概念 …………………………………… 141
二、校园网络欺凌的特征、类型 …………………………… 143
三、校园网络欺凌中的法律责任承担 ……………………… 148
四、校园网络欺凌的治理途径 ……………………………… 155

第二章　社会参与：社会组织介入校园欺凌治理路径 … 163
一、当前反欺凌政策中缺乏社会组织角色 ………………… 164
二、社会组织介入校园欺凌治理工作的优势分析 ………… 167
三、社会组织应对校园欺凌多维路径之建构 ……………… 174
四、结语 ……………………………………………………… 181

第三章　他山之石：日本中小学校园欺凌治理经验镜鉴 … 183
一、加强数据统计工作，为反欺凌治理提供坚实基础 …… 184
二、建立特别刑事法与司法体系，为欺凌治理提供有效
　　威慑 ……………………………………………………… 187
三、构建综合性专门立法体系，明确反校园欺凌的基本
　　立场 ……………………………………………………… 191
四、探索"反校园欺凌法"的具体内容 …………………… 194

第四章　日本《校园欺凌防止对策推进法》内容体系 ………… 201

一、总则（第1条～10条） …………………………… 203

二、校园欺凌防治基本方针（第11条～14条） ……… 206

三、基本的实施对策（第15条～21条） ……………… 207

四、防止校园欺凌的相关措施（第22条～27条） …… 210

五、重大事态的应对（第28条～33条） ……………… 212

六、杂则（第34条～35条） …………………………… 213

第五章　我国台湾地区校园霸凌防制文件 ………………… 215

一、"校园霸凌防制准则"（节选） …………………… 215

二、"校园霸凌防制准则Q&A" ……………………… 223

下篇：行动方案——学校反欺凌指南

第一章　认识校园欺凌 ……………………………………… 234

一、什么是校园欺凌 …………………………………… 234

二、校园欺凌关系中的角色定位 ……………………… 234

三、构成校园欺凌的基本特征（认定标准） ………… 235

第二章　校园欺凌的类型 …………………………………… 238

一、肢体欺凌 …………………………………………… 238

二、言语欺凌 …………………………………………… 238

三、恐吓欺凌 …………………………………………… 239

四、姿态欺凌 …………………………………………… 239

- 五、强迫欺凌 ······ 239
- 六、关系欺凌 ······ 239
- 七、文字欺凌 ······ 240
- 八、性欺凌 ······ 240
- 九、反击型欺凌 ······ 240
- 十、网络欺凌 ······ 240

第三章 破除对校园欺凌的错误观念 ······ 241
- 错误一:这是必然经历 ······ 241
- 错误二:最好息事宁人 ······ 241
- 错误三:应该以牙还牙 ······ 241
- 错误四:不要多管闲事 ······ 242
- 错误五:那是咎由自取 ······ 242
- 错误六:此事不可避免 ······ 242
- 错误七:事件简单认定 ······ 243
- 错误八:实应淡定对待 ······ 243
- 错误九:不要小题大做 ······ 243
- 错误十:学校大事化小 ······ 243

第四章 教师如何防治校园欺凌 ······ 245
- 一、正确对待特殊学生 ······ 245
- 二、有针对性地应对典型性校园欺凌 ······ 246
- 三、建立和谐的班级文化 ······ 247
- 四、建立合理的矛盾化解机制 ······ 248

五、建立教师与家长良性互动机制 …………………… 249

第五章　家长如何防治校园欺凌 …………………… 250
一、如何尽早发现欺凌行为 …………………………… 250
二、作为受欺凌者家长应该如何做 …………………… 251
三、作为欺凌者家长应当如何做 ……………………… 253

第六章　学生如何面对校园欺凌 …………………… 255
一、自己被欺凌应当如何做 …………………………… 255
二、如何参与防治校园欺凌 …………………………… 257

第七章　学校防治校园欺凌的整体策略 …………… 260
一、建立专门组织 ……………………………………… 260
二、采取有力措施 ……………………………………… 262
三、加强相关法治教育 ………………………………… 264
四、加强校内外合作 …………………………………… 265

第八章　校园欺凌发生后的调查程序 ……………… 266
一、发现与初评阶段 …………………………………… 266
二、开展调查阶段 ……………………………………… 267
三、现场评估阶段 ……………………………………… 267
四、通报阶段 …………………………………………… 268

第九章　校园欺凌行为认定后的处理 ……………… 270
一、对于欺凌者、协助者的处理 ……………………… 270
二、对于受欺凌者的跟踪辅导 ………………………… 271

  三、进一步预防欺凌事件发生的策略 …………………… 272
  四、对于认定结果不服的申诉问题 …………………… 272

第十章 工作表格及治理对策运用问题 …………… 273
  一、校园欺凌状况调查问卷 …………………………… 273
  二、本校校园欺凌状况调查问卷汇总表 ……………… 275
  三、校园欺凌事件当事人跟踪辅导记录表 …………… 277
  四、校园欺凌事件处理流程记录表 …………………… 278

后 记 ………………………………………………………… 281
  一、初次接触 …………………………………………… 281
  二、循序渐进 …………………………………………… 282
  三、支持立法 …………………………………………… 284
  四、研究体系 …………………………………………… 285
  五、未完待续 …………………………………………… 286

上篇

正文——理论研究

第一章

初识欺凌：基本问题介绍

一、同伴欺凌现象的历史

（一）艺术作品中的欺凌现象梳理

校园欺凌一般是指学校里强大的个人或群体对弱小同伴的欺负行为。校园欺凌一般发生在同学之间，其上位概念是"同伴欺凌"，凡是共同生活、学习、工作的人群中，同伴之间的欺凌现象并不鲜见。近年来，中外大量影片以校园欺凌、同伴欺凌为题材。

2018年中秋节期间，根据郭敬明同名小说改编的电影《悲伤逆流成河》票房高企，成为一部影响甚广的校园欺凌题材影片。影片中，易遥因为暗恋校草齐铭惹恼了女校霸唐小米。唐小米带着人对易遥进行欺凌。顾森西帮助易遥对抗欺凌，鼓励易遥勇敢面对，最终帮助易遥成为一个自信的女孩。根据欺凌理论，在故事中，易遥是受欺凌者，唐小米是欺凌者，顾森西属于旁观者中的积极角色（保护者），唐小米身边的"跟屁虫"属于旁观者中的消极角色（协助者）。

世界各国欺凌题材的电影比比皆是。在日本影片《告白》中，一群无所顾忌的中学生对他人肆无忌惮地实施欺凌，危害极大。当受害人的母亲为死去的女儿复仇时，大多数观众从心理上表示支持。美国电影《贱女孩》（Mean Girls）塑造了一个一直与父母生活在非洲的女孩形象，她回到美国后遭遇了校园欺凌，她没有退缩而是积极应对，最后找到了报复方法，也解决了自己的心理问题。韩国影片《六月日记》也是描述母亲为受欺凌暴死的儿子复仇的故事。丹麦影片《更好的世界》更加全面地描写了校园欺凌，涉及同伴帮助摆脱欺凌、家庭环境及父母行为对孩子的影响、反击型欺凌等方面。类似影片还有《大象》《失控的校园》《魔女嘉莉》《单亲插班生》《天使之恋》等。

如果将时间回溯，会发现20世纪80年代就开始流行于中国的日本动画片《机器猫》中就有许多同伴欺凌的故事，90年代，该片片名被改译为《哆啦A梦》，人物名字发生了转换。大雄（90年代版叫胖虎）人高马大、粗野蛮横，在故事中基本上都是欺凌者角色；康夫（90年代版叫大雄）身材瘦弱、性格懦弱，在故事中一般都是被欺凌者角色；小强（90年代版叫小夫）是欺凌者的"跟屁虫"，是欺凌协助者，为大雄的欺凌行为摇旗助威；小静（90年代版叫静香）是欺凌旁观者中的保护者角色，她看到大雄欺负人会阻止或者及时告知机器猫帮忙；机器猫永远都是保护者角色，帮助弱者反抗欺凌。

艺术高于生活，但源于生活。这些影片中所描绘的有关欺凌的故事，在现实生活中可能都发生过，或许正在发生，而且将来还可能发生。因此，这个现象是值得各个领域专家共同关注的实际问题。当然，同伴欺凌现象的历史可以继续向上回溯。

校园欺凌的有关新闻近年来似有爆发之势，相关现象成为社会、政府与公众重点关注的焦点之一。但是如果仔细梳理思考会发现，同伴欺凌现象应该说是伴随着人类社会而产生的。古今中外的文史作品中有诸多记载。

首先来看中国的情况，《史记·淮阴侯列传》记载："淮阴屠中少年有侮信者，曰：'若虽长大，好带刀剑，中情怯耳。'众辱之曰：'信能死，刺我；不能死，出我袴下。'于是信孰视之，俛出袴下，蒲伏（同匍匐）。一市人皆笑信，以为怯。"这个应当属于史书中记载的同伴欺凌，我们可以根据欺凌理论对该事件进行分析。第一，欺凌应当是强势者欺负弱势者，屠夫认为自己比韩信强大而欺辱之，如果韩信不是贫困潦倒，而是豪门侈富人家之子，屠夫断然不敢欺负；第二，欺凌特征之一是"未受招惹性"，在本故事中，韩信并未激惹屠夫，而是屠夫故意找茬；第三，欺凌一定会给受害人带来心理伤害，韩信受辱肯定心中郁闷，旁观者的嘲笑会增加其痛苦。从上述三点而言，韩信受"胯下之辱"的记载应当符合欺凌认定标准。二人应该都是"小镇少年"，彼此认识且都与旁观者认识，所以定位为"同伴欺凌"并无不妥。

再比如《红楼梦》中所写，宝玉读书的学堂之中，同学之间会起绰号、背后传一些风言风语，也会出现肢体殴打之类的情况，这些也属于同伴欺凌的形式。还有曹文轩的《草房子》中有两则典型的同伴欺凌故事，小说开头就讲同学们给秃头的陆鹤同学起绰号"秃鹤"，陆鹤父亲怕同学嘲笑儿子就买了一顶帽子，而同学们抢夺了帽子后相互传递，最后竟然升到旗杆上面，给陆鹤带来了很大伤害。另外，小女孩纸月的妈妈未婚而孕，纸月是没有爸爸的"野孩子"，被同伴欺负，不得不到三里地以外的地方读书，而同村男孩并不罢休，还是经常拦路欺辱。再有鲁迅笔下的阿Q，在街上还要寻找小尼姑去揩油、欺负一下，虽然当事双方不是孩子，但是也属于同伴欺凌的一种。

类似情形在西方也不鲜见，古罗马伟大思想家奥古斯丁（Saint-Aurlius Augustinus）自传体回忆录《忏悔录》（The Confessions）中就记载了同伴欺凌的故事。在卢梭（Jean-Jacques

Rousseau）的《忏悔录》（Les Confessions）中也有欺凌故事发生，如有一次主人公（卢梭）偷了主人家一条漂亮的丝巾，把事情赖在一个小女仆身上，因而使那个无辜的女仆蒙受了羞辱。在这个故事中，虽然卢梭不是直接欺辱小女仆，但是这也是生活中的一种欺负行为。首先，这是强者对弱者实施的行为，卢梭也不敢对比自己身份高贵的人进行栽赃陷害；其次，小女仆并无过错；最后，该行为借助主人之手给小女仆造成了心理伤害。此外，中国读者熟知的小说《简·爱》（Jane Eyre）的作者英国著名作家夏洛蒂·勃朗特（Charlotte Brontë）出版的另外一本小说《教师》（1857年）中也有同伴欺凌的故事情节。意大利著名儿童作家亚米契斯（Edmondo De Amicis）出版的《爱的教育——一个意大利小学生的日记》（1886）非常出名，已经有100多种语言的译本，其中也记载了欺凌故事，比如，在一上课前，班级几个男孩对一个有身体残疾的男孩进行语言、肢体欺凌（甚至模仿男孩母亲的样子来嘲笑他），最后导致受害人拿起墨水瓶进行反击。英国著名桂冠诗人约翰·贝杰曼（Sir John Betjeman）于1960年发表长篇自传体诗歌《钟声的召唤》（Summoned by Bells），诗中详尽描述了自己在一次欺凌行为面前袖手旁观的经历。全诗如下[1]：

十二比一：
安格斯哪里有什么机会？
他们紧紧围住他，拽脱他的外套、裤子、袜子、鞋，
他蜷缩在衬衫中，被他们吊了起来。
他们把他塞进了垃圾桶，

---

[1] [美]芭芭拉·科卢梭：《如何应对校园欺凌》，肖飒译，华东师范大学出版社2017年版，第102页。

然后把墨水和糖浆往他的头上倒,
他们用绳子将垃圾桶拴在房梁之上。
当他啜泣时,我只看到了他的眼睛,
从垃圾桶的缝隙中看着我们,
而我们仰头看着他。

受欺凌者悲惨的眼神,诗人在多年后还能清晰记忆,并且在自己重要的自传体作品中记录这个事件以表达自己的内疚和不安之情,可见欺凌事件对于旁观者影响之深、为害之久。

(二) 亲身经历的欺凌事件反思

文学作品高于生活,但是其中的事件都源于生活。以上是从古今中外文学作品中梳理的同伴欺凌情况。如果从社会实践来看,或许每个人都曾经参与过或者旁观过欺凌事件,下面以我个人经历进行回忆,也算属于"深度社会调研"的范畴了。

每当我跟其他人谈到校园欺凌问题时,几乎所有人都有被欺凌的经历。记得一位朋友跟我讲过,他小时候被同学打断了胳膊,记忆犹新,因此他认为我写的"校园欺凌概念界定"那篇文章很有意义。我的一位尊亲属,现在写字只有将本子倾斜45度才能把字写正。她说,小时候受到同桌顽皮男生欺负,只把课桌的四分之一给她写字,她只能把本子斜过去放才能写字,其危害可谓终身。

回忆我自己的经历,亲身经历或者旁观过的欺凌事件几乎伴随整个儿童、少年时代。如小学之时,班上有一位男生在家里帮妈妈做饭、缝衣服,被邻居看见了,于是邻居大婶就半开玩笑、半是赞叹地给其送了一个绰号"小娘们儿"。恰好这位大婶的孩子也是我们同学,绰号被传开了,于是这个绰号伴随这位同学直到初中毕业,这个绰号较之今天说的"娘娘腔"可能有过之而无不及吧。还有一位同学的妈妈患有哮喘病,同学们

就给她起一个绰号叫"拉风箱",因为她妈妈哮喘,呼哧、呼哧喘气的节奏类似于拉风箱。

还有一位同学的父亲个子矮,我们就编儿歌对着这位同学唱"矮矬墩,去赶集儿,偷个辣椒当鸭梨儿,咬一口怪辣的,再也不偷带把儿的"。另外一位同学的妈妈非常邋遢,我们就编儿歌说"某某他妈,真邋遢,洗脚水,熬倭瓜……"这里对同伴父母的嘲讽与上文提到的《爱的教育——一个意大利小学生的日记》中描述的对同学母亲的嘲笑如出一辙。每当同伴对着被嘲笑的同学念这些儿歌之时,他们心里肯定是不愉快的。

还有一位同学个子很高,但是学习成绩不好、说话和行动特别缓慢,于是同学们给她起绰号"大尾巴蛆",今天看见这个字都恶心,但是当时男生都这样叫她,她的难过之情可想而知。后座的男生还会把钢笔水、唾液等喷到她的衣服上,导致她的衣服很脏,她肯定是伤心的。当然,令人欣慰的是,虽然男生对这位女同学进行各种欺凌行为,但是其他女同学并不这样做,她们会跟这位被起绰号的女同学保持良好的关系,课间一起游戏,一起上下学。所以,欺凌对这位女同学造成的伤害或许会有所缓和吧。当时,老师和家长对于这些"欺凌行为"只是当作男生调皮的行为来看待吧,并没有重视,更没有出面教育或者打压。

欺凌还会发生在陌生人之间。记得某个夏日周末,有外村的三个同龄小孩走亲戚要从本村经过,这个情况被我和小伙伴们注意到了,于是我们就拦住他们的去路。那三个小孩只能改道而行,我们骑着自行车紧紧跟随。三个小孩不敢说话只是埋头赶路,我们偶尔会把他们挤到路边沟中而哈哈大笑。一直走到邻村,其中一个小孩说"前面就是我姥姥家了!",我们害怕他舅舅出来教训我们,于是赶紧打道回府了。而我们小时候去走亲戚，如果身边没有大人陪伴，看到当地三五个孩子在一起，也会及时回避，害怕遭到欺凌，这种情况下被打两拳或被抢点东西也是会发生的。回忆起来，我们对外村三个小孩的"围追堵截"行为，并非是要对他们大打出手或者要钱，这仅仅是一种逗乐、恶作剧的行为，是一种为了获得欺负人而产生的愉悦感的行为。但是对于受欺负者而言，肯定是紧张、害怕的。当然，在20世纪80年代的乡村里，经常出现"大鱼吃小鱼"的现象，比如五年级的男孩看见三年级男孩，会无缘无故踹一脚或抢夺食物、玩具等，三年级男孩转而会对更低年级的孩子下手。这种行为被形象地称为"掐"，在以强凌弱的语境中，这个字我们读作"qiá"，是"降服"的意思，如狗对兔子、猫对耗子的降服就是用这个字来表达，描述这种欺凌行为非常贴切。当然，街上的小孩也是很有"心机"的，有一些对象他们不会轻易欺负：村干部的孩子、老师的孩子、有钱人家的孩子、社会小混混的弟弟之类，这一点更加体现了欺凌关系中的"强弱"并非仅仅指体力，还包括社会背景等因素。

等到我在镇上读书的时候，则经常目睹高年级同学向低年级同学要钱买零食吃的事情，好像他们也不是专门盯着一个人要，一般也不会全部要走，比如有低年级同学拿出来5毛钱，高年级同学会要走两三毛，剩下一点。今天想想，高年级同学也是有"底线"的，害怕把低年级同学逼急了，而报告成人。初中时，我在学校住宿，有一个"小霸王"非要用他的旧西服换我的新西服，我一直不肯，他并没有采取武力威胁，而是找到我同寝室的一位同学，让他采取欺骗的方式把西服骗走，然后送回来那一件旧西服。因为当时主要精力放在学习上，这件事情虽记忆犹新，但在当时并未造成非常深刻的伤害。

（三）对当前校园欺凌频发状况的基本判断

以上我分别从文学作品、个人经历角度介绍了校园欺凌、同伴欺凌的一些故事原型,这种梳理可以说借鉴了"法律与文学方法""社会调研方法"。从以上梳理而言,笔者有以下几个基本判断:

第一,"同伴欺凌"可能是从人类社会早期就存在的一种现象。人欺负人可能是动物界弱肉强食现象的一种体现。在孩子之间又特别容易发生同伴欺凌,因为孩子之间没有法治观念束缚,基本上靠自然能力来体现强弱。比如,一般年小体弱的孩子容易受到身强体壮的孩子的欺凌。还有上述,外村小孩会受到本村小孩的欺负,原因是外村小孩认为如果他们反抗,本村小孩就会去请更大、更多的帮手来,从而有恃无恐。

第二,不同时期、不同社会环境下,大家对于"欺凌"危害的认识也不同。比如在20世纪80年代,我们同学之间起难听的绰号、把墨水滴到衣服上的行为,如果放在2019年,家长肯定会找到学校去理论,但是当时的情况是,老师、家长、孩子都不认为这是一件很严重的事情。那个时候,除非是把脸都打破了,家长才会介入。再如《草房子》描写的是发生在20世纪60年代,那个时候,给陆鹤起绰号"秃鹤"、随便抢夺陆鹤的帽子的行为,即使校长看见也不认为是"欺凌",只认为是孩子之间的一种打闹。

当然,这与当时的子女数量也有关系,农村家庭中最少有两个孩子,一些家庭有三五个孩子,所以对于某一个孩子不会关照、关注那么多,对于上述的事件并不会特别去处理。孩子也没有特别去跟家长汇报这些事情。假如孩子把受欺负的情况报告老师,可能老师和其他同学还会嫌其多事呢。

再如,如果在山区,给一个来自多子女家庭的同伴起一个绰号、甚至对其吐一口口水、踹一脚,可能对当事学生的伤害程度也不会很大。但是如果同样的事情发生在城市中精心养育的某个独生子女身上,可能实际伤害会比前者大很多。这一点,需要我们重点关注和研究,以便于在制定治理对策时,遵从因地制宜的原则。

第三,近年来大量校园欺凌事件曝光与网络新技术发展有关系。新技术环境下校园欺凌可以被录制为视频,在网络上迅速传播,因此,如"中关村二小"这种典型欺凌事件也会迅速在网络、自媒体上发酵、传播。这就显得近年来,校园欺凌事件频发,实际上,应该说以前也有欺凌事件,只不过没有这些渠道迅速传播而已。所以,对于校园欺凌发生几率是否比以前高的问题,不能简单以网络报道为参考系,还需要进行大量调研来确定。

第四,近年来校园欺凌事件被广泛关注与"70后""80后"为人父母也有关系。现在的事件中的中小学生,他们的父母大部分是"70后""80后",这一代父母维权意识强烈、对子女身心健康更加重视、利用网络媒体发出声音的能力更强,这也是近年来大量欺凌事件被曝光、持续发酵的重要原因。

第五,从个人经历而言,如果学校、老师、家长认真对待校园欺凌、同伴欺凌问题,切实履行教育防范义务,欺凌现象会大幅度减少。因此,制定有效措施、深入防治欺凌,具有重要的实践价值。

最后,既然校园欺凌、同伴欺凌并不是阳光下面的新兴事物,我们的研究应该用更加长远的目光去加以审视,这样我们的研究可能会更加全面、客观。

二、校园欺凌概念的历史

(一)"欺凌"概念的产生和发展

本书所研究的核心词汇"欺凌"一词英文是"bully",我国台湾地区翻译为"霸凌",二者同义无差别,只是大陆地区学者及官方文件习惯使用"欺凌"一词而已。据有关学者考证,"bully,这一个词语最早出现于1530年代,原指称男性女性为'甜心'的意思,直到十七世纪时才沦落为指人是'炫耀的家伙'、'咆哮者'以及'弱者的骚扰者'等负面的用语",[1]后来逐渐发展为具有欺凌、霸凌的含义。挪威学者在20世纪80年代,在全国做了有关校园欺凌的调查。英国于1990年开始进行全国性调查。校园欺凌现象引起各国学者的广泛关注起始于20世纪90年代。虽然今天,有关欺凌的概念已经观点众多,但是这些研究都受到挪威学者奥维斯(Dan Olweus)对欺凌所作定义的启发,他认为,"校园欺凌是一名学生受到一个或多个学生主导的欺负行为,欺负行为具有多发性、重复性、持续性和长期性。"[2]根据这个定义,上文中文学作品、个人经历中的事件,应当属于欺凌范畴。基于人的好胜心理、炫耀心理、恃强凌弱心理等,有人群处就会有欺凌存在。由于儿童少年心智不成熟、缺乏对法律、道德及其他社会规则的理解与遵从意识等原因,发生同伴欺凌的几率更高。20世纪晚期开始,欧美、日韩等发达国家校园欺凌事件频发,引起了广泛关注,于是针对校园欺凌的学术研究、政府治理策略开始丰富起来,逐渐形成了一个专门研究领域。在西方及我国台湾地区,研究校园欺凌的调查报告、著作和学术论文、校园手册等层出不穷。自2010年以来,我国大陆的校园欺凌新闻逐渐增多,学术研究和政府文件也逐步增多起来。但是,从"依法治理"(法治)角度对

---

[1] 林雅萍、任庆仪:"中学校园学生霸凌现象之个案研究:以丁丁中学为例",载《区域与社会发展研究》2011年第2期。

[2] See Dan Olweus, "Aggression in the schools: bullies and victimization in school peergroups", The psychologist, 1991, pp. 243~248.

该问题进行系统研究的学术著作还没有出现。本书作为第一次尝试，希望对该领域的研究起到抛砖引玉的作用。

（二）对"校园欺凌"概念的界定

从20世纪90年代开始，其他国家和地区不仅在校园欺凌学术研究方面积累了丰硕成果，而且各国（地区）相关文件对于"校园欺凌"的概念都进行了界定，他们的做法应该作为重要参考，进入我们的研究视野。

在美国，治理校园欺凌问题应该属于各州权限范围，故美国联邦法律体系中没有相关法律规定。但是美国各州均已制定了校园欺凌防治规则。通常情况下，对校园欺凌的界定较为宽泛，将之定义为"重复性的、故意的、侵略性的对他人施加伤害的行为"。[1]面对非常严重的校园欺凌问题，日本政府于2013年6月制定了《校园欺凌防止对策推进法》，并且在2014年、2015年进行了两次修改，该法第2条对于校园欺凌的定义是："与在校学生处于同校人际关系下的其他学生针对该学生所施加的、具有心理或物理影响，并使得被欺凌学生感到身体痛苦的行为（包括网络欺凌行为）。"[2]该法在国内还没有完整译文，本书将会收录其内容作为附录。英国教育部发布的治理校园欺凌的文件中对校园欺凌的定义是"一个个体或群体反复地、故意地在身体上或情感上伤害另一个个体或群体的行为。"[3]芬兰政府制定的反校园欺凌文件中的定义是"Bullying is when the same student is repeatedly and deliberately harmed. The perpetrator

---

[1] 安杨："校园欺凌中的学校侵权责任探究"，载《中国青年社会科学》2017年第5期。

[2] 参见任海涛、闻志强："日本中小学校园欺凌治理经验镜鉴"，载《复旦教育论坛》2016年第6期。

[3] 屈书杰、贾贝贝："英国校园欺凌综合治理体系及其对中国的启示"，载《河北大学学报（哲学社会科学版）》2018年第1期。

is/are someone/s against whom the victim finds it difficult to defend him/herself."[1]加拿大安大略省将校园欺凌的概念界定为"欺凌，是一种有害身心健康、动态的互动过程，是重复使用强势力量进行身体的、言语的或者社会侵犯的一种形式。"[2]2012年，我国台湾地区有关部门颁布了"校园霸凌防制准则"（本书附录收录该文件），第3条：本准则用词，定义如下：

一、霸凌：指个人或集体持续以言语、文字、图画、符号、肢体动作或其他方式，直接或间接对他人为贬抑、排挤、欺负、骚扰或戏弄等行为，使他人处于具有敌意或不友善之校园学习环境，或难以抗拒，产生精神上、生理上或财产上之损害，或影响正常学习活动之进行。

二、校园霸凌：指相同或不同学校学生与学生间，于校园内、外所发生之霸凌行为。

从以上爬梳可以看出，各国（地区）对于"校园欺凌"的概念界定，重点关注了"欺凌行为"的特征、性质的界定，而对于何为"校园"没有详细界定。当前我国法律文件中对于校园欺凌概念的界定也并不细致周全。《国务院教育督导委员会办公室关于开展校园欺凌专项治理的通知》（2016年4月）在介绍国家专门出台文件治理校园欺凌问题的背景时，对校园欺凌作了一定描述："发生在学生之间蓄意或恶意通过肢体、语言及网络等手段，实施欺负、侮辱造成伤害的校园欺凌事件"。该界定仍不清晰。

---

[1] KiVa international："What is Bullying?"，载http://www.kivaprogram.net/parents/，最后访问时间：2018年10月5日。

[2] 杨廷乾、接园、高文涛："加拿大安大略省校园预防欺凌计划研究"，载《比较教育研究》2016年第4期。

教育部等 11 部门[1]联合印发的《加强中小学生欺凌综合治理方案》（2017 年 12 月）文件规定："中小学生欺凌是发生在校园（包括中小学校和中等职业学校）内外、学生之间，一方（个体或群体）单次或多次蓄意或恶意通过肢体、语言及网络等手段实施欺负、侮辱，造成另一方（个体或群体）身体伤害、财产损失或精神损害等的事件。"该规定吸取了学术界若干观点，第一次从政策层面上较为清晰地界定了校园欺凌的认定标准。该概念应该是迄今为止，我国政府部门对于校园欺凌概念的统一认识。

在引言部分作上述介绍，目的是让读者在阅读正文前，对校园欺凌有一个大致印象。对于校园欺凌概念的具体分析，将在正文中展开。

三、校园欺凌行为的类型

研究校园欺凌的概念、特征、危害、成因、防治措施等问题时，都会涉及校园欺凌类型划分的问题，因此该问题也是全面认识校园欺凌的基础性问题。

各国（地区）在制定校园欺凌防治规定时，除了对校园欺凌概念作出界定以外，也对校园欺凌的类型进行了规定，值得借鉴。"英国教育部在明确校园欺凌定义的基础上将欺凌行为划分为三种形式：暴力或袭击、盗窃、重复骚扰或恐吓（例如骂人、威胁，或辱骂电话、电子邮件短信）。"[2]芬兰在校园欺凌

---

[1] 具体包括教育部、中央综治办、最高人民法院、最高人民检察院、公安部、民政部、司法部、人力资源和社会保障部、共青团中央、全国妇联、中国残联等 11 个部门。

[2] 屈书杰、贾贝贝："英国校园欺凌综合治理体系及其对中国的启示"，载《河北大学学报（哲学社会科学版）》2018 年第 1 期。

防治文件中"在校园欺凌的表现形式方面,主要有言语欺凌、肢体欺凌、间接欺凌(或称关系欺凌)及网络欺凌。"[1]我国台湾地区的儿福联盟将校园欺凌区分为五大类:"肢体霸凌、言语霸凌、关系霸凌、反击型霸凌、性霸凌"。[2]

除了以上实践中的划分以外,学者们也对校园欺凌的类型提出了不同的观点。例如,有的学者以日本校园欺凌现状和立法为研究基础,依据欺凌的方式和手段将校园欺凌的类型划分为:"身体伤害、语言伤害、心理伤害、精神伤害、网络欺凌等五种形式"。[3]还有学者对校园欺凌进行了更加细致的分类,认为校园欺凌应当包含"肢体霸凌、言语霸凌、性霸凌、关系霸凌(排挤他人或散播谣言中伤他人)、反击型霸凌、网络霸凌及不作为霸凌"。"不作为霸凌"属于该学者的创新性提法。另有学者在系统研究校园欺凌的概念、意涵、内容、区辨的基础上将校园欺凌分为六大类型:"关系欺凌、言语欺凌、肢体欺凌、性别欺凌、反击型欺凌、网络欺凌",[4]就此分类而言,"性别欺凌"是该学者的创新性提法。

任何分类都应该先确定分类依据和标准。由以上论述可知,无论实务部门抑或学者,对校园欺凌类型进行研究时,他们的分类依据基本一致,即欺凌的手段或表现形式。然而不同主体所得出的结论却并不统一。究其原因,是因为不同主体对于特

---

[1] 覃丽君:"发挥多元主体参与的力量:芬兰中小学反校园欺凌计划的实施及启示",载《外国中小学教育》2017年第9期。

[2] 林雅萍、任庆仪:"中学校园学生霸凌现象之个案研究:以丁丁中学为例",载《区域与社会发展研究》2011年第2期。

[3] 参见向广宇、闻志强:"日本校园欺凌现状、防治经验与启示——以《校园欺凌防止对策推进法》为主视角",载《大连理工大学学报(社会科学版)》2017年第1期。

[4] 参见林进材:"校园欺凌行为的类型与形成及因应策略之探析",载《湖南师范大学教育科学学报》2017年第1期。

定概念的内涵和外延理解不同，同时也与该主体的工作或研究目的有关。追求学术界、实务部门一致认可的校园欺凌类型划分显非易事，本书的研究目的是为依法防治校园欺凌提供理论支持，故本书所做分类应当做到类别数量适中、类别包容性大、尽量避免偏颇。基于此目的，本书在对前人理论进行借鉴的基础上，认为"六分法"更加符合实际情况和立法需要。下面对于此六大类型内涵分论之。

第一，肢体欺凌（或称身体欺凌），这是最传统、最容易识别的欺凌行为。主要方式：徒手或者利用工具对弱势同侪进行踢打、碰撞、推搡、吐口水、抢夺财物、故意破坏衣服和财物等行为。这种欺凌形式，大部分发生在男生之间。此种欺凌关系的反复出现，对于欺凌者和受欺凌者的心理都会产生不良影响，在他们成年后，增加产生负面的、反社会的暴力倾向或者消极人格的风险。

第二，言语欺凌，这是在同侪之间最容易发生的一种欺凌行为。主要是以语言的方式来谩骂、取绰号、嘲笑、讽刺等，在女生之间发生的频率较大，此种欺凌还包括故意毁损他人名誉等。如果是取笑同侪的家庭、种族、宗教信仰、生理缺陷，则伤害更大。此种欺凌行为较为隐蔽、不易被发现，但是对于受欺凌者的心理伤害，比肢体欺凌更加严重。此种欺凌经常与"关系欺凌"交叉进行，因为对于贬损对象，欺凌者同时会进行关系孤立。

第三，关系欺凌（或称间接欺凌），是指"欺凌者通过间接的方式对受欺凌者实施的欺凌行为，如欺凌者采取社会操纵（Social Manipulation）的方式在受欺凌者身边的同学中散布负性且无依据的谣言，致使受欺凌者受欢迎程度受损，甚至受到群体排斥和孤立等。"[1]这也是一种常见的欺凌行为，欺凌者既可以利用自己在团体中的"影响力"来让其他成员孤立、排斥被欺凌者，也可以通过造谣、散布信息等方式说服周围同学，对受欺凌者进行孤立和排挤，使得受欺凌者被拒绝在同辈团体之外。受欺凌者会出现焦虑、沮丧、丧失信心、逃避上学或者辍学现象，严重者可能引起自伤、自杀行为。这种欺凌一般会从个体欺凌发展到集体欺凌。关系欺凌往往不被重视，同时虽然关系欺凌比较隐蔽，不易被发现，但是危害性却更大，因为"被忽视、冷落的经验比责骂等虐待行为更可能造成持久心理伤害"。[2]

第四，性欺凌（或称性别欺凌），此种欺凌行为是指欺凌者通过语言、肢体或其他暴力行为，对受欺凌者进行与性生理、性心理有关的欺凌，主要表现为对受欺凌者的性别特征、性格特点、性取向、性别认同等进行挖苦、嘲笑、威胁甚至攻击的行为。该行为尚未构成性骚扰，但是也会产生极坏结果，有的国家曾发生因为此事而引发自杀的事件。

第五，反击型欺凌，此种欺凌系指受欺凌者因长期遭受欺凌而产生的不良反应，可能是直接对欺凌者展开反击，也可能是转而对比自己更加弱势的人展开欺凌，即实现"从受欺凌者到欺凌者的蜕化"[3]。这也是校园欺凌的恶果之一。

第六，网络欺凌，此种欺凌是新兴形态，具有难预防、传播快、危害性广等特点。主要表现形式是利用电子邮件、手机短

---

[1] 覃丽君："发挥多元主体参与的力量：芬兰中小学反校园欺凌计划的实施及启示"，载《外国中小学教育》2017年第9期。

[2] 安芹、贾晓明、李波："中学生童年期创伤经验与自尊、主观幸福感的关系"，载《中国心理卫生杂志》2009年第8期。

[3] 参见李明达："自我认同视角下校园欺凌行为成因及对策研究"，载《当代教育科学》2017年第11期。

信、微信、社群网站、网络聊天室、网站、留言板等手段（手段将随着网络信息技术发展而不断更新），散播侮辱性、不实的言论、图片等对他人进行威胁、骚扰、欺负，或者是借助网络媒介侮辱他人人格、披露他人隐私、侵犯他人权益等行为。因其与传统校园欺凌迥异，故本书设专章对其进行研究。

在本书前文介绍的著作《爱的教育——一个意大利小学生的日记》中记载了一个典型的校园欺凌故事，按照欺凌类型可以作如下分析：在某日上课之前，三四个调皮男生欺负克洛西，他们用尺子戳他，用剥下的栗子壳砸他的脸，这就是肢体欺凌；他们恶意模仿他残疾的姿势、取笑他是一个残废和怪物，还有人做出挽着篮子的姿态，模仿克洛西母亲来学校接儿子的样子，这就是语言欺凌；最后激起了克洛西的反抗，他用力把墨水瓶向欺凌者砸过去，这就是反击型欺凌。前文所述，我们给小学男同学起绰号"小娘儿们"就属于性别欺凌，等等。

可见，未来立法文件不仅要对校园欺凌概念、认定标准进行界定，同时也应当对欺凌类型作出规定，以便我们认识和防治校园欺凌。

四、校园欺凌行为的危害

校园欺凌行为的危害具有多元性，对于受欺凌者、欺凌者、旁观者、校园环境、民族国家等都有直接或间接危害。

（一）对受欺凌者产生的危害

在校园欺凌行为发生后，首当其冲的就是受欺凌者。首先，他们的身体和精神直接遭受了欺凌行为的侵害。如肢体欺凌会直接伤害他们的身体或者侵害他们的财产权，这种损害是有形的、可见的。同时，各类欺凌都会给受欺凌者带来精神上的痛苦和心理上的创伤，这些伤害较之有形伤害危害更大。中小学生年龄段是7~18周岁，这个阶段的青少年心智发展还不成熟，心理脆弱与敏感是其心理特征。对于这些正处于儿童期、青春期的孩子而言，无论是遭受肢体欺凌还是其他类型欺凌，对他们的身心创伤都是不言而喻的。曾经遭受欺凌，特别是经常遭受欺凌的学生，往往会表现出头昏脑涨、精神涣散、睡眠障碍等一系列不适症状。要想帮助受害学生从心理创伤中完全恢复几乎是不可能的。

这种经历还会对他们的未来成长产生重要影响，比如造成他们成年后性格消极自卑、胆小怕事、逃避责任或者性格暴躁、欺辱弱小等。当然，从欧美国家、日本经验来看，非常严重的欺凌行为会导致学生自杀、自残。这种现象如此让人关注，以至于在本章最开始介绍的影视作品中，有多位被欺凌者因不堪欺凌而选择自杀。2011年，日本滋贺县大津市立中学的学生由于受到校园欺凌而自杀。该事件引起了社会广泛关注，经过复杂的立法准备阶段，日本于2013年6月颁布了《校园欺凌防止对策推进法》，并于9月28日开始施行。[1]

另一方面，一个学生如果长期遭受欺凌则有可能产生报复他人的心理状态，有可能报复欺凌者或者其他人，即上文分类中所讲的"反击型欺凌"，也有人将此种现象称为"受欺凌者自我认同的异化"。[2]校园欺凌现象对受欺凌者所造成的此类危害更加恐怖，如果某校园欺凌行为得不到遏制，则会发展为一个"大鱼吃小鱼、小鱼吃虾米"般的校园欺凌链条，给更多学生带来伤害，波及面越来越大、持续时间越来越长、受害主体越来

---

[1] [日] 坂田仰：《いじめ防止対策推進法全条文と解説》，学事出版株式会社2013年版，第2页。

[2] 李明达："自我认同视角下校园欺凌行为成因及对策研究"，载《当代教育科学》2017年第11期。

越多。该情况在以往的严重事件中已经有所体现。例如1999年4月，美国科伦拜（Columbine）中学发生了一起恶性校园枪击案件，遭受欺凌的2名学生D. Klebold和Eric Harris在校园枪杀12名学生和1名老师后自杀，该事件也使得美国教育界对校园欺凌概念重新进行了界定。[1]类似的报复事件在我国也有发生，"2018年4月27日18时10分许，陕西省米脂县第三中学学生放学途中遭犯罪嫌疑人赵某某袭击，造成19名学生受伤（14女5男），截至23时，死亡人数已经上升到9人。"而制造这个惊天惨案的持刀杀人犯，"原来在陕西米脂县三中上过学，曾被同学欺负过，积怨已久，长期压抑，不能排解。最终却把怨气撒在了母校无辜学生身上"。[2]由此可知，校园欺凌现象如果得不到有效治理，则每个学校的学生、每个人的孩子甚至是每个人都可能间接遭受其危害。我们对于校园欺凌行为对受欺凌者所引起的危害，应当具有全面认识。

（二）对欺凌者产生的危害

校园欺凌的危害深远，对受欺凌者、欺凌者都有严重危害。在2014年的《美国精神病学杂志》上刊登了一项新的研究成果，显示校园欺凌的负面影响可以一直持续到当事人中年以后，经常受到欺凌的孩子在步入中年以后具有更大的抑郁、焦虑、自杀风险，在50岁时认知功能也会很差。同时该篇文章还介绍了英国学者做过的一组调查，其跟踪调查一组在14岁时欺凌他人的学生，发现等到他们到了32岁时还有18%的人仍然会欺凌他人，有超过六成者具有高度侵略性，他们暴躁、易怒、喜欢

---

[1] 林雅萍、任庆仪："中学校园学生霸凌现象之个案研究：以丁丁中学为例"，载《区域与社会发展研究》2011年第2期。

[2] "惊天惨案！米脂中学生遇袭9死17伤：校园欺凌远比你想象的复杂"，载http://www.sohu.com/a/229899877_544947，最后访问时间：2018年11月24日。

争论和有暴力倾向，20%的人走上了暴力犯罪的道路。[1]

欺凌者也是受害人的结论似乎超出了我们的认知。一般我们认为欺凌者通过欺凌他人而获得了满足感，应该不会受到什么伤害。但是如果从个体心理发展的角度来看，伤害则是明显的。中小学阶段是青少年的人生观、世界观、价值观和个性形成的关键时期，如果该时期内欺凌者的行为没有得到管控约束、欺凌者对于欺凌行为的恶劣性质没有正确认识的话，那么将对其今后身心发展产生持续性的负面影响。有调查表明："学习时期对于欺凌行为未加控制，进入社会后易使用相同手法来与人相处"，而且"易发生刑事案件"。[2]可以想见，早期畸形的社交关系对其成年后社交能力会产生直接影响。

(三) 对旁观者产生的危害

表面来看，校园欺凌对旁观者的影响很微弱，实际上则危害很大，有时会超过对受欺凌者的影响。本书后文有专章研究"旁观者"问题。欺凌行为发生对于旁观者具有两种影响：短期影响和长期影响。第一，短期影响是指旁观者在看到或者知悉欺凌行为一年内所受到的影响。旁观者会出现愤怒、悲伤、无奈、自责、痛苦、害怕等负面情绪。第二，长期影响是指事件发生数年甚至更久以后，对旁观者产生的影响。持续时间最长的情绪可能是内疚感，本来自己可以出手相救或者报告老师，但是自己却没有这样做。本书前文叙述，英国桂冠诗人约翰·贝杰曼在其成年、成名后，撰写自传体诗歌《钟声的召唤》时，详细记载了小时候旁观的一次欺凌事件，细节历历在目，诗人

---

[1] "校园霸凌对孩子有哪些长远影响？"，http://www.360doc.com/content/15/0720/17/17509650_486232005.shtml，最后访问时间：2016年4月26日。

[2] 参见林进材："校园欺凌行为的类型与形成及因应策略之探析"，载《湖南师范大学教育科学学报》2017年第1期。

借此表达当时未能出手相救而产生的负罪感、内疚感。欺凌行为对旁观者的深远的负面影响，由此可见一斑。

有学者研究欺凌行为对旁观者的深远影响包括："①怀疑自己的能力和价值，要么压制自己的个性，使自己变成温顺听话的性格；要么成为自卑、自责、缺乏安全感的负面人格。②受到欺凌者行为暗示，对弱小者（甚或身边人）使用暴力压迫其屈从。③可能产生类似于被欺凌者的反应，如晚上大脑中反复出现受害画面、痛苦回忆，导致产生失眠抑郁、焦躁不安的情绪。④严重者可能发展为强迫症，反复回忆自己白天的社交行为（俗称"放电影"），努力寻找白天社交中的纰漏以及他人的反应，最终会导致自我价值否定。⑤最为严重者，上述负面性格可能导致自杀。"[1]

（四）对民族和社会产生的危害

欺凌行为对于班级文化、校园氛围都有破坏作用，会破坏班级、校园和谐、安宁的环境，从而对全体学生产生负面影响。不仅如此，欺凌行为还会对社会风气、民族进步产生负面影响。

2018年9月10日，全国教育大会在北京召开，习近平总书记在报告中明确指出了教育的重要意义："教育是民族振兴、社会进步的重要基石，是功在当代、利在千秋的德政工程，对提高人民综合素质、促进人的全面发展、增强中华民族创新创造活力、实现中华民族伟大复兴具有决定性意义。教育是国之大计、党之大计。"[2]校园欺凌行为多发，必然会对正常的校园

---

[1] 南琦：《向霸凌Say NO!：认识→对付→走出霸凌的校园暴力防治三部曲》，远流出版事业股份有限公司2014年版，第214~215页。

[2] "习近平出席全国教育大会并发表重要讲话"，来源于：中国政府网http://www.gov.cn/xinwen/2018-09/10/content_5320835.htm，最后访问时间：2018年11月3日。

学习环境、教学秩序产生负面影响，对于国家教育目标的实现产生阻碍。一旦校园欺凌行为得不到有效遏制，则有可能形成一种恶劣的学校环境，对于学生正常学习、生活产生明显危害。

从以上分析可知，校园欺凌的危害无人可以幸免，欺凌者、被欺凌者、旁观者都会受到长久的、难以恢复的心理、精神上的创伤。而这些学生日后都将成为我们社会和民族的建设者和接班人。如果校园欺凌现象得不到有效管控，也就意味着从根本上侵蚀未来社会人才的培养根基。例如，根据新闻报道，在《最强大脑》节目挑战者中有一位具有"神算天赋"的"天才少年"，因为其特殊禀赋而受到周围同学的排挤、孤立。最后其家长无奈，只得带着孩子去国外学习。这个孩子算是幸运儿，其受欺凌情况被成年人知晓，并且其家庭有能力安排其离开受欺凌环境。假如换一个家庭，结果应该不会这样。因此，从有利于21世纪中华民族人才培养、民族复兴大业实现的角度来看，深入研究、推进实施校园欺凌防治策略具有历史意义和社会价值。

五、我国校园欺凌的现状考察

（一）近年来我国"校园欺凌"调查研究数据情况

以上研究我们主要参考了国内外学者的理论研究及结论，在开展正式研究之前，我们有必要关注了解我国校园欺凌的现状及发展态势。从2016年4月份，国务院教育督导委员会办公室向各地印发了《关于开展校园欺凌专项治理的通知》之后，国内许多学者开展了大量的调查研究并得出了诸多结论。下面我们将对其中具有典型代表性的调查数据及结论进行介绍。

第一项研究在2016年开展,调查对象是从全国29个县(区)抽取的10万余名中小学生。项目组在这些学生中间开展了与校园欺凌相关的问卷调查。根据此项研究,"校园欺凌发生率为33.36%,其中经常被欺凌的比例为4.7%,偶尔被欺凌的比例为28.66%。"[1]调查者通过对问卷数据进行分析后得出的结论:就被欺负而言,小学高年级学生得分更高,初中生次之,高中生和中职生最低且二者间没有显著差异,整体随年级的增高呈现得分下降的趋势;性别差异显著,发生在男生范围的校园欺凌现象明显比女生更为严重。[2]

第二项研究在2016年11~12月期间开展,调查范围是广东省6个不同城市的6所小学和6所中学,调查者以其中的小学四年级和初一年级学生为调查对象。调查结果表明:"遭受过欺凌的学生比例高达73.8%,实施过欺凌行为的学生达到51.6%;被调查的受欺凌者中有64.2%的人曾实施过欺凌行为,被调查的欺凌者有91.8%的人曾遭遇欺凌;从欺凌行为的类型来看,欺凌者最常使用的方式是肢体欺凌、关系欺凌及言语欺凌;在所有类型的欺凌行为中,无一例外地都表现出'男生实施欺凌行为的频率高于女生'的现象。"[3]

第三项研究是以福建省某中学为调查对象,调查范围是2016~2017年这一年中发生的校园欺凌。在这一年中,"该中学有18.4%的学生对他人实施过欺凌行为,其中,'只有一次或两次'欺凌行为的学生占10.2%,'一个月两次或三次'的占

---

[1] 姚建龙:"应对校园欺凌,不宜只靠刑罚",来源于:人民网 http://opinion.people.com.cn/n1/2016/0614/c1003-28441629.html,最后访问时间:2018年10月7日。

[2] 参见滕洪昌、姚建龙:"中小学校园欺凌的影响因素研究——基于对全国10万余名中小学生的调查",载《教育科学研究》2018年第3期。

[3] 参见胡学亮:"中小学校园欺凌高发原因与对策分析",载《中国教育学刊》2018年第1期。

3.0%,'大约一周一次'的为 2.1%,'一周一次以上'的为 3.1%;89.1%的欺凌行为为三人及以上的"多对一"群体行为;语言辱骂和排挤他人是中学生使用最频繁的两种欺凌方式;男性欺凌者占全校男生总数的 23.65%,女性欺凌者占全校女生总数的 13.91%;欺凌行为的发生率随年级增高逐渐递减"。[1]

第四项研究在 2017 年开展,调查者在宁夏回族自治区抽取了两个中学的六个班级作为调查对象,开展与校园欺凌有关的问卷调查,调查结果表明:"初中生被欺凌的比例占 45.2%,实施过欺凌行为的学生比例为 17.4%。伴随着年级增长,无论是被欺凌者还是欺凌者的比例,均表现出下降态势;男生受欺凌(21.63%)的比率高于女生(15.43%),此外,从欺凌者的角度来看,男生的比率(10.14%)更是明显高于女生(3.09%);欺凌行为的发生场所则主要集中在教室内部(61.82%);从欺凌的类型来看,最为普遍的就是语言欺凌(53.6%)和身体欺凌(25.1%),前者占据着主要地位。"[2]

第五项研究是基于 PISA2015 对我国京、沪、苏、鲁四省市 15 岁学生校园欺凌情况的调查,调查结果表明:"男生遭受校园欺凌事件的比例大于女生群体;有超过 30%的学生近一年来'被其他学生拿走或损坏东西'",这一比例远高于其他国家(与英、美、德、日、韩、加拿大、新加坡等国相比)。[3]根据本书前文对于校园欺凌类型的界定,"被其他学生拿走或损坏

---

[1] 参见林少真、杨佳星、王蕾:"社会支持视角下中学生校园欺凌行为研究——以福建省福州市某中学为例",载《教育科学研究》2018 年第 4 期。

[2] 参见李芳霞:"校园欺凌行为状况调查及干预策略研究",载《宁夏社会科学》2017 年第 3 期。

[3] 参见黄亮:"我国 15 岁在校学生遭受校园欺凌的情况及影响因素——基于 PISA2015 我国四省市数据的分析",载《教育科学研究》2017 年第 11 期。

东西"的欺凌形式,可以归于"肢体欺凌"。在其他学理和调研中,一般都会将"肢体欺凌"局限于"对身体的殴打、推搡等侵犯",而忽视了"身体侵犯"与"财产侵犯"的区分。但是在该项研究中,研究者对二者有了明确区分,有助于我们准确认识校园欺凌真实情况。这项调查数据表明"侵犯身体"和"侵犯财产"两类欺凌行为发生比例有明显差异:"有超过30%的学生近一年来被'其他学生拿走或损坏东西',有10%左右的学生受到过'其他学生的击打或推搡'。"[1]

以上五项研究有的局限于某省内、有的涉及一个区域或者全国,调查对象有沿海发达省份,也有内陆省份。可以说比较全面地反映了近几年来我国学术界对校园欺凌社会调查的基本状况,其结论也从一个侧面反映了我国校园欺凌的现状问题。除了以上调查,还有许多调查数据尚未公布,比如,上海市社科院社会学研究所与最高人民检察院联合对全国中小学校园欺凌情况进行了大规模调研,采用社会学科学方法抽样调查,取得了大量数据,复杂的数据分析工作尚未完成,笔者多次参加该课题组组织的研讨会,有幸见到了一些数据统计情况。期待完整报告能够早日面世,为我们的研究提供助力。

未来我国还将进行大量校园欺凌方面的调研活动,在调研中应当注重以下方面:

第一,在调研之前应当明确界定"校园欺凌"的内涵。在问卷上也应尽量表达清楚本次问卷调查所言为何物,否则不同调查者采取了不同的"校园欺凌"概念,则调查结果、数据不具有可比性。

第二,关于被调查对象的理解力应当有准确判断。问卷设

---

[1] 参见黄亮:"我国15岁在校学生遭受校园欺凌的情况及影响因素——基于PISA2015我国四省市数据的分析",载《教育科学研究》2017年第11期。

计者一定要考虑调查对象的特征，如果是中小学生本人，则使用的语言描述应当符合他们的年龄特征，只有当他们准确地理解了调查意图时，才可能取得有效数据。

第三，调查应当吸收不同学科专家合作。"校园欺凌"问题涉及教育学、心理学、社会学、法学等不同学科，科学调查应当由不同学科专家共同研制问卷，为问卷内容及后续数据分析做好全面准备工作。

第四，数据调查应该由国家组织。笔者在拙作"日本中小学校园欺凌治理经验镜鉴"一文中明确提出，我国应当学习日本经验，由教育部组织全国校园欺凌调查，这种调查获得的数据更加全面、真实合理。

第五，数据调查应当具有连续性。与第四点相联系，既然国家专门进行数据调查，这种调查应当每年进行。由于组织主体、调查口径、调查指标具有固定性、连续性，则年度之间的数据具有可比较性。经过十年以上数据积累，则可以反映出我国校园欺凌发展态势、治理效果等。

第六，大批学者已经自发地开展了校园欺凌的数据调查、收集工作，非常可钦可敬。希望在未来某个时候，国家能够开展全面的、科学的、连续的校园欺凌数据调查、积累工作。

(二) 我国校园欺凌的现状考察

虽然我国还没有连续的、全国性校园欺凌调查数据作为参考，但是以上述五次调查为代表的各类调查可以反映出我国校园欺凌基本态势，这个态势的研判是进行其他相关研究的基础。根据各类调查数据，笔者认为可以对我国校园欺凌总体态势作以下判断，当然随着调查数据的积累，以下结论可以逐步修改。

第一，从发生比例来看，当前我国校园欺凌现象仍然存在，需要正面对待。从各类调查的结果来看,由于调查主体对校园欺凌的理解不同、调查对象理解能力不同、调查问卷设计不同、统计口径各异等方面的原因,在有关"自己遭受欺凌"的比例、"对他人实施欺凌"的比例等最终调查结果数据上有所差别。然而,各类调查结果都表明,现阶段我国中小学校园欺凌时有发生。这个结果要求各级政府、社会各界、学校、家庭必须正视该问题,不能逃避、消极对待。应该积极应对,采取防治措施。

第二,从年龄和学年段来看,年级越低,欺凌现象越严重。从国内多个调研项目的结果来看,与国外相关研究结论相吻合,随着年级增加,校园欺凌情况整体上趋于减轻的趋势。比如,从"小学—初中—高中"这三个阶段来看,高中的欺凌情况是最轻的。[1]还有的学者从专门针对初中三个年级开展的调研中发现,"初一—初二—初三"这三个学年段中,也是随着年级增加,欺凌频率降低。[2]

导致形成此种趋势的原因有很多,首先,随着年龄增长,学生心智趋于成熟,对校园欺凌引发的严重后果理解会更加深刻,故不敢轻易去欺凌他人;其次,孩子越小,表现欲越强,许多人欺凌他人就是为了在同伴中表现自己、出风头,随着年级升高,可以通过学习成绩、体育特长等优势来吸引同伴眼球,不一定要通过欺凌他人的方式来表现自己。再次,就受欺凌者而言,年级越高,知识越丰富,越是成熟,越有胆量将欺凌行为报告老师,这也是对欺凌行为的制约。最后,年级越高,孩子们的体力差距越小,记得小时候,遇到比自己大一岁的人都

---

[1] 参见滕洪昌、姚建龙:"中小学校园欺凌的影响因素研究——基于对全国10万余名中小学生的调查",载《教育科学研究》2018年第3期。

[2] 参见李芳霞:"校园欺凌行为状况调查及干预策略研究",载《宁夏社会科学》2017年第3期。

非常害怕，但是到了中学，特别是高中，年龄差距两三岁，体力上的悬殊感却基本不存在了。当然，这个原因非常复杂，需要多学科学者提供解释。不过，这种现象为我们制定治理对策提供了重要参考，比如我们应当更加关注低年级反欺凌教育问题，应当更加注重与学生家庭互动、鼓励学生勇敢报告欺凌情况等方面。总之，该趋势非常值得深入研究。

第三，从性别比例来看，在校园欺凌的角色中，男生多于女生。根据各项目组调查数据，无论是欺凌者还是受欺凌者，男生比例均高于女生。这个结论也符合常识。男生与女生的性格、交往方式、娱乐活动方式都有差异。比如，男生比较好动、喜欢出风头、喜欢模仿成人社会中的"老大"之类，而女生的类似情况就少。再如，女生喜欢在一起做一些安静的游戏，男生喜欢户外对抗性活动，男生之间更加容易出现欺凌的机会。但是从新闻报道和调查来看，一旦女生成为欺凌者或者受欺凌者，情况则更加复杂、对于受害者的心理危害更大，这一点也要作为重要考量因素。

第四，从校园欺凌类型来看，肢体欺凌、言语欺凌、关系欺凌所占比例较高。随着社会发展进步，校园欺凌的方式日益多元化、复杂化，近年来网络信息技术的发展也促生了"网络欺凌"这样一种新型欺凌类型。但是传统的三大欺凌（肢体、言语、关系）仍然占据主流地位。"言语欺凌是最为常见和多发的欺凌形式。"[1]因为，此种欺凌方式非常简单易行。在小群体中，总有个别学生"不入群"，这类学生易成为"关系欺凌"的对象，在小学、初中的班级中这种例子比较常见。中小学生之间的肢体欺凌主要表现为抢夺或者毁坏他人财物、故意实施

---

[1] 覃丽君："发挥多元主体参与的力量：芬兰中小学反校园欺凌计划的实施及启示"，载《外国中小学教育》2017年第9期。

的轻度身体伤害等。性欺凌、反击型欺凌、网络欺凌与上述三大欺凌相比发生比例较低，但是一旦发生就会造成非常大的危害，必须对此有清醒认识。

我国学者大规模开展校园欺凌研究应该开始于 2016 年，至今不过三年时间，我们根据所积累的调研数据可以做以上初步分析。但是，学术界、政府部门应当下决心持续做数据积累。这是有效防治校园欺凌的基础性工作，功莫大焉。

六、我国校园欺凌现象的成因

"无风不起火，无火不生烟"，任何现象都有背后原因。对校园欺凌产生的深刻原因进行全面认识是研究有效对策的前提。我国校园欺凌产生的原因，与国外不完全相同；我国 21 世纪产生校园欺凌的原因与 20 世纪 80 年代、90 年代也不尽相同。因此对该问题应该具体问题具体分析。

(一) 家庭环境与父母教育因素

父母是孩子的第一任老师，家庭是孩子的第一所学校，这里的老师、学校比中小学中的老师、校园重要百倍。教育学界越来越认同孩子成才的关键在于家庭教育。

首先，父母的行为方式、思维方式、处事态度、人生观、价值观都会直接反映到孩子身上，孩子是父母的镜子，他们往往会"依据父母权威的标准建构自己有意义的生活"。[1]如果父母一方或者双方性格粗鲁、脾气残暴、易怒急躁，甚至经常对家庭成员进行打骂，孩子会不自觉地习得这种性格和行事方式，遇到矛盾喜欢诉诸武力，这种家庭的孩子容易成为欺凌者或者欺凌协助者。同时，如果家长性格软弱、胆小怕事，这种

---

[1] 安芹、贾晓明、李波："家庭功能对中学生童年期创伤经验与自尊的中介作用"，载《中国学校卫生》2010 年第 9 期。

家庭出身的孩子性格软弱、不够阳光，容易成为被欺凌的对象。

其次，家长忽视对孩子的直接教育，使孩子处于完全"放养"状态，或者"只放不养"。许多家长迫于经济原因与孩子分开生活，有的即使与孩子一起生活也缺乏对孩子的主动教育与培养，有的家长只重视给予孩子经济支持，忽视了情感交流、思想交流。所有这些情况的结果是，孩子的心理、性格方面会出现各种问题。有的孩子因其内向软弱的性格而易成为被欺凌对象，有的孩子则因其无法无天的霸道性格，易成为欺凌者。

总之，校园欺凌治理关键和重要的一环是家庭环境和父母教育。

（二）教育制度因素

由于我国处于转型时期，各地区教育资源分配不均，为了升入更好的中学、大学，一些学校教育还是典型的"应试教育"，这种教育模式会产生几个不利影响。

第一，这种教育模式奉行"唯分数论"，忽视了对学生道德、思想、心理等其他方面的关注。因此，即使是成绩好的"小学霸"也可能存在各种心理问题。

第二，应试教育模式会产生"恶性竞争"，例如班级里学习特别差的同学有可能成为被欺凌的对象。还有一种现象，即使是班级里学习好的同学也有可能会受到其他同学的"关系欺凌"。

随着中国社会的进步，"应试教育""唯分数论"的状况逐步改变之后，每一位同学都有自己的特长，学校评价学生的指标多元化，对于促进学生之间关系和谐，具有重要的意义。本书设专章讨论"反欺凌班级文化建设"问题，希望对于解决该问题产生积极意义。

(三) 社会风气因素

人不可能脱离社会而孤立存在，就像人不能脱离自己的皮肤一样，未成年人也必然如此。社会风气对于未成年人的影响包括几个方面：第一，成人社会中也存在着欺软怕硬、恃强凌弱等现象，这对浸淫其中的孩子也会产生不良的影响。第二，社会上存在贫富分化，学生的生活条件有贫富之分，也会成为校园欺凌滋生的土壤。比如富有孩子看不起、嘲笑贫困孩子，还有可能富裕家庭的孩子会被同学抢夺其财物等。第三，成人世界中的享乐主义思想、颓废思潮等对孩子的价值观、世界观具有负面影响。第四，当前影视作品、网络游戏和网络世界中宣扬的暴力、色情、颓废等故事情节和价值观对于思想根基不深的孩子也有误导。故我们应当在净化社会风气方面下大功夫。

(四) 学生个体因素

有的学者将"家庭溺爱或缺乏管教""家庭的保护"等原因归类为"学生的个体因素"。[1][2]按照笔者理解，这些因素还是应当放在家庭教育因素中讨论。就学生个体因素而言，可以从心理层面、行为层面两个角度进行讨论。

首先，从单纯的心理方面来讲，中小学学生处于青春期，心理成熟速度赶不上身体发育速度。同时，个体心理的成熟还有赖于社会经验的积累与磨练。处在青春发育期的孩子往往"急需一个舞台来展示自己生理和心理的发育。成人可以在工作中找到表演的舞台，而青少年则缺少这样的舞台，这时他们就会采取一些刺激和发泄行为，来表示自己已经成人"。[3]

---

[1] 参见王高莲："致力建设班级文化　深入防控校园欺凌"，载《教育与教学研究》2018年第1期。

[2] 参见李燕秋："校园欺凌研究综述"，载《教育科学论坛》2016年第14期。

[3] 王大伟："校长如何应对校园欺凌？——基于公安学与教育学视角的综合思考"，载《中小学管理》2016年第8期。

其次,从理性认知与行为的统一性来看,中小学生往往对自己的行为缺乏控制能力,这也是未成年人犯罪区别于成人犯罪的重要特征。根据青少年犯罪的漂移理论(The Drift Theory of Juvenile Delinquency),"青少年的很多行为本身不常有目的性和计划性,因此校园欺凌事件的后果很难预测"。[1]因此,许多欺凌者仅仅是为了发泄情绪,就会对同伴进行欺凌。还有,由于对欺凌后果缺乏正确认识,会使用较残暴的手段、造成极其严重的后果。而行为人对于这些严重后果并没有正确认知,因此学校和老师,应当提前对学生进行防范性教育,让他们明确了解校园欺凌产生的严重后果,以及其自身和父母应当承担的责任。

认真梳理和研究这些因素,并且对症下药,对于有效防治校园欺凌意义重大。本书将从多角度、多方面对防治校园欺凌问题作出探索。但是,中国校园欺凌的理论研究、社会调查比较受到重视,也只有两三年时间。因此,本书的若干结论在未来还会随着实践发展而不断完善。对于读者的各种意见和建议,也会认真吸取。

---

[1] 王大伟:"校长如何应对校园欺凌?——基于公安学与教育学视角的综合思考",载《中小学管理》2016年第8期。

第二章
CHAPTER 2

研究基石：校园欺凌概念的法学分析

校园欺凌频发已成为社会和政府广泛关注的问题，清晰厘定校园欺凌概念是有效防治该现象的必要前提。校园欺凌与校园暴力是不同的概念，长期将二者混为一谈，对于治理该现象不利。校园欺凌概念应该从狭义上界定，不应该包括校外入侵，也不包括教师作为受害人的现象。

一、界定概念是依法治理校园欺凌的必要前提

从2016年新年伊始，校园欺凌问题就频频出现在公众视野之中。2016年1月4日网络曝出"马鞍山两男生脚踹掌掴他们的同学，并爆粗口，另一名男生拍视频"的新闻，视频显示打人者至少五人，对于如此严重的欺凌行为，马鞍山公安局官方微博回应说"涉事学生均为未成年人，已经联合教育部门批评教育。"无独有偶，4月22日，网络上又曝出视频，湖南一女生被数名女生100秒掌掴32次，最后的处理结果是教育局责令学校"对涉事女生进行严厉批评教育；约谈参与掌掴者的监护人，要求其切实加强对监护对象的监护教育。"

与此形成鲜明对比的是，2016年2月19日，美国对三名实施欺凌行为的留学生（高中生）分别判处6年、10年、13年有期徒刑。一名学生家长自认为学生之间的欺凌不算重罪而企图行贿，被追究刑事责任。实际上，美国、韩国、日本等国家对

于校园欺凌行为有专门立法和比较完善的制度，对于此类行为控制较为严格，值得借鉴。

两相比较，我国并无专门针对校园欺凌行为的立法与制度，相关部门在处理此类问题时，除了批评教育并无良策。

据权威部门统计，在2015年前5个月经媒体曝光的校园欺凌案件就有三四十起，其中最后致死案件高达17%，承担刑事责任的不足30%，七成左右案件以批评教育、民事赔偿方式解决，适用行政拘留的案件也很少。还有许多案件，根本就没有暴露出来，而是被"内部消化"了。[1]

由以上可知，校园欺凌已经成为一个不能回避的社会问题。校园欺凌事件已经成为社会公众、人大代表、政府管理部门广泛关注的热点问题。

2016年3月，两会期间全国人大代表刘晓翠提出应该制定《反校园暴力法》的立法议案，并且认为"即便是未成年人，只要触犯刑律，并达到了一定的后果，就应当依法追究刑事责任"。[2]此建议引发了公众对"校园暴力"的广泛关注。支持制定《反校园暴力法》和反对制定此类法律者展开了广泛争论。

基于对校园欺凌治理问题的回应，2016年4月，国务院教育督导委员会办公室向各地印发了《关于开展校园欺凌专项治理的通知》，要求各地各中小学校针对"发生在学生之间、蓄意或恶意通过肢体、语言及网络等手段，实施欺负、侮辱造成伤害的校园欺凌事件"进行专项治理。此次专项治理覆盖全国中小学校，规模之大、涉及面之广，前所未有。

---

[1] 参见陈晓英："校园欺凌谁来解围"，载《法制日报》2015年7月13日，第8版。

[2] 刘英："遏制校园暴力亟须'反校园暴力法'"，载《青年时报》2016年3月8日，第2版。

国务院教育督导委员会办公室所发上述《通知》是我国政府部门第一次在正式文件中明确使用"校园欺凌"的概念,这无疑是一个很大的进步。在此之前,政府正式规范性文件中,一般将此类行为称为"事故"。如 2007 年《教育部办公厅关于认真做好 2007 年中小学幼儿园安全工作的意见》第 5 条规定,注意化解个别师生间和学生间矛盾,避免因矛盾激化而引发伤害事故。类似的,2008 年《教育部办公厅关于近期几起中小学安全事故的紧急通报》将云南省昭通市一位初中生在教室内捅死其同学并致死亡的案件也归为"事故"范畴。再如 2002 年制定的《学生伤害事故处理办法》第 9 条中将教师体罚而造成的学生伤害认定为"事故"范畴。而 2006 年的《中小学幼儿园安全管理办法》第 56 条规定中,将校园暴力事件认定为"突发安全事故"类别之一。

从以上教育部发出的规范性文件可以看出,在 2016 年之前,教育部都是将此类事项归入"事故"范畴。无论是在汉语还是英语中,"事故"最本质的特征是发生于人们预期之外并且造成人身伤害或者经济财产损失的事件,是当事人不愿意发生的。从法律的体系解释角度来看,我国法律文件中用到的"交通事故""生产事故""医疗事故"等名词都是指当事人不期望发生且超出预期的事件。但是校园暴力、校园欺凌行为显然是行为人明知后果且积极追求此种后果,而故意实施的行为,不是意外事件。因此,在 2016 年之前,教育部规范性文件中没有明确使用校园暴力、校园欺凌的概念,实际上是对此类问题的有意回避,2016 年 4 月的文件中能够直接使用"校园欺凌"概念,显然是一种很大的进步,正视该问题是最终有效解决该问题的第一步。但是,我们也必须看到,准确界定何为"校园欺凌"是最终解决该问题的关键步骤。

因此，明确界定"校园欺凌"的概念具有非常重要的意义，体现在：

第一，有利于明确区分"校园暴力"与"校园欺凌"的概念。在学术界对于"校园暴力"与"校园欺凌"还没有明确区分的情况下，教育部在 2016 年 4 月的文件中明确使用"校园欺凌"而非"校园暴力"的概念，说明文件制定者对于二者差异有清晰的认识。笔者认为我们应该明确以下几点，首先，校园暴力的范围要大于校园欺凌，校园暴力包括校外人员针对校内师生及学校财产进行的暴力行为，但是校园欺凌的行为人不包括校外人员；其次，校园欺凌具有持续性、反复性特征，偶发性侵害不属于欺凌，但是校园暴力不一定是持续性、反复性行为；再次，精神上的欺辱，如起绰号、孤立等行为属于校园欺凌，而很难归入校园暴力；最后，校园欺凌的受害人只能是在校学生，而校园暴力的受害人可以是学生，也可以是教师。正因为二者有区别，所以在防治手段上应该采取不同的措施，故准确界定校园欺凌的概念，对于有效治理校园欺凌和校园暴力都是重要前提。

第二，有利于明确区分校园欺凌与一般社会欺凌。校园欺凌无疑属于社会欺凌的一种，如果校园欺凌与一般社会欺凌并无本质区别，那么就没有必要采取特殊措施来特别治理了。但是校园欺凌与一般社会欺凌具有明显区别，比如，校园欺凌的特征之一就是行为人是未成年人，那么就决定了不能用刑法等处罚成年人的手段来治理校园欺凌。再如，校园欺凌的受害人是未成年人，我们就需要采取有别于以成年人为受害人的社会欺凌的防治措施。

第三，这是进一步研究校园欺凌相关理论和实践问题的前提。明确校园欺凌的概念，是进一步研究校园欺凌成因、法律责任、防治途径的前提，如果连校园欺凌的内涵和外延都不能准确界定，其相关理论和实践问题就无从展开。

综上，明确界定校园欺凌是依法治理校园欺凌问题的必要前提。治理校园欺凌最终一定会走向依法治理的途径，但遗憾的是，迄今为止，学术界、立法部门、司法实务界对于校园欺凌的概念还没有统一的认识。该问题看似不大，实则不然，对于校园欺凌概念的认识会影响到治理对策的选择，如果不能界定校园欺凌与相关概念的区别，则很难体现专项治理的必要性。因此，界定概念为我们有效治理校园欺凌现象提供了必要前提和坚实基础。但是，长期以来，学术界和实务界对"校园欺凌"与"校园暴力"并未明确区分，这对于有效治理校园欺凌是不利的。

二、校园欺凌与校园暴力应清晰界分

如上所述，界定校园欺凌概念首先要解决的问题是如何将其与最相近的两个概念（校园暴力、校园霸凌）相互区别。

截至2016年12月1日，在中国知网上以"主题"为标准搜索关键词"校园欺凌"的文章可以发现，最早的文献是2002年的，且在2015年以前非常少。笔者按照同样的标准对"校园霸凌""校园暴力"两个关键词进行了搜索，得出数据如下表格所示：

对照表

时间	2002年	2003年	2004年	2005年	2006年	2007年	2008年	2009年
校园欺凌	3	0	0	1	2	3	9	11
校园霸凌	0	0	0	0	0	0	0	0
校园暴力	68	96	140	161	192	216	215	223

（续表）

时间	2010年	2011年	2012年	2013年	2014年	2015年	截至2016年12月1日
校园欺凌	9	10	11	18	19	51	342（增约6倍）
校园霸凌	1	12	2	4	2	20	24（增20%）
校园暴力	414	277	278	301	287	514	751（增46%）

从以上对数据库数据对比以及笔者对这些文献的阅读可以得出如下结论：

第一，从2002年以来，对"校园暴力""校园欺凌""校园霸凌"的研究热度总体上是持续增加的，说明社会以及学术界对此类问题的关注度越来越高。该趋势说明，此问题不仅不可回避，而且是一个必须在理论上给予清晰界定的理论问题。

第二，从数据库信息来看，研究"校园暴力"的文章在1989年就有，而研究校园欺凌的文章晚到2002年才有，研究校园霸凌的文章晚到2010年才有。根据笔者对于各个时期论文的阅读发现，并不是在2002年之前没有"校园欺凌"的情况，而是因为学术界一般是将校园欺凌行为归入校园暴力行为中进行研究。而2002年以后，越来越多的学者使用校园欺凌概念，但是大部分人并没有意识到此概念与校园暴力的区别，还是在混用状态。

第三，通过对文章内容的阅读，笔者还发现，学者们普遍认为"校园欺凌"与"校园霸凌"两个概念是完全可以互换的，只是对同一个词汇（bully）的不同翻译，这个认识是正确且无争议的。但是，从2016年开始，研究"校园霸凌"的文章数量突然下降，而研究"校园欺凌"的文章比上一年增加约6倍，这可能与教育部在正式文件里使用了"校园欺凌"概念有关。

第四，根据数据库信息，我们可以对学术界使用三个概念的历程作出归纳：

时间	2002年前	2002~2009年	2010~2015年	截至2016年12月1日
对概念使用情况	只用校园暴力概念进行研究	研究校园欺凌的文章非常少，研究校园霸凌的文章没有，研究校园暴力的文章独大	三个概念并用，但是仍然是校园暴力概念一支独大	研究校园暴力的文章数比上年增加46%；研究校园欺凌的文章数增加约6倍；研究校园霸凌的文章数比上年度增加20%

从以上数据分析，我们认为界定"校园欺凌"概念的前提性认识是：

（1）为了有效治理校园暴力与校园欺凌，必须对二者概念进行准确界定，过去那种对两个概念不加严格区分的粗放式研究已经落后于时代需要了。

（2）从社会接受程度、政府主管部门态度来看，"校园欺凌"比"校园霸凌"更容易被学术界和政府部门所接受，因此，未来在学术界和立法文件中，或许使用"校园欺凌"成为更优的选择。

笔者阅读了中国知网以"校园欺凌"为主题的所有文章，大部分文章开篇即介绍校园欺凌现象近年来受到关注，然后分析原因、提出解决方案。有的文章开篇给欺凌或者校园欺凌下了一个定义，例如有的文章开头写道："欺凌（bullying）是恃强凌弱、以多欺寡及属持续性地伤害他人的行为。"[1]再如有文章开头写道："校园欺凌是指由学生实施的对其他学生的暴力行

---

[1] 李静："青少年网络欺凌问题与防范对策"，载《中国青年研究》2009年第8期。

为，并造成心理上、精神上或身体上的巨大伤害及痛苦。"[1]此类文章在开篇虽给校园欺凌下了一个定义，但是并不分析这个定义的内涵和外延，然后直接使用，这些文章都没有意识到对校园欺凌概念进行准确界定的必要性。

还有一些学者潜意识里认为校园暴力与校园欺凌是完全相同的一对概念，不需要加以区分，如有的文章这样开头：

"校园暴力是一个全球性社会问题，因其严重危害青少年身心健康以及家庭、学校和整个社会的稳定而引起各国普遍关注，已成为国内外教育学、社会学、心理学等领域的研究热点。瑞典将校园欺凌界定为学校的学生经常对其他同学实施排挤、暴力、侮辱、歧视、谐戏、嫌弃、破坏持有物品、诽谤、监禁等致使其身体或精神受到损害的行为。瑞典 1993 年修改《学校法》时，规定了教师有预防校园欺凌的义务，以防止任何形态的欺凌行为对学生造成侵害。"[2]

这一段文字，第一句话研究的对象还是"校园暴力"，但是第二、三句话转而研究"校园欺凌"，那么这两个概念是完全等同，还是包含关系呢？作者没有一句话过渡，直接使用，从全文内容来看，作者并没有区分两个概念的意识，表明其潜意识里认为两个概念是完全等同的。这里还是默示地认为两个概念等同。有一些学者也意识到了两个概念应该是有区别的，如有文章写道：

"如同欺凌的行为不好界定一样，校园欺凌的定义长期以来

---

[1] 王楚婧：《校园欺凌问题成因及对策分析》，载《理论导报》2016 年第 2 期。
[2] 陶建国：《瑞典校园欺凌立法及其启示》，载《江苏教育研究》2015 年第 34 期。

也没有十分严格的表述。在一些国家,可能将校园欺凌界定为校园暴力(School violence)。"[1]

在这一篇文章中,作者已经认识到应该将两个概念加以区分,但是通观该篇文章,作者还是重点介绍英国在治理校园欺凌问题方面的对策,并没有继续深入研究校园欺凌概念。

从我国学术界对于校园欺凌概念研究的状况来看,严格界定校园欺凌概念,确实是我国学术界所应该尽快解决的基础理论问题。

三、狭义校园欺凌概念的内涵

笔者认为"校园欺凌"(又可称为"校园霸凌"),是与"校园暴力"有所区别的概念,在对校园欺凌进行界定之前,有必要先对"校园暴力"概念进行梳理。

在美国等西方国家,对于"校园暴力"概念具有较为统一的界定,如美国疾病控制和预防中心认为校园暴力系"在学校财产范围内、上下学的路上、学校主办的活动中发生的青少年暴力。一名青少年可能是校园暴力的受害者、施害者或见证者。校园暴力包括恐吓、欺凌、推搡、挤压等暴力行为以及团伙暴力、袭击乃至谋杀。"[2] 再如美国预防校园暴力中心的定义是:"任何破坏了教育的使命、教学的气氛以及危害到校方的预防人身、财产、毒品、枪械犯罪的努力,破坏学校治安秩序的行

---

[1] 许明:"英国中小学校园欺凌现象及其解决对策",载《青年研究》2008年第1期。

[2] "Understanding School Violence", http://www.cdc.gov/violenceprevention/pdf/school_violence_fact_sheet-a.pdf,最后访问时间:2016年4月22日。

为。"[1]

我国台湾地区学者认为校园暴力是指"在校园内，为达到特定不法行为的犯罪意图，以强迫威胁为手段，压制被害人的抵抗能力和意图，而针对学生、老师、学校以及校外侵入者之间所发生的暴行、破坏以及侵害生命、身体、财产的行为。"[2]

我国大陆地区学术界对于校园暴力的定义有十几种之多，在此不进行列举，有学者在对十几种概念作了比较分析后，提出了自己的定义："我们主张校园暴力是指发生在中小学、幼儿园及其合理辐射地域，学生、教师或校外侵入人员故意攻击师生人身以及学校和师生财产，破坏学校教学管理秩序的行为。"[3]

以上观点比较系统地概括了中外学者对"校园暴力"的基本认识。可以看出校园暴力概念包含以下要素：第一，校园暴力发生场所是学校（少数学者界定为幼儿园、中小学）及其辐射区域；第二，受害人是学校或者师生；第三，施暴人是师生或者校外入侵者；第四，校园暴力是故意实施的且形式多样；第五，校园暴力侵害的法益可以是人身也可以是财产。

校园暴力与校园欺凌的概念是不同的，School Violence 对应翻译为校园暴力，而 School Bully 则被翻译为校园欺凌（又可译为霸凌，因为从发音来看，更接近霸凌），二者区别主要表现在：

第一，校园暴力的施暴者可以是校外入侵人员，也可以是

---

[1] [美]戴利尔："美国未成年人司法制度的发展"，戴宜生译，载《青少年犯罪问题》2005年第4期。

[2] 陈慈幸：《青少年法治教育与犯罪预防》，涛石文化事业有限公司2002年版，第10页。

[3] 姚建龙："校园暴力：一个概念的界定"，载《中国青年政治学院学报》2008年第4期。

学校师生，而校园欺凌施暴者只能是校内人员，不能是校外人员。

第二，校园暴力受害人可以是师生，校园欺凌的受害人仅是在校学生。

第三，校园暴力多是偶发性的单独侵害行为，而校园欺凌一般是长期的、反复的行为。

第四，校园暴力一般是比较容易被发现，且会立即受到阻止的行为，而校园欺凌受害人长期不敢声张，也不易被发现。

第五，校园暴力以赤裸裸的"硬暴力"为主，而"校园欺凌"更多的是羞辱、孤立、嘲笑、起绰号等"软暴力"。

第六，校园暴力的创伤比较显见且大部分可以短期内治愈，而校园欺凌对受害人心理的影响很大，甚至会持续到几十年之后。

第七，校园暴力行为在各类学校都可以发生，但是校园欺凌中受害人一般是缺乏反抗能力、身心发展还不成熟的未成年人，因此最典型的校园欺凌现象应该发生在幼儿园、中小学，而不包括高校。

我国法律对校园暴力、校园欺凌等概念并未进行规定，学术界也未能统一观点，学者对校园暴力、校园欺凌概念内涵的范围界定有大有小，广义的校园欺凌概念，可以界定为所有发生在校园及其辐射区域内的、以老师和学生为受害人的财产与人身伤害行为。

本书认为为了使防治措施更加具有针对性、有效性，不应该对校园欺凌作广义解释。而应该将校园欺凌行为从狭义上进行界定，这样对于保护未成年人的健康成长更有好处。笔者认为狭义校园欺凌应定义为：

"在幼儿园、中小学及其合理辐射区域内发生的，在受害人并无故意激惹行为的前提下，优势地位学生（身体、成绩、社会背景等方面优势）针对弱势地位学生的持续性（或者危害严重的单次行为）的心理性或者物理性攻击，而使得受害者感受到精神上的痛苦的行为。"

该定义中不包括外来入侵者作为施暴者的侵犯行为，也不包括教师作为欺凌者或受害者的侵犯行为。狭义校园欺凌具有如下特征：

第一，发生空间是中小学、幼儿园及其合理辐射区域。在高校中，学生绝大部分已经成年且具有较强的独立意识和自我保护意识，虽然高校中也会发生欺凌行为，但是由于大学生已经成年，欺凌暴露的可能性很大，因此从发生频率上比幼儿园、中小学要小得多。同时，相比较而言，欺凌行为对于未成年学生的伤害较之对于成年大学生的伤害要大得多。在幼儿园、中小学中基于同学关系而产生的校园欺凌危害更甚，故最狭义的校园欺凌应该限定于幼儿园、中小学。

所谓幼儿园、中小学的合理的辐射区域，是指与学生学习、生活具有密切关系的区域，比如说在校园周围200米以内的超市、网吧、影院、录像厅、书店等都属于辐射区域。学校组织学生外出观看演出、春游、参观等活动过程中所经过场所应为合理辐射区域。若孩子在门口被家长接到，乘公共交通工具回家路程中，已经与学校脱离管理关系，则不再属于合理辐射区域。

第二，欺凌者应该是与受害人具有一定交往关系的人。对于幼儿园和中小学的学生而言，在校园中交往最密切的当属老师和同学。而正是基于此种特殊亲密交往关系，才使得欺凌行为具有反复性、隐蔽性，并且对受害人危害影响深远。而校外人员入侵，具有偶发性、易识别等特征，两种行为应采取不同的对策，故不应混为一谈。

第三，受害人不包括教师。网络上也曾经报道，几名男生因为拒绝交卷而殴打老师，这种行为也不应该归于狭义的校园欺凌之中。首先，这种行为非常少，也不普遍；其次，此种行为即使发生，也不会是反复性的行为；再次，教师遇到该行为会立即进行自我保护或者请求学校或者警察帮助；最后，教师已经成年，此种行为对其的心理伤害，与此类行为对于未成年人的伤害有明显区别。因此，此类行为也不应该包含于狭义校园欺凌概念之中。

第四，不包括教师欺凌学生的情况。在现实中，教师对学生进行肢体欺凌、辱骂、关系孤立甚至性侵害都有，但是从治理重点而言，此类行为可以剔除在狭义"校园欺凌"概念之外。原因在于，教师的上述行为可以依据《教师法》等行政法律法规、民法追究责任，严重的可以构成刑法上的"虐待罪"，不是我们治理"校园欺凌"关注的重点，现在"校园欺凌"现象治理的难点在于，欺凌者是未成年人，现有法律无法制裁，而教师的上述各种行为都有相应法律规制，并非"法律无奈"的情况。

第五，一般情况下，校园欺凌具有长期反复性和对象固定性特征。欺凌行为一般是反复出现的伤害行为，学生之间在嬉戏时偶然造成的伤害，不能认定为欺凌。当然，如果一次欺凌行为的结果就很严重，也可以认定为校园欺凌。受欺凌对象固定，是指一个学生长期被他人进行欺凌，而不能互换角色，如果被开玩笑者可以是随机的而非固定同学，则不属于欺凌。

第六，受欺凌者不得自由选择且处于被支配地位。如果学生可以自由选择退出则不是欺凌，如果学生并非处于被支配地位也不是欺凌。

第七，校园欺凌的危害深远。在2014年的《美国精神病学杂志》上刊登了一项新的研究成果,发现校园欺凌的负面影响可以一直持续到中年以后,经常受到欺凌的孩子在步入中年以后具有更大的抑郁、焦虑、自杀风险,在50岁时认知功能也会很差。同时该篇文章还介绍了英国学者做过的一组调查:其跟踪调查一组在14岁时欺凌他人的学生,发现等他们到了32岁时还有18%的人仍然会欺凌他人,有超过六成者具有高度侵略性,他们暴躁、易怒、喜欢争论和有暴力倾向,20%的人走上了暴力犯罪的道路。[1]欺凌行为对受欺凌者、欺凌者成年后的人格都有不良影响,必须综合治理才能取得实效。政府对此既不能以加大处罚、降低刑事责任年龄等手段简单处理,更不可放任不管。

第八,欺凌行为的表现形式多样。首先,欺凌行为可以是人身财产伤害(殴打、霸占财物等),也可以是精神伤害(谩骂、嘲笑、取绰号或者进行孤立等行为),还可以是性侵害(如取笑其性别、性取向或者进行性侵害)。其次,欺凌行为可以是当面进行也可以通过电子信息手段侵犯学生人格权(如通过电子邮件、微信、网站等散布图像或者侮辱语言等)。

欺凌行为的形式将随着社会发展而不断发展,凡是持续性对学生进行人身财产或者精神上的侵害的行为,都可以列入欺凌行为的范畴,但是不能通过列举方式穷尽。

第九,无理寻衅行为。欺凌者欺负受欺凌者并无正当理由,就是因为"讨厌他""看不惯他"等不合理理由而对他人进行伤害。如果是有合理理由,可能不构成校园欺凌,例如,甲在暑假中去乙的玉米地里偷玉米,开学后,乙找到甲理论发生冲突,如果确有此缘由,则不一定构成校园欺凌。再比如如果受害人

---

[1] "校园霸凌对孩子有哪些长远影响?",http://www.360doc.com/content/15/0720/17/17509650_486232005.shtml,最后访问时间:2016年4月26日。

背后说坏话、偷偷损坏过对方物品或者因为误会而引发的侵害行为不一定认定为欺凌，因为典型的欺凌是"无缘无故、无理寻衅"的行为。

第十，双方势力不均等。欺凌方往往在体力、成绩、家庭背景、社会关系等方面具有明显优势，而被害人在上述方面则处于劣势地位。所以，如果一个小个子依仗着自己爸爸是校长而欺凌大个子也应当属于欺凌。在某小学就发生，一个孩子对其他孩子进行肢体欺凌、语言欺凌的事件，原因是这个孩子的母亲是校长，这是现实中的"狐假虎威"，也应当认定为校园欺凌。

以上是笔者对于狭义校园欺凌行为的定义的解释和界定，这是进一步研究该问题以及提出立法对策的理论前提。

四、结语

校园欺凌行为频发，为法学界提出了新的研究课题，而准确界定其概念是所有研究的基石。综合社会发展、学术界习惯、政府政策等方面的因素，应该将校园暴力行为与校园欺凌行为进行区别，而且在正式立法和学术研究中或许会更多使用校园欺凌概念，而不是校园暴力或校园霸凌。狭义校园欺凌概念的界定更有利于保护未成年人利益，概念的准确界定对于研究校园欺凌引起的法律责任、防治途径具有重要意义。

第三章
CHAPTER 3▶

宏观视角:我国校园欺凌法治体系构建

从推进全面依法治国的视角来看,解决校园欺凌问题的最佳途径仍然是依法治理。国内有关治理校园欺凌的建议已蔚为壮观,但仍然存在概念各异、针对性和可操作性不强等问题。教育部等11部门联合发布了《加强中小学生欺凌综合治理方案》(以下简称《方案》),该《方案》界定了校园欺凌的概念并勾勒出了应对校园欺凌的多部门协同治理框架。全面解决校园欺凌,需要对《方案》等既有政策进行深入细化,并在坚持法治原则的基础上进行专项立法及适度改革现有法律框架,从而确立多层次立法模式、建构职责分明的政府运作机制、制定细致的学校防治方针以及注入社会力量,形成防治校园欺凌的综合性法治体系。

近年来,校园欺凌事件在我国多所中小学不断上演,个别欺凌行为甚至因其手段的残忍而引起了全社会的愤慨。[1]校园欺凌严重危害了未成年学生的身心健康,这是我国社会主义教育事业必须克服的顽疾。针对校园欺凌,国务院和相关部门已

---

[1] 2014年12月13日,在广东省清远市佛冈县邓寨村,一名初中女生被一名年龄相仿的女孩扯掉衣服后,遭到毒打,打人者甚至用脚踹女生的下体;2015年6月11日,南京一名初一男生被学长狂抽十几个巴掌,打得吐血,并被强迫舔小便;2015年6月21日,浙江庆元四名初一男生将一名小学一年级男孩关在黑屋里殴打,用绳拴脖,烟头烫身。

发布了多个治理方案[1]。2017年11月,教育部等11部门发布了《方案》,该《方案》首次以官方文件的形式界定了概念,明确了加强治理的指导思想和基本原则,以及具体的治理措施与分工,这为不同机构协同治理校园欺凌再次提供了政策支持。

党的十八大以来,党在国家治理进程中开启了推进全面依法治国的伟大部署,党的十九大报告又再次重申了这一伟大的战略。全面依法治国的时代背景和教育现代化的现实需求实际上就是在呼唤着校园欺凌治理路径的制度化与法治化。面对校园欺凌,我国须在以《方案》为代表的政策文件之基础上进行专项立法,并适度变革现有的法律体系,构建应对校园欺凌的法治体系。

一、学者关于校园欺凌法治体系的建议

目前,我国学者关于建立应对校园欺凌法治体系的成果数量颇丰,这些成果大致可分为四类:

其一,从法律规制层面宏观地探讨校园欺凌的应对方法。这类成果主张我国应通过专项立法的方式明确校园欺凌概念及反校园欺凌的立法目的和原则、厘清反校园欺凌的主要内容[2]、完善校园欺凌的发现与报告处理机制、强化校园欺凌的协同治理机制[3]、成立校园欺凌治理委员会以及明晰学校及其

---

[1] 2016年4月,国务院教育督导委员会办公室印发了《关于开展校园欺凌专项治理的通知》;同年11月,教育部等9部门又出台了《关于防治中小学生欺凌和暴力的指导意见》;同年11月,国务院教育督导委员会办公室又印发了《中小学(幼儿园)安全工作专项督导暂行办法》。

[2] 参见李祥、艾浩、韦卫:"论我国反校园欺凌的实践困惑与立法构想",载《基础教育》2017年第1期。

[3] 参见孟凡壮、俞伟:"我国校园欺凌法律规制体系的建构",载《教育发展研究》2017年第20期。

管理主体反欺凌的法定责任等。[1]

其二，从侵权责任法的角度探讨校园欺凌相关主体应负的法律责任。这些论者认为，校园欺凌在本质上是"典型的民事侵权行为"，[2]"成年欺凌行为人根据行为的特点应当承担单独、连带或按份责任；未成年行为人的监护人未尽到监护责任的承担替代责任；学校未尽管理职责的应当承担相应的补充责任。"[3]

其三，对当下我国针对校园欺凌的法律规制进行反思，指出其内在的缺陷。这些成果指出，现行法律在相关方面的"真空"是导致校园欺凌愈演愈烈的重要原因，如责任年龄制度就在一定程度上"庇护"了未成年人的违法犯罪行为；而部分法律中的制度弊端亦是纵容校园欺凌的重要原因，如针对"未成年人犯罪"事件，我国刑法采取"小儿酌减模式"，这对社会安全显然缺乏应有的考虑；[4]工读教育制度也因招生的非强制性而失去了本来的作用。[5]

其四，总结在校园欺凌事件中教师及学校应当承担的责任。这类文章聚焦于学校与学生之间的关系，认为学校与教师如若

---

[1] 参见许锋华、徐洁、黄道主："论校园欺凌的法制化治理"，载《教育研究与实验》2016年第6期。

[2] 安杨："校园欺凌中的学校侵权责任探究"，载《中国青年社会科学》2017年第5期。

[3] 参见杨立新、陶盈："校园欺凌行为的侵权责任研究"，载《福建论坛（人文社会科学版）》2013年第8期。

[4] 参见颜湘颖、姚建龙："'宽容而不纵容'的校园欺凌治理机制研究——中小学校园欺凌现象的法学思考"，载《中国教育学刊》2017年第1期。

[5] 参见尹力："我国校园欺凌治理的制度缺失与完善"，载《清华大学教育研究》2017年第4期。

未尽到教育管理职责,则要承担相应的民事责任,[1]在个别严重的情况下还要承担行政甚至刑事责任。[2]

上述成果无疑为我们通过法治的手段应对校园欺凌提供了借鉴。但从实践的角度来看,这些成果亦存在部分不足之处。一方面,"校园欺凌"这一概念在上述成果中实际上并未得到统一,论者们关于校园欺凌的主体、具体内容都没有达成共识,这也就相应地导致论者们所构建的相关措施有时并不是基于统一的概念前提;另一方面,尽管上述大部分成果都构建了校园欺凌的法治防治框架,但多数文章仍然呈现出泛泛而谈的特质,没有勾勒出细致、具体的防治步骤。

从更加宏观的角度来看,不仅是上述学者们的论述,即便是我国过去针对校园欺凌而制定的相关政策也存在诸多不足之处,如政策可操作性不强、预防措施不完善、欺凌发生后综合处理安排不足、校园欺凌报告制度尚未建立等问题。同时,此类文件中还存在重口号性、倡导性、宣传性条款,而轻具体化、操作性强的制度设计的问题。总之,以上种种问题都需要我们在未来的法治进程中予以克服。

二、11 部门《方案》构建的校园欺凌法治体系

《方案》于 2017 年 12 月由教育部等 11 部门联合发布,纵观《方案》的内容,主要体现了立足于现行法律与政策并力争综合防治的基本思路,《方案》的核心内容可以概括为以下几个方面:

---

[1] 参见杨垠红、裴静:"中小学校在校园欺凌事件中的安全保障义务及其民事责任",载《福建师范大学学报(哲学社会科学版)》2017 年第 6 期。

[2] 参见解立军:"校园欺凌中之学校和教师的法律责任及其规避策略",载《中小学管理》2016 年第 8 期。

（一）规定校园欺凌的概念

文件规定："中小学生欺凌是发生在校园（包括中小学校和中等职业学校）内外、学生之间，一方（个体或群体）单次或多次蓄意或恶意通过肢体、语言及网络等手段实施欺负、侮辱，造成另一方（个体或群体）身体伤害、财产损失或精神损害等的事件。"该规定吸取了学术界观点，第一次从政策层面上清晰地界定了校园欺凌的认定标准。

首先，校园欺凌的双方当事人必须是在校生。校园欺凌不同于校园暴力，有学者曾经对二者进行过比较，指出应当从狭义上界定校园欺凌的概念，即校园欺凌不应包括校外入侵，也不包括教师作为受害人的现象；[1] 其次，从行为方式上而言，校园欺凌包括身体伤害、财产伤害与精神伤害，如日本有学者就认为校园欺凌乃是学校中处于强势的学生从身体或精神方面伤害弱者的行为，[2] 加拿大安大略省也将该概念界定为"一种有害身心健康、动态的互动过程，是重复使用强势力量进行身体的、言语的或者社会侵犯的一种形式"，[3] 同时，该《方案》还明确指出了网络欺凌这一新型的欺凌方式，可以预见，网络欺凌将是未来校园欺凌呈现出的重要形式；最后，在状态层面上，《方案》指出校园欺凌包括了学生间的单次或多次的伤害行为，而过去的经典定义则仅仅将校园欺凌的状态定位于持续欺凌[4]，有学者曾提出"单独一次（欺凌）行为如果符合其他

---

[1] 参见任海涛："'校园欺凌'的概念界定及其法律责任"，载《华东师范大学学报（教育科学版）》2017年第2期。

[2] 参见[日]新村出编著：《广辞苑》，岩波书店1973年版，第132页。

[3] 杨廷乾、接园、高文涛："加拿大安大略省校园预防欺凌计划研究"，载《比较教育研究》2016年第4期。

[4] See Dan Olweus, "Aggression in the schools: bullies and victimization in school peer groups", The Psychologist, 1991 (4): 243~248.

标准，也可以构成校园欺凌。"[1]该观点被《方案》予以吸收。

(二) 规定治理的基本原则

《方案》确立了治理校园欺凌的四项原则：一是坚持教育优先原则，《方案》指出，要坚持深入开展针对中小学生的道德教育、法治教育等，不断提高学校领导、教师、家长、学生的积极防治意识；二是防治结合、以防为先原则，就是要重视校内秩序维护，加强对事件频发场所的监管，理顺事件反映渠道，从而及时遏制校园欺凌频发的态势；三是坚持保护为要的原则，文件要求确保学生，特别是受害人的切身利益，采取一切措施消除对学生的身体、精神伤害；四是法治原则，文件要求对欺凌者应当采取必要的惩罚措施，及时帮助其回到正轨。当然这些措施设定应当符合法治、程序正当、比例原则的要求[2]。

(三) 规划治理校园欺凌的具体措施

《方案》从健全预防机制、坚持依法依规处置、建立长效机制三个方面规划了治理校园欺凌的具体路径。首先，校园欺凌重在预防，这具体体现在《方案》的切实加强教育、组织开展家长培训、严格学校日常管理、定期开展排查四项措施中。尤其是在严格学校日常管理方面，《方案》指出学校应设立由校长负责的学生欺凌治理委员会，其成员包括教职工、校外专家、家长及社区工作者等群体（高中阶段学校还应吸纳学生代表）。可以说，对学生欺凌治理委员会这一组织的规划设置是本《方案》的重点与亮点：一方面，它的建立属于一种长效机制，它将在学校内形成应对校园欺凌的牵头与应急组织，让校园欺凌

---

[1] 参见任海涛："'校园欺凌'的概念界定及其法律责任"，载《华东师范大学学报（教育科学版）》2017年第2期。

[2] 参见任海涛："校园欺凌者及监护人'中间性处罚'法律责任研究"，载《教育发展研究》2018年第12期。

事件得到及时有效的解决；另一方面，这一组织专业化、多维化的特质决定了其在事件处理问题上的权威性与合理性，合法认定校园欺凌行为，必须要有独立且专业的组织，而不能由校方个别领导或部门单独认定。

其次，《方案》要求相关机关拓宽处理渠道，以程序化、层次性的方式处置校园欺凌事件。具体包括：①一旦发生疑似校园欺凌的事件，学生欺凌治理委员会须在10日内完成对欺凌事件性质的界定。②设立县级防治机构专门负责申诉受理。学校防治机构程序公正、事实调查清楚的，应当以学校处理结果为准，确实需要复核的，复核时间不能超过15日。③情节轻微的事件，由学校对欺凌者展开批评教育；情节较为恶劣的，学校可以请求公安机关的协助；而对于部分性质十分恶劣的事件，学校可联合其他部门将实施者转入工读学校。④公检法部门负责对涉嫌违反治安管理处罚法以及刑法的学生的处理。

最后，《方案》要求建立防治校园欺凌的长效机制。这主要分为四个方面：①建立培训机制，加强对教育行政干部、校长以及教师的培训；②构建考评机制，将学生欺凌治理情况纳入相关人员的考评工作中；③树立问责意识，把防治学生欺凌工作专项督导结果作为评价政府教育工作成效的重要内容；④建立健全相关制度，根据文件精神制定本校的防治措施，由专人（如主管依法治校的领导）推动制度建设和欺凌事件处理机制。

（四）划定相关部门的职责分工

《方案》由国务院教育部等11部门共同制定，因此《方案》也对这11部门的具体职责分工进行了细致规定，从而形成综合治理的大局面。在《方案》设计的分工框架中，教育行政部门负责牵头做好专门（工读）学校的建设工作；中央综治办将欺凌治理与社会治安综合治理相结合；公安机关、司法机关（法院、检察院)、司法行政部门妥善处理校园欺凌案件、完善未成年人司法保护制度、加强与学校合作开展各种形式的法治宣传和法治教育;共青团组织、妇联组织配合有关部门开展相关的防治活动;民政部门加强对受欺凌学生及家庭的扶助;人力资源社会保障部门加强指导技工学校防治工作;残联组织负责积极维护残疾儿童、少年合法权益;学校负责具体实施和落实学生欺凌防治工作。

11部门《方案》较之以往的政策无疑在操作性上具有明显的优势,实现了积极预防与依法处置的并重,多部门联合治理的模式也将会为治理校园欺凌的工作注入多维的力量源泉。不过从实践的角度来看,该《方案》仍然存在一些不足之处,这些不足将会弱化该《方案》的实践效果,为后续的治理工作带来潜在的不便。首先,《方案》确立了11部门联合治理的协同工作机制,并明确了教育部门的牵头地位,但教育部门如何牵头组织余下10部门以及学校的工作则未进行深入规定,这必然导致教育部门的这种牵头地位在实践中缺乏现实的可操作性,也导致关于各部门职责的规定显得杂乱无章,缺乏统摄效应。

其次,《方案》对社会力量的引入一笔带过,没有给予足够的重视。纵观其他国家和地区有效防治校园欺凌的成功经验,社会力量参与是重要内容之一。更何况注重社会力量在社会治理进程中的作用本来就是我国"法治社会"建设的重要内容,因此,《方案》对社会力量的忽视无疑令校园欺凌的治理丧失了有力的社会支持。

再次,《方案》要求坚持法治的基本原则,要求侦查机关、司法机关依法做好校园欺凌犯罪案件的侦查、逮捕、起诉、审判、监督等方面的工作,但在实践中,无论是学校还是公安、司法机关,在面对哪怕是完全构成刑事犯罪的校园欺凌行为时,

往往都回避了对这些行为的刑事处罚,因此如果《方案》能够指出常见的具有犯罪性质的校园欺凌行为并明确列举出对应的刑罚措施,则《方案》的指导意义将更为明显,泛泛而谈的说明方式极容易在实践中淡化其自身的实效。

最后,《方案》个别措施实际上在现实生活中已无法发挥制度的本来作用,如《方案》要求对于"屡教不改或者情节恶劣的严重欺凌事件,必要时可将实施欺凌学生转送专门(工读)学校进行教育。"而正如有论者指出的那样,专门(工读)学校早已因招生的非强制性而失去了其本来的作用,这也在很大程度上削弱了《方案》的实效。因此,《方案》所规定的校园欺凌治理框架仍需在去芜存精之基础上进行进一步的细化,这有赖于国家通过专项立法从法律的层面以规范、细致的方式构建校园欺凌的制度化治理体系。

三、构建我国校园欺凌法治体系的基本原则

(一)预防为主,教育优先

校园欺凌的防治措施应该本着早发现、早预防、早控制的原则,如果能够通过制度化的方式及时发现并予以及时解决,那么校园欺凌的危害将会得到最大程度之削弱。长期以来,在对待校园欺凌问题上,"事后调查、事后整改、事后赔偿、事后究责"成了一成不变的处理模式,这种"亡羊补牢"式的措施既无法挽回校园欺凌已经造成的伤害,又对未来校园欺凌的遏制工作没有积极意义。在对待校园欺凌、校园暴力问题上学校应由被动应对向主动防范、事先预防转变,建立防控校园欺凌、暴力的有效、长效机制,防患于未然。[1]

---

[1] 参见"防校园欺凌应以预防为主",载搜狐网,http://www.sohu.com/a/135882721_735186,最后访问时间:2018年1月16日。

而预防校园欺凌最为根本的路径在于有效之教育,这是学校需要首先承担起来的责任。教育学是成全生命的人文之学,学校应当秉持尊重生命价值、促进生命发展的教育立场,从小就注意培养学生珍爱自己及他人生命的意识,从源头上铲除校园欺凌的思想土壤。学校在平时的教学进程中仅关注学生文化成绩的做法以及校园欺凌发生后对学生一味地苛责,都无法使欺凌者真切认识到校园欺凌的危害及自身行为的错误性质。学校作为一个教育机构,必须要更新教育理念,改变只关注知识灌输的现状,让教育回归育人的本质。

(二) 法治原则

从过去数年治理校园欺凌的经验来看,我们往往倾向于通过各种"专项治理"的活动开展对校园欺凌的集中整治,这种方式短期有效,长期则效果不佳。为了发挥长久持续的效力,治理校园欺凌必须坚持法治原则。

法治原则要求国家针对校园欺凌问题展开专项立法,以制度化的细致方式应对这一难题,尤其是对部分性质恶劣的校园欺凌,必须通过法律的方式进行惩戒,及时纠偏,避免出现过往治理进程中"宽容"与"纵容"混淆不清的实践误区。

(三) 社会补充原则

现代法治原则在逻辑上必然要求社会力量参与社会治理工作,学理上这就是加强"法治社会"建设。单纯依靠国家正式法律制度、司法机关、执法机关来治理校园欺凌无法取得完美效果,必须发挥社会力量参与其中。

党的十八大以来,"法治社会"这一理论命题逐渐成为法治建设过程中的重要内容,中共十九大报告再次重申"坚持法治国家、法治政府、法治社会一体建设"的基本立场。治理校园欺凌,充分发挥国家机关、正式制度、学校的主体作用当然必

要，但是引入社会力量与此并不矛盾，且可以相得益彰。从既有的国家政策来看，虽然其中提出了关于社会组织参与校园欺凌治理的内容，但是规定过于笼统和模糊，缺乏具体细则和操作流程。未来如果制定相关法律规定，则应该对该方面作出具有针对性、可操作性的具体而细致的规定。

四、我国校园欺凌法治体系之重构

校园欺凌的有效治理终究要通过由专项立法的制订以及相关法律的修改而形成的法律治理体系来完成，这一治理体系既需要坚持上述基本原则，也需要借鉴我国台湾地区及其他国家（地区）的相关经验，从而实现治理体系的完备化与可行化。

（一）确立多层次立法模式

人口庞大、国土面积广阔、各地区之间的发展极不平衡，自古以来就是中国存在的社会现实，这就注定在类似于中国这种"超大型国家"仅有一部国家立法不足以全面细致地应对校园欺凌这一问题。例如，"截至2015年，美国50个州和哥伦比亚特区都相继制定或修订了专门的反校园欺凌法"；[1]而领土面积相对较小的日本也在《防止欺凌对策推进法》第13条中规定日本地方公共团体可以参酌文部科学省的基本方针，并根据本地实际情况制定各自的地方政策，学校也应该制定本校的防治措施。"这种做法体现了原则性与灵活性的有机统一。全国性法律是原则，不能违反，但是各个地区、不同学校可以从本地区、本学校的特殊情况出发，制定更有针对性的办法，这样便于更

---

〔1〕 林杰、晁亚群："美国公立学校反校园欺凌政策分析"，载《云南师范大学学报（哲学社会科学版）》2017年第3期。

有针对性地治理校园欺凌行为。"[1]

《中华人民共和国立法法》第 72 条第 1 款规定:"省、自治区、直辖市的人民代表大会及其常务委员会根据本行政区域的具体情况和实际需要,在不同宪法、法律、行政法规相抵触的前提下,可以制定地方性法规。"该法还赋予了 288 个市的人大及其常委会以立法权。这就为专项立法鼓励多层立法的内容提供了法律支持。因此,我国针对校园欺凌的专项立法应鼓励各地人大及其常委会或政府制定相应的地方法规或规章,各地学校及地方社会组织亦应因地制宜地制定本地的特殊方针,实现对校园欺凌的精致化应对。

(二) 建构职责分明的政府运作机制

在应对校园欺凌的工作中,政府无疑应当发挥主导的作用,校园欺凌这一问题的特质逻辑上必然要求政府的严格管理。从政府的"施政力"(state capability)这一视角来看,效率(efficiency)与效能(effectiveness)是衡量政府能否有效处理公共问题的两个重要面向,前者关注的焦点在于资源运用的有效性、控制成本及预算,通常被视为能否"把事做好"(doing things right)之指标,后者则强调政府施政目标的程度,亦即解决公共问题的目标达成性,通常被视为是否符合"做对的事"(doing the right things)之指标。校园欺凌行为直接影响校园安全及学生的学习质量,有其解决问题之时效性,需要有效配置资源,建立辅导支援机制,自然需要仰仗政府"施政力"之落实。[2]

---

[1] 任海涛、闻志强:"日本中小学校园欺凌治理经验镜鉴",载《复旦教育论坛》2016 年第 6 期。

[2] 参见林斌:"英国防治校园霸凌法制之研究:教育治理之观点",载《教育经营与管理研究集刊》2013 年第 9 期。

一方面，专项立法应规划各级政府及人民团体的职责，建立全国性及地方性预防、应对网络。如日本设立了全国统一的24小时免费咨询电话0571-1-78310，在日语中，78310几位数字的谐音是"なやみ言おう"（诉说烦恼），这一热线由都道府县和指定都市教育委员会负责接听；澳大利亚新南威尔士州"教育与社区部还开设了'Bullying No Way!'和'Safe School Hub'等网站，用简洁的语言向孩子介绍一系列相关信息"[1]。此次11部门《方案》就较为细致地划定了包括教育行政部门、法院、检察院、公安部门及妇联等政府部门和人民团体的职责。另一方面，专项立法更应明确相关政府部门的牵头部门以及在发生问题后该牵头部门的具体牵头措施，保证立法的可行性与高效性。笼统地指定牵头部门却又未谋划具体的统摄措施，无疑将会在实践中使得这一规定沦为形式。

（三）制定细致的学校防治方针

学校是治理校园欺凌的重镇，这是因为学校往往比其他部门拥有更加专业且便利的教育资源，也是由于学校教职员工与学生相处时间较长，更容易接触学生"社会性"的一面。纵观包括澳大利亚、英国、美国、日本等国家的立法或政策，学校都是治理校园欺凌的重镇。我国专项立法亦应发挥学校在治理校园欺凌方面的先锋作用。

第一，应在学校范围内全面拓宽校园欺凌的反映渠道。专项立法应当广泛地设置以校园为载体的欺凌投诉信箱、电话，从而让受欺凌的学生及其他发现者得以及时检举。学校也应充分利用网络的便捷优势，建立学校防治校园欺凌的专门网站，一方面接受相关人员的投诉，另一方面进行反校园欺凌的宣传，

---

[1] 驻澳大利亚使馆教育处："澳大利亚：'反欺凌'的责任主体下移"，载《人民教育》2016年第11期。

培育学生及家长勇敢应对校园欺凌的意识。同时,学校不应只被动地等待学生或他人进行投诉,各级学校也应效法这一做法,例如,每年分两次向学生们发放校园欺凌调查表,以便及时探寻校园欺凌的苗头。

第二,开展促进学生自我发展的各类教育活动。"教育跟其他社会实践的重要差别就在于教育是一种价值引导活动,一种引导人向'善'的活动",[1]日本《防止欺凌对策推进法》第15条第1款就规定学校有义务通过开展道德教育和实践活动来培育在校生的道德情操以及同他人进行人际沟通的能力,从而从根本上防止校园欺凌的发生。我国未来的专项立法亦应要求学校在宏观上更新教育理念,培养学生树立正确的人生观和价值观。其一,学校应"为未成年学生提供具体的多元的教育、文化和生活范式,以让不同文化背景的学生获得更好的理解与被理解"[2],一些言语欺凌(例如辱骂其他同学"娘炮""基佬""矮子"等)体现的正是学生们多元价值的缺乏。其二,学校应长期开展有关人际交往的教育活动,许多证据都表明,欺凌的受害者都是那些不擅交际、害羞或缺乏自信的人,[3]自我认知能力较差,[4]而"越善于交朋友,成为霸凌受害者的可

---

〔1〕 胡友志、冯建军:"不羞辱与正派教育制度",载《教育学报》2017年第5期。

〔2〕 李树峰、郝丽平:"国外未成年学生帮群组织:特征、成因及对策",载《外国中小学教育》2008年第6期。

〔3〕 See David P. Farrington, "Understanding and Preventing Bullying", in M. Tonry (Eds.), *Crime and Justice*, Chicago: University of Chicago Press, 1993: 381~458.

〔4〕 See Christina Salmivalli, "Intelligent, Attractive, Well-Behaving, Unhappy: The Structure of Adolescents' Self-Concept and Its Relations to Their Social Behavior", *Journal of Research on Adolescence*, 1998.8 (3): 333~354.

能性就越低"。[1]其三，学校还应重点加强对学生的法治教育，并按照2016年6月教育部、司法部、全国普法办联合印发的《青少年法治教育大纲》开展学校的法治教育，法治教育应注重三项内容：①培育学生树立法治观念与规则意识；②宣传人权理念，营造仁爱的校园氛围；③讲授侵权责任法、治安管理处罚法以及刑法中关于人身财产权益的内容，促使学生们在遭遇欺凌后勇于并善于维护自己的权利。

第三，专项立法应构建教师的责任意识与责任机制。例如，英国就非常重视通过加强师资培训的方式来应对校园欺凌，这既包括职前教师的培养，也包括对在职教师进行反校园欺凌方面的专业培训；[2]日本《防止欺凌对策推进法》第18条第2款也规定学校应当注重对教职员工的相应培训从而提高其从业资质。因此，应对校园欺凌，提高教职员工的责任意识、建构相应的责任机制是不可或缺的一环。同时，专项立法应整合国务院《事业单位人事管理条例》第28条、人力资源和社会保障部《事业单位工作人员处分暂行规定》第17条、教育部《中小学教师违反职业道德行为处理办法（2018年修订）》第4条的相关规定，明确教职员工的职责与惩戒方式，从而充分调动学校的整体能动性。

第四，设立校园欺凌应对小组。我国目前的各类中小学尚没有在校内设立常设的校园欺凌应对小组，这导致了实践中学校应对校园欺凌的仓促性与滞后性。国际上，日本《防止欺凌对策推进法》第22条明确规定学校必须成立防治校园欺凌的专

---

[1] [美] 兰德尔·柯林斯：《暴力：一种微观社会学理论》，刘冉译，北京大学出版社2016年版，第167页。

[2] 参见许明："英国中小学校园欺凌现象及其解决对策"，载《青年研究》2008年第1期。

门组织，且组织中的成员必须有社会福祉士资格者、法律工作者、儿童委员会委员等专业人士；[1]韩国《校园暴力预防及对策法》也要求"学校设置学校暴力对策自治委员会，负责审议本校暴力行为预防和规制事项"。[2]借鉴这一经验，专项立法应督促各级中小学建立常设的校园欺凌应对小组，并明确针对个案的具体步骤：①接到举报后，校园欺凌应对小组应首先在10日内召开小组会议，对于不属于本校管辖的校园欺凌事件，学校也应在合适时间内移送相关学校；②对于认定为校园欺凌的事件，应将其引入校园欺凌处理阶段；③由校园欺凌应对小组展开具体的诸如通知家长、对欺凌者进行批评教育及心理辅导等专业工作；④辅导结束后转入善后辅导阶段，因为欺凌行为的"辅导成效并不是一蹴可及，学校应进行长期的追踪辅导"，[3]任何试图通过一两次的辅导教育来彻底矫正欺凌者欺凌心态的做法都是不切实际的；⑤对于性质较为恶劣的校园欺凌，学校应当通知当地派出所。鉴于我国地区发展差异较大的事实，设立法制副校长的条件未必为所有学校所具备，因此专项立法可以允许条件不具备的学校将法制副校长的职责统摄到校园欺凌应对小组中。

第五，专项立法应督促学校明确针对欺凌者的校内纪律处分并予以落实。例如菲律宾《教育部儿童保护政策》规定："根据学校已有的或教育部的规章制度对侵犯者实施合理的纪律处

---

〔1〕 参见［日］池谷和子："学校におけるいじめと法"，载《现代社会研究》2014年第12期。

〔2〕 陶建国："韩国校园暴力立法及对策研究"，载《比较教育研究》2015年第3期。

〔3〕 雷新俊："校园霸凌事件的防治与辅导"，载《国教之友》2010年第4期。

分,包括书面警告、社区服务、停课、隔离或开除等。"[1]菲律宾这一政策中的"社区服务"对我国而言很有借鉴意义,现实中学校的一些处分实际上无法让欺凌者改过自新,但社区服务无疑会以其实践优势增强欺凌学生的社会公德心,从而抑制甚至铲除其再次欺凌同学的心理苗头。

(四)注入社会力量,实现协同治理

"国家治理并非国家包办",[2]社会为防治校园欺凌的工作提供了人力、智识资源,建构了外部保障,这正是当下我国提倡的"法治社会"的应有之义。在法治社会中,公共治理可视为政府部门结合市民社会的资源和力量,提供公共服务并创造公共利益的程序及作为,且不再是以政府机关为主的"官僚治理"(bureaucratic governance),而是呈现国家权力移转的"多层次治理"(multi-level governance)模式。[3]社会力量的这种参与功能在域外国家表现得尤为明显。例如,美国国家学校安全中心在1987年就组建了防治校园欺凌的专门团体,社会团体成员通过线上、线下相结合的方式广泛宣传校园欺凌防治政策和措施;[4]又如在英国,"一些社会团体,如全国防止虐待儿童协会(NSPCC)、欺凌干预组织(BIG)、戴安娜奖(The Diana Award)、儿童港湾(Kidscape)以及石墙(Stonewall)等,都为学校反欺凌工作提供专门支持和帮助,学校可以从这些反欺凌

---

[1] 张素雅、马早明:"菲律宾预防校园欺凌政策内容分析——基于《教育部儿童保护政策》的解读",载《比较教育研究》2016年第11期。

[2] 宋雁慧:"国家治理视角下的校园暴力防治研究",载《中国青年社会科学》2017年第1期。

[3] 参见刘坤亿:"政府课责性与公共治理之探讨",载《研考双月刊》2009年第5期。

[4] See Xin Ma, Len L. Stewin, Deveda L. Mah., "Bullying in school: nature, effects and remedies", *Research Papers in Education*, 2001, 16 (3): 247~270.

组织中借鉴处理欺凌问题的专业知识和实践经验。"[1]

在建设法治社会的大背景下,我国未来专项立法应当构建社会团体、组织与政府机关及学校协同防治的机制。该机制包括以下两点:第一,学校应同家长共同应对校园欺凌。学校可以鼓励家长组成团体并在课余时间对学生进行教育,同时家长可以参与制定学校防治措施。第二,法律应当鼓励专业人员设立校园欺凌的社团组织,这里的专业人士可以包括教育专家、律师、社区工作人员、心理咨询师、社会学专家,以及 NPO、NGO 成员等。这种社团组织应当具备如下功能:①信息搜集、共享功能。这一功能可以及时有效地发现校园欺凌现象,从而将信息公布给学校、政府甚至媒体;②法律应急功能,即对个别恶性的校园欺凌事件及时予以制止并与相关政府或司法部门取得联系,寻求法律协助;③追踪辅导功能,上述组织中的专业人士应对欺凌者与被欺凌者进行心理疏导,对欺凌者进行必要的追踪观察,遏制其再次欺凌同学的心理苗头。

(五) 完善家庭教育制度

家长或监护人对子女的欺凌行为无疑具有协助改善的义务。在英国,如若欺凌学生的行为无法改善,则 LEA(地方教育当局)或学校可以要求家长负起连带责任:①如学生因欺凌等偏差行为被追究严重责任时,可以要求法院对该学生监护人发出"教养令";②如果学生违反"反社会行为令",法院可以不经申请,直接向学生监护人发出"教养令";③如果学生被勒令在家,其监护人必须保证其子女在学校上课时间不得出现在公共

---

[1] 董新良、姚真、王瑞朋:"英国中小学校反欺凌行动研究",载《比较教育研究》2017 年第 9 期。

场所。[1]反观我国在家庭教育方面,不论是政府部门还是学校,都没有给予充分的重视。面对这种极不平衡的家庭教育现状,未来我国专项立法应将家庭教育纳入国家基本公共服务的范畴,提升家庭教育的能力,建立对不履行监护职责的父母的惩戒机制;甚至,专项立法可以强制施暴学生的父母接受教育及相应的行政处罚,促使其改变自身不良的教育方式。

(六) 建立应对网络欺凌的机制

网络欺凌是随着互联网技术的发展而出现的一种新型校园欺凌,我国目前在应对校园欺凌方面尚无成熟的经验。国际上,"澳大利亚着重于为学校开发各类网络安全教育课程,从源头防范网络欺凌的发生;欧洲国家在开展网络欺凌研究上采取的态度是通力合作、共同防范,在预防教育上下大力气;而美国则主要是通过制定一系列相关法律来遏制日益蔓延的网络欺凌现象,用立法来保护未成年人的网络安全。"[2]借鉴上述国家的经验,法律治理网络校园欺凌应当作如下规定:"①学校应当加强对学生的相关法治教育,使之正确认识网络欺凌的严重危害和法律责任;②法律规定网络欺凌受害人及其监护人有权要求网络服务平台删除相关侵权信息、查实信息发布者个人信息,如果网络平台拒绝,可以申请公安机关介入;③网络欺凌受害者及其监护人可以向人民法院提出侵权损害赔偿诉讼,法院应当受理。"[3]

---

[1] 参见林斌:"英国防治校园霸凌法制之研究:教育治理之观点",载《教育经营与管理研究集刊》2013年第9期。

[2] 杜海清:"澳大利亚、欧美国家应对网络欺凌的策略及启示",载《外国中小学教育》2013年第4期。

[3] 参见任海涛、闻志强:"日本中小学校园欺凌治理经验镜鉴",载《复旦教育论坛》2016年第6期。

（七）实现欺凌行为与现有法律的有机衔接

校园欺凌往往涉及民事、行政和刑事等多层法律关系与法律责任，然而，"我国对于校园欺凌问题的重视程度存在严重不足，惩治措施多以批评教育为主，涉及行政处罚和刑事处罚力度较弱"，[1]这种处理方式导致部分涉事学生与家长有恃无恐，恶化了校园欺凌的局面。对此，专项立法应当促进欺凌行为与现有法律特别是刑事法律的对接，依法处置部分恶劣行为，发挥民事、行政法律的治理功能以及刑事法律的震慑作用。例如，专项立法可以列明言语欺凌可能违反《治安管理处罚法》第42条的规定或构成《刑法》第246条侮辱罪、诽谤罪；殴打行为可能违反《治安管理处罚法》第43条的规定或构成《刑法》第234条故意伤害罪；逼迫他人实施羞耻行为可能构成《刑法》第237条强制猥亵、侮辱罪，等等。

总之，建构我国治理校园欺凌的法治体系，必须既要促使这一体系具备充分的可操作性，又要尽可能地涵摄多个部门或组织，形成政府、学校、社会以及家庭"四位一体"的法治治理格局。

---

[1] 李伟清、孙炜、徐金坪："我国校园欺凌调查与中美治理对策研究"，载《教育科学研究》2017年第11期。

第四章
CHAPTER 4

立法审视:校园欺凌行为的现行法律责任

本章主要研究依据现行法律规定,校园欺凌行为可能引发的法律责任,当然这个责任体系还不够完善,所以后面会专门研究对于欺凌者及其监护人的"中间性处罚"法律责任体系。

本书第二章我们在与校园暴力比较的视角下,对于狭义校园欺凌行为进行了界定,这种界定为我们研究校园欺凌行为的法律责任问题提供了一个前提。如果不能将校园欺凌行为的边界准确界定,则无法准确研究该行为产生的法律责任问题。根据主体不同,笔者将校园欺凌行为引起的法律责任分为三个类别。

一、学生作为欺凌者产生的法律责任

在欺凌者为学生的案件中,欺凌者及其监护人承担的法律责任可分为刑事责任、民事责任、行政责任三类。

首先看刑事责任,如果从犯罪构成"该当性、违法性、有责性"三阶层理论来看,校园欺凌行为有可能会触犯刑法规定的故意杀人罪、故意伤害罪、非法拘禁罪、侮辱罪、强奸罪、猥亵罪等罪名。如果欺凌者已经成年,则直接适用刑法规定,没有问题。但是,从本书研究的校园欺凌而言,都是发生在高三之前的行为,绝大部分人并未成年。欺凌者的行为从客观上符合刑法对于以上罪名的规定,且无犯罪阻却事由(如正当防卫、紧急避险）存在，但是仅仅因为行为人为未成年人而不能承担刑事责任。所以，才出现了新闻报道的"100秒掌掴女生32次"的行为人，仅仅是被学校批评教育而已。

受欺凌者因欺凌而身心受害，而施暴者表面接受批评，但是心中一定自鸣得意，对于此种恶行不以为然。这种处理方式，不仅对当事人起不到教育作用，反而会助长校园欺凌之风，这也是此类新闻引起社会强烈反响的原因所在。2016年3月，人大代表刘晓翠提出"未成年人触犯刑法也要适用刑法处罚"，该代表显然是法外人士，这种观点当然缺乏严谨的学理支撑与法律依据，但是她想表达的态度是值得法律人深思的。如果对于校园欺凌行为无严厉威慑，则未来社会上同类行为会有不断增长的危险。

国外有学者专门讨论过制定"专门适用于未成年人的刑法"的尝试，而美国从20世纪80年代以来，在刑法中将校园暴力定位为"重罪"，对同谋欺凌者实行"连坐"，以及对学校和家长追究重责。于是才有了第二章中提到的，国内并不认为是恶性犯罪的欺凌行为实施者，被美国法院判处十几年刑罚的案例。综上，笔者建议有三：一是从现行刑法本身对校园欺凌行为进行专门规定，以达到威慑作用；二是在《未成年人保护法》《预防未成年人犯罪法》中增加专门针对欺凌的内容；三是展开研究制定"青少年犯罪特别法"等法律，从青少年犯罪、少年司法、社区矫正等角度探索对该问题的有效防治手段，对于屡教不改、危害性较大的欺凌者可以送入工读学校进行学习。以必要的矫正措施，给欺凌者以有效威慑。

其次看民事责任，本书讨论的欺凌案件中，大部分施害学生都是未成年人，他们造成受害者财产和人身损失，必然产生民事赔偿责任，根据我国民法规定，该赔偿责任应该由他们的

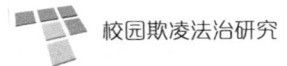

监护人承担。

最后看行政责任,为加强对校园欺凌的防治,行政法律法规中可以规定欺凌者的监护人若有失管教之责,则可对他们进行行政罚款。在现实中,许多家长放松对于子女的管教,或者明知子女有欺凌行为而放任不管,此种行为看似伤害他人,实则对于欺凌者与受害者都有危害,若有证据表明家长管教不力,则追究其责任,以此督促家庭为防治欺凌把好第一道关口。

二、教师作为欺凌者产生的法律责任

虽然"教师对学生的欺凌"不属于本书界定的"校园欺凌"范畴(第二章详述),但是笔者希望,把现行法律内容中与"校园欺凌"有关的规定都能梳理出来,故在本章也研究教师欺凌学生所可能引发的法律责任。因与前文狭义概念界定有一些不同,特作此说明。

教师对学生进行欺凌(广义上可称为欺凌,本标题下同)的案件也不鲜见,新闻报道中出现教师对学生进行经常性、反复性威胁、性侵,同时还有类似于浙江温岭颜艳红"虐童案",由于行为人已经为成年人,故可以依照刑法规定之故意杀人罪、故意伤害罪、强制猥亵罪、强奸罪、虐待罪等加以惩处,随着《刑法修正案(九)》的实施,凡是在幼儿园、中小学中,教师针对学生的虐待行为都可以定"虐待罪"。

还有一类教师进行的欺凌现象较容易被忽视,但是对学生的负面影响非常严重,比如老师经常对某一些学生进行辱骂、踢打、侮辱等,虽然没有造成身体伤害,但是已经让学生在伙伴面前丢尽脸面,使孩子的自尊心受到严重打击,对他们的心理伤害严重。教师最本质的职能应该是"人类心灵的工程师",意即其所采取的各种教育手段应有益于学生人格之完善、心理之健康、人生之美满。教师对学生进行欺凌，已经与其职责相违背，故应追究法律责任。

我国《教师法》第8条第（四）、（五）项规定的教师义务包括："关心、爱护全体学生，尊重学生人格，促进学生在品德、智力、体质等方面全面发展；制止有害于学生的行为或者其他侵犯学生合法权益的行为，批评和抵制有害于学生健康成长的现象。"由此可见，教师欺凌行为违反了《教师法》规定。该法第37条明确规定了教师法律责任，欺凌行为应属于"体罚学生，经教育不改的；品行不良、侮辱学生，影响恶劣的"情形，凡是出现此类行为将给予行政处分或解聘，情节严重，构成犯罪的，依法追究刑事责任。

此外，因欺凌行为而给学生带来财产、人身损害的，除了承担以上责任外，还应该承担民事赔偿责任。

三、校园欺凌管理不力者的法律责任

对于那些校园欺凌管理不力者应当追究相应责任。从新闻报道来看，学校和施暴学生的家长经常会隐瞒校园欺凌行为，本书第二章提到的中国留学生在美国被判刑的案例中[1]，中国家长企图以金钱摆平案件的做法在国内亦有土壤。《法制日报》记者在调查采访中发现有的校园欺凌案件被学校隐瞒不报，[2]因为主事者害怕损害学校声誉而给自己带来麻烦。

如果教师故意隐瞒欺凌行为，则应属于违反《教师法》第37条第1款第（一）项之规定"故意不完成教育教学任务给教

---

[1] "中国留学生在美群殴同伴 家长因贿赂证人被捕"，载 http://www.hkwb.net/news/content/2015-06/12/content_2569109_2.htm?spm=0.0.0.0.pBpKWN，最后访问时间：2015年6月12日。

[2] 参见陈小英："校园欺凌 谁来解围"，载《法制日报》2015年7月13日，第8版。

育教学工作造成损失的"情形,应予以行政处罚或者解聘。教师的"教育任务"自然包括合理处理学生之间的纠纷矛盾,如果情节严重无法处理,理应上报,故意隐瞒则属于此款规定。如果校长、主管校领导、主任等人故意隐瞒欺凌行为,轻则批评教育,如果严重则应该撤职更换工作岗位或者解聘。

许多欺凌行为的成因与家庭环境有关,因此父母对于子女如果有放纵欺凌或者故意隐瞒、逃避责任等情形存在,则应承担相应法律责任。这一点尚无具体法律条文依据,但是在理论上是成立的,也是今后我国法律应予修改之内容。

父母对于未成年子女照顾和保护的权利应称之为亲权,与我国《民法通则》第16条规定的监护制度有所区别,此次制定《民法典》过程中,许多学者认为《民法典》应该将亲权与监护制度予以严格区分,[1]此种做法实为大陆法系民法之通例,如法国亲权制度受到罗马法影响,亲权内容是父母对未成年子女的保护与照顾。德国虽然在20世纪80年代制定的《关于父母照顾权的修订法案》中将亲权概念修改为"父母照顾权",但此种提法是为了更好地保护子女利益,也符合亲权内涵的要求。[2]故在将来《民法典》制定中将亲权与监护权予以区分是顺应时代潮流的趋势。

从我国《民法总则》《未成年人保护法》《老年人权益保障法》对监护制度的规定来看,监护是法律规定的权利,如某些亲属、朋友、基层组织和民政部门都可以作为监护人,而法律规定的亲权来源于父母对子女管教保护的自然权利。亲权的价

---

[1] 参见杨立新:"《民法总则》制定与我国监护制度之完善",载《法学家》2016年第1期。

[2] 参见薛宁兰:"我国亲子关系立法的体例与构造",载《法学杂志》2014年第11期。

值取向是有益于未成年子女身心健康的同时实现,任何违反该价值取向的行为都应该受到法律禁止。

  一般情况下,父母对子女的管教应属家庭生活的"私领域",国家不应过多干涉,但是如果父母所做的行为已经侵害到未成年子女的身心健康,其情形严重时,则国家必须予以介入。本书已述,欺凌行为不独对受欺凌学生有害,而且对于欺凌者本身也有害,且害处持续时间长、危害结果大。如父母因无知、溺爱而导致孩子发生欺凌行为应及时采取措施制止。若父母放任子女行为甚至是在欺凌发生后采取隐瞒、逃避措施,不仅伤害受欺凌孩子,同时也伤害了自己的子女,此类行为已经违反了法律设定"亲权"的价值目标,则此时法律必须予以纠正之,比如法律可以规定责令此类家长进入"父母学习班"进行学习,或者规定罚款和批评教育等措施。此种规定虽尚未规定于法律条文之中,但是未来我国《民法典》《未成年人保护法》中应该进行规定。相关问题,本书将在第五章详细研究。

第五章 家庭责任：欺凌者及监护人"中间性处罚"责任体系

政府、社会、学术界对于校园欺凌的关注度与日俱增，而治理校园欺凌最有效的途径就是"法治化"治理，法治化治理最有效的抓手就是法律责任的设定。但是国内学术界对"校园欺凌"法律责任的研究仅仅停留在对域外经验的介绍和对宏观治理策略的讨论层面，深入研究校园欺凌"应然法律责任"体系的成果非常鲜见。从我国立法和社会实践来看，现行立法对校园欺凌的责任追究呈现出"要么太重、要么太轻"的"两极化"趋势，因此应当探索构建校园欺凌"中间性罚则"的立法原则、欺凌者及监护人的"中间性处罚"内容体系。这是解决该问题的关键，也可以为未来立法提供有益参酌。

本章使用的"中间性处罚"并非通用术语，故应先予交代。我国对于校园欺凌行为的处罚具有"要么过轻，要么过重""两极化"特征。处罚过轻表现有二：一是如果欺凌者未满 14 周岁，即便实施了非常严重的欺凌行为，也不会承担行政责任、刑事责任；二是对于已满 14 周岁的未成年人，如果欺凌行为达不到法律规定的伤害程度，也无法追究行政责任、刑事责任。这两种情形，处理结果就是让家长带回家"教育"，但是对于"回家教育"没有后续监督，以上两种情形难免会引起公众对法律纵容校园欺凌的质疑。处罚过重的表现是：已满 14 周岁的未成年人，如果实施了法律规定的危害结果严重的犯罪行为，就会被直接追究刑事责任，没有替代措施，追究刑事责任将会给该未成年人的一生带来无可挽回的损失，从对未成年人保护的角度来看，这种处罚又有"过重"之嫌疑。在"过轻"与"过重"之间缺乏一个层级科学、梯度明显、逐步加深的"中间性处罚"责任体系。本章立足我国实际，从完善校园欺凌法律责任"应然体系"的角度进行研究。希冀构建在"两极"之间的"中间性处罚"体系，对于有效治理校园欺凌蔓延之势、保护未成年人权益具有双重价值。本章主要研究设定"中间性处罚"的基本原则、欺凌者及其监护人的"中间性处罚"内容体系。

一、校园欺凌"法律责任"研究与立法现状

（一）研究现状

自从 2016 年国务院教育督导委员会、教育部等 9 部门先后发布了两个重要的治理"校园欺凌"的文件[1]以来，国内学术界对于"校园欺凌"的研究呈现"井喷式"爆发，这种爆发体现在学术期刊发表论文、人大复印资料转载论文两方面。

---

[1]《国务院教育督导委员会办公室关于开展校园欺凌专项治理的通知》（2016.04）；《教育部等九部门关于防治中小学生欺凌和暴力的指导意见》（2016.11）。

表1 中国知网（CNKI）"校园欺凌"相关论文篇数统计表[1]

（截至2017年8月22日）

搜索标准	2017年	2016年	2015年	2014年	2013年	2012年	2011年	2010年	2009年	2008年	2007年	2002年
主题：校园欺凌	152	99	14	2	5	3	1	2	4	5	1	1
主题：校园暴力	141	230	132	74	85	75	94	148	67	68	84	22
篇名：校园欺凌	101	69	10	1	3	2	1	0	3	3	1	0
关键词：校园欺凌	76	47	8	0	2	1	0	0	1	0	0	0
校园欺凌+责任	14	12	4	1	1	0	0	1	0	1	0	0
校园暴力+责任	14	17	7	2	5	3	5	6	4	2	6	0
校园欺凌+法律责任	7	2	0	0	0	0	0	0	0	0	0	0
校园暴力+法律责任	7	2	0	1	1	0	0	0	1	1	0	0

---

[1] 说明：为了体现研究热度趋势，本表没有收录"学位论文"类别，因为学位论文写作有较长周期，在反映学术研究热度及趋势方面较差。

表 2　中国知网（CNKI）人大复印资料转载"校园欺凌"相关论文统计表[1]

（截至 2017 年 8 月 22 日）

搜索标准	2017年	2016年	2015年	2014年	2013年	2012年	2010年	2009年	2007年	2006年	2004年	2003年
标题：校园欺凌	20	8	1	0	1	0	0	0	0	0	0	0
标题：校园暴力	1	8	1	2	6	0	0	1	1	2	1	1

通过对近年来发表的相关学术论文进行梳理研究，可以得出以下结论：

第一，在 2016~2017 年两年中，研究"校园欺凌"的文章急速增长。无论以何种标准统计，此间，学者对于"校园欺凌"的研究论文数呈现十几倍、几十倍的增多。而人大复印资料对于相关论文的转载也是突然增加，2015 年之前几乎很少转载（即使转载"校园暴力"相关论文也非常少），但是近两年却突然转载 28 篇。这个研究热度与上述两个文件的出台有直接关系。

第二，专门研究"校园欺凌"法律责任的文章很少。在近两年研究"校园欺凌"的文章中，大部分研究重点在于介绍国外经验、欺凌形成原因分析及比较宏观的综合治理对策，[2][3][4]真

---

[1]　说明：中国知网数据库没有收录《教育学文摘》转载文章，但是《教育学文摘》2017 年第 2 期首栏转载 4 篇"校园欺凌"主题文章，所以在本表所列有关"校园欺凌"2017 年转载的 20 篇文章中包含此 4 篇论文。

[2]　如林杰："学校的责任：美国校园欺凌的诉讼与判例"，载《比较教育研究》2017 年第 6 期。

[3]　参见宋雁慧："国家治理视角下的校园暴力防治研究"，载《中国青年社会科学》2017 年第 1 期。

[4]　参见周冰馨、唐智彬："防治校园欺凌的国际经验及其启示"，载《外国中小学教育》2017 年第 3 期。

正落实到研究与"责任"有关的文章大约占 10%。但是直接研究校园欺凌"法律责任"的文章仅占 5%。对研究校园欺凌责任的文章进一步阅读发现,这些文章大部分停留在对我国现行法律校园欺凌之民事责任、行政责任、刑事责任的总结介绍,[1]而对于治理校园欺凌的"应然法律责任体系"还没有来得及构建。少数论文已经提出来,应该建立"宽容而不纵容"的校园欺凌责任体系,[2]有的学者也对在校园欺凌治理中借鉴"保护处分"措施进行了探讨,[3]但是因为文章主题所限,这些文章未能对校园欺凌"应然法律责任"展开深入论述。

第三,治理校园欺凌问题,最终要走"依法治理"的道路。对策研究如果仅仅停留在政策、口号、倡议层面是不行的,必须落实到法律责任层面,才能够给治理对策"装上牙齿",才能对广受关注的校园欺凌起到有效的遏制作用。因此,研究校园欺凌"法律责任体系"已经是此项研究不可回避的问题,也是最终有效防治校园欺凌的必经通途。

第四,治理校园欺凌需要建立"中间性处罚"责任体系。有效遏制校园欺凌,与"严厉打击"有区别,社会公众和一些学者提出来"降低刑事责任年龄"的主张是不科学的。现有法律责任呈现出"两极化"趋势,对于达到"刑事责任"处罚标准的案件就依照刑法处罚,而对于达不到"刑事责任"要求的

---

[1] 如解立军:"校园欺凌中之学校和教师的法律责任及其规避策略",载《中小学管理》2016 年第 8 期;任海涛:"'校园欺凌'的概念界定及其法律责任",载《华东师范大学学报(教育科学版)》2017 年第 2 期。

[2] 参见颜湘颖、姚建龙:"'宽容而不纵容'的校园欺凌治理机制研究——中小学校园欺凌现象的法学思考",载《中国教育学刊》2017 年第 1 期。

[3] 如刘向宁:"校园霸凌未成年行为人的法律责任浅析",载《青年学报》2015 年第 4 期;许锋华、徐洁、黄道主:"论校园欺凌的法制化治理",载《教育研究与实验》2016 年第 6 期。

未成年行为人,就直接让家长领回家教育,这种情况要么过重、要么太轻。危害有三:首先,适用刑事责任,会给青少年贴上"犯罪"标签,影响终身,对社会和青少年都无好处;其次,对于直接让家长带回家的情形,行为人有可能不知收敛,导致最终走向犯罪道路的风险增加;最后,对于恶性校园欺凌行为因达不到刑事、行政处罚标准而让家长批评教育,这种处罚过轻,会引发公众对于法律公正性的质疑,感觉法律"太软",对治理校园欺凌无能为力。

未来立法,最紧要的是要构建避免"处罚两极化"的"中间性处罚"责任体系,才能有效遏制欺凌、避免纵容青少年不断向犯罪歧途靠近、解除公众对于"纵容校园欺凌"的误解。"中间性处罚"主要是给青少年本人及其监护人设置处罚方式,这些方式比刑事处罚、行政处罚要轻,但是对于当事人及其监护人又会产生足够的制约力,也可以对青少年起到警示作用,避免他们不断走上犯罪道路的风险。其他国家和地区在这方面已经有了相关措施可以借鉴。国内学术界对该问题还没有深入研究,本章将对这个问题进行深入研究。

(二)现行立法规定及弊端

法律责任是指行为人因为违反了法定义务而承担的某种不利后果。法律责任的追究意味着以国家强制力作为后盾,因而具有最大的强制力和威慑力。"校园霸凌是一种越轨行为,是破坏规范或违反群体与社会期望的行为",[1]其行为人应当承担相应的法律责任,但是现行法律责任体系不够科学合理,需要完善优化。我国现行法律对于校园欺凌法律责任的规定及其弊端见表3。

---

[1] 张国平:"校园霸凌的社会学分析",载《当代青年研究》2011年第8期。

表3 我国未成年人"校园欺凌"立法上的法律责任及弊端简表

类型	承担处罚方式		弊端
民事责任	未满18周岁的未成年人,因为校园欺凌给他人造成伤害的,由其监护人承担民事责任。		1. 行为人不承担责任,无悔过畏罚效果。 2. 有的监护人和青少年会认为,只要有钱就能摆平事情,不利于有效治理。
治安处罚责任	不满14周岁	不予处罚,责令监护人严加管教。	1. 纵容行为人,恶性行为愈演愈烈。 2. 家长是否严加管教,无法监督。
	满14周岁,不满18周岁	1. 从轻或者减轻处罚。 2. 行为人初次违反《治安管理处罚法》应当给予行政拘留处罚的,不予执行。	
刑事责任	不满14周岁	即使造成重伤、死亡等严重后果也绝对不负刑事责任。由家长带回,批评教育而已。	1. 许多人以此为"免死金牌",作恶多端。不如英美法系"恶意补足年龄制度"有效。(容后详述) 2. 社会认为"法律纵容犯罪"而产生强烈不满。
	满14周岁,不满16周岁	1. 仅对犯有故意杀人、故意伤害致人重伤或死亡、强奸、抢劫、贩卖毒品、放火、爆炸、投毒罪等八大恶性犯罪承担刑事责任。减轻处罚。 2. 故意伤害必须达到"重伤",才构成故意伤害罪。	1. 许多校园欺凌行为达不到承担刑事责任的标准,因而虽为恶性案件,仍然无法追究责任,放纵行为人。 2. 对于达到刑罚处罚标准的未成年人直接适用刑罚,而没有替代措施,会对行为人产生终身不可挽回的损失。
	满16周岁,不满18周岁	对所有犯罪承担责任,减轻处罚。	对许多不能达到"轻伤"鉴定伤害的,不能追究责任,会放纵行为人。

从以上简表可以发现，现行"校园欺凌"法律责任体系整体上有几个问题没能够解决：

第一，对于不能适用刑罚的案件缺乏"中间性处罚"措施。对于行为人未满14周岁的案件、行为人虽满14周岁但是案件性质达不到追究刑事责任标准的案件，法律只能要求监护人进行简单的民事赔偿、带回家批评教育。没有其他更加有力的管教措施，"工读学校"并非法律规定的强制教育措施，导致"工读教育无法成为应对校园欺凌的有效措施"[1]，因此对该制度必须进行改革。对于不能适用刑罚处罚的"校园欺凌"行为设定"中间性处罚"法律责任体系的现实要求非常迫切。

第二，对于达到适用刑罚处罚的案件，缺乏"替代性处罚"方式。如果站在受害人一方立场来看，对于达到刑罚适用条件的"校园欺凌"行为人适用刑罚处罚是最为赞成的方式。但是从教育者的立场来看未必如此，一旦一个未成年人受到过"刑罚"处罚，则会对其终生产生深远的负面影响，导致其最终形成"反社会"人格也有可能。对于未成年人犯罪，国外许多国家适用"保护处分"措施（容后详述），就是适用训诫、禁止令、委托监护、强制教养等方式来执行，这样做有利于保护未成年人教育改造，有利于他们重新回归社会。

本章主旨是要弥补以上两个不足，提出构建完整的校园欺凌"中间性处罚"法律责任体系的建议。以上是从立法层面的分析，下面从几则中外典型案例入手比较分析我国"校园欺凌"法律责任在实践中的困局。

---

[1] 参见颜湘颖、姚建龙："'宽容而不纵容'的校园欺凌治理机制研究——中小学校园欺凌现象的法学思考"，载《中国教育学刊》2017年第1期。

案例1：2017年7月3日"河南伊川欺凌事件"[1]，一女学生被两名女同学轮流扇耳光至少21次，有8人参与该事件。教育局处理结果：对班主任全县通报批评、对政教主任记过、对校长和主管副校长撤职。

案例2：2017年6月"延庆二中欺凌事件"，同学逼迫一名男生捡拾粪便并舔手指。涉事学生仅仅受到校内处分。

案例3：2016年12月"中关村二小欺凌事件"，一名学生越过厕所门向另一位学生头顶扔粪便垃圾桶。该事件最后不了了之，赔礼道歉都没有出现。

案例4：2014年"北京三名光背少年围殴14岁少年恶性欺凌事件"，视频记录情节恶劣、手段残忍。

法律规定已满14周岁不16周岁的人故意伤害需要达到"重伤"后果。该案伤残鉴定为轻微伤，故不能追究其中两名少年刑事责任。

案例5：2016年2月"留美中学生欺凌案"，三名中国留学生在美国欺凌同学。三名犯罪人分别获刑13年、10年和6年。

从以上的几则案例处理结果来看，我国"校园欺凌"法律责任追究，在实践中也存在诸多弊端需要弥补。

第一，欺凌监护人的法律责任太轻。在中国，严重校园欺凌发生后，教师、学校领导都可以被追究比较严厉的责任，但是欺凌者监护人没有任何责任，这一点实际上使得监护人没有动力去教育被监护人，这也是校园欺凌蔓延的原因之一。在调研中，学校和老师提出最多的就是该问题，监护人故意或者忽

---

[1] "河南伊川校园暴力事件警方已立案　正副校长被撤"，http://news.sina.com.cn/c/nd/2017-07-04/doc-ifyhrxsk1679420.shtml，最后访问时间：2017年7月6日。

视履行教育责任,是导致校园欺凌蔓延的重要原因之一。

第二,校园欺凌者的法律责任太轻。从实践来看,轻微的欺凌行为根本不会被曝光,即使在被曝光的严重校园欺凌中,由于欺凌者达不到法定责任年龄,所以多是承担批评教育、校内纪律处分,根本起不到威慑作用。如在延庆二中欺凌事件中,几个行为人对受害人进行过长期的欺凌,此次欺凌十分严重,他们仅仅受到不疼不痒的校内处分,他们不仅不会畏惧悔过,可能还在受害人面前沾沾自喜,甚至有的人以后故伎重演也有可能。所以,我们对行为人的法律责任设定太轻,起不到遏制校园欺凌的效果。

第三,处理手段单一。从河南伊川欺凌事件来看,发生严重校园欺凌就对校长、副校长一免了之,并不会起到更好的防治效果。校园欺凌轻微则无人管,严重且网络曝光就对教师、学校领导进行处罚,这种责任结构显然不合理,应该探索对轻微欺凌行为进行有效规制的"中间性处罚"责任体系。

第四,缺乏过渡性处罚措施。在当前法律体系中,如果主体和行为危害结果达到刑法、行政法处罚标准,就直接按照行政法、刑法加以处罚。但是如果没有达到法定责任年龄或者没有达到法定危害结果,就只能进行校内违纪处罚。中间缺乏过渡环节,而"过渡性处罚"措施才是有效矫正"校园欺凌"行为的关键所在。

第五,《未成年人保护法》的价值目标定位需要明确。其一,《未成年人保护法》的目标是"保护未成年人"没错,在有人提出对校园欺凌者进行更加严厉的惩治时,就有人会说这违反了"保护未成年人"的目标。但是,他们却忽视了对"受欺凌者"的保护。因此,《未成年人保护法》应该明确其价值目标,对于"欺凌者"和"受害人"的利益都应该保护,平衡二者利益。现实情况是,"欺凌者"对他人造成伤害很大,但是没有有效制约,因此当前的任务是要强化对"欺凌者"的更加严格的治理。其二,《未成年人保护法》的内容多为倡导性且内容模糊,不利于实施,应该进一步出台细则,以便于实施执行。

第六,忽视了对于轻微校园欺凌行为的关注。从调查中我们发现,许多较严重的校园欺凌行为都是日积月累形成的,如果出现了轻微的校园欺凌就有了及时制止、处罚的措施,此种行为就不会发展下去。对轻微校园欺凌设定必要的罚则,十分必要。

试想,如果我们对较轻的校园欺凌行为已经规定了较为严厉的责任,那么欺凌者及其监护人就不会犯更大的错误。正是由于我们长期以来对校园欺凌行为治理思路不清晰,导致监护人和学生都认为校园欺凌仅仅是开玩笑,最后导致中国高中生因为校园欺凌被判6~13年的重刑。其中一位学生写了一篇《我不是坏女孩》的自白书,从这篇文章的内容来看,这些孩子绝对不是罪大恶极、不可饶恕的坏人,如果他们从小知道校园欺凌的严重后果,他们一定不会铤而走险的。因此,对欺凌者及其监护人设定更加严厉的法律责任,对于具有欺凌倾向的学生也是一种保护。接下来,笔者将系统构建校园欺凌"中间性处罚"法律责任体系。

二、校园欺凌"中间性处罚"的设定原则

如上文所述,如果要设立校园欺凌的"中间性"法律责任,必然会涉及对当事人基本权利的强制处分,也涉及设定此类原则的基本理念,因此应当明确基本原则,这些原则也是未来相关立法改革的根本遵循与指针。"中间性处罚"措施设定原则包括两类:第一类是设定"中间性处罚"形式上的原则,包括法

律保留、比例原则、正当程序,即使处罚措施内容正确,也应当遵守以上三个形式上的原则;第二类是设定"中间性处罚"内容上的原则,包括罚害相当、权责对等、赏罚互济三原则。形式上的原则与内容上的原则互为表里、相得益彰,共同保证"中间性处罚"措施设定科学合理。

(一) 形式上的原则

1. 法律保留原则

根据"法律保留"原则,如果涉及对学生人身自由或者学习权加以限制,如强制隔离学习、强制退学等处分措施,必须由全国人大及其常委会以法律形式予以规定,此法律低位阶的法规、规章无法规定这些内容。未来无论是制定《校园安全法》还是《反校园欺凌法》,都应当由全国人大或其常委会以法律形式规定这些内容,以符合"法律保留"之要求。

英国《1985 年地方政府法案》《1988 年教育改革法》《1989 年儿童法》《1998 年学校标准与框架法》《2002 年教育法》均对反校园欺凌责任、义务、政策作了规定。[1] 英国地方教育局和学校制定的对学生的管教、惩罚措施皆以中央层级的国会立法为依据,唯以此种方式才能保证不违反"法律保留"原则。

日本在 2013 年制定《校园欺凌防止对策推进法》对校园欺凌法律责任以法律形式进行规定,[2] 为地方政府、学校制定治理政策提供了坚实有力的法律基础。可见,制定法律对于校园欺凌责任进行明定,业已成为通例,也符合"法律保留"之重要原则。

---

[1] 参见张宝书:"英国中小学反校园欺凌政策探析",载《比较教育研究》2016 年第 11 期。

[2] 参见任海涛、闻志强:"日本中小学校园欺凌治理经验镜鉴",载《复旦教育论坛》2016 年第 6 期。

2. 比例原则

该原则是指,法律为了保护某种价值而设立法律责任,但是对于责任承担者的处罚要保持在合理范围之内,不能超过必要限度,因此该原则又称为"最小侵害原则"。惩罚措施所造成的损害不能与法律所保护的法益失衡。例如,有人主张为了打击校园欺凌行为,应当降低刑事责任年龄,这种主张就违背了"比例原则",对于欺凌者是应该进行处罚,但是应该将处罚控制在合理范围内,否则也会违反法律对未成年人基本权利的保障。

该原则的具体要求是:第一,法律责任设定,除考虑危害性外,还要考虑欺凌者的年龄、身心发展状况;第二,处罚措施应当与防治校园欺凌目标一致;第三,在众多可选择措施中,应当选择对责任损害最小的方式;第四,处罚措施所造成的损害不能大于欺凌行为所造成的危害。例如,如果对学生设定"暂时停学"处罚,就应当同时安排其与学校学习同步的学习途径,否则就暂时先不要设定此种罚则,这就是符合"比例原则"的要求。

3. 正当程序原则

该原则是法治社会重要的原则之一,具体到本书讨论议题要求是:第一,对欺凌者及其监护人进行处罚前,要听取他们的陈述和辩护。第二,应当设立相应申诉委员会,如果实施较严厉的惩罚措施应接受学生及其监护人申诉。第三,如果对于申诉结果不满意,可以进入司法途径或者其他诉讼途径。此种设计,就是要保护欺凌者及其监护人的基本权利,需要配套立法不断完善。我国未来在校园欺凌治理立法时需要对"实施惩罚措施"规定非常详尽的流程,英国政府对于"停学处分"的程序和救济措施进行了非常全面、复杂的规定,[1]值得研究

---

[1] 林斌:"英国防治校园霸凌法制之研究:教育治理之观点",载《教育经营与管理研究集刊》2013年第9期。

借鉴。

(二) 内容上的原则

1. 权责对等原则

马克思主义法学认为"没有无权利的义务,也没有无义务的权利"[1],权利与义务对等、相对一致,才是现代法治社会的基本要求。[2]在为欺凌行为设定罚则过程中,权利与义务对等,体现为两点:

第一,从基本人权角度来看。不能因过分强调"对未成年人以保护为主、教育为主"的原则,而弱化对欺凌者的责任设定,欺凌者是未成年人,被欺凌者也是未成年人,在欺凌法律关系中,显然是欺凌者滥用了权利,侵犯了被欺凌者的人身权、健康权、自由权、财产权等最基本的权利,那么欺凌者理应为此付出代价,接受惩罚。

第二,从"受教育权"来看。对于屡教不改的欺凌者实行隔离学习、暂时或永久开除、送入"工读学校"等处罚方式,并不能一概而论说侵犯了他们的"受教育权",因为"权利与义务并存",任何人在享受受教育权利时,必须承担不得侵扰他人的义务,如果反复欺凌他人、屡教不改,已经超过了法律允许范围,因为"任何自由都受到法律的限制"。这样的人,进行隔离学习、开除学籍、送入"工读学校"都是有合法合理基础的。不可以将欺凌者的"权利、权益、受教育权"等利益建立在侵害他人人身权、受教育权的基础之上。

2. 赏罚互济原则

单纯的处罚行为对于防治校园欺凌固然有其效果,但是也

---

[1] 中共中央马克思恩格斯列宁斯大林著作编译局编译:《马克思恩格斯选集(第三卷)》,人民出版社2012年版,第172页。

[2] 付子堂主编:《法理学高阶》,法律出版社2013年版,第33页。

应该有相应的奖励条款，奖励对象包括：第一，发生过欺凌行为，但是改过自新的学生。第二，在反校园欺凌活动中表现积极的学生，比如发现欺凌行为立即报告，因为学生距离欺凌行为最近，他们对于欺凌行为的发生最清楚，只有调动学生的积极性，对校园欺凌才能起到"人人喊打"的效果。奖励可以是物质奖励，也可以是精神奖励。如果学生不愿意公开身份，则学校必须严格保守秘密，对学生进行物质奖励，但是不公开身份。可以在校内宣传栏上进行宣传，有一位同学对于某次校园欺凌行为的发现作出了贡献，防止了更大损害的发生。奖励具体方式，可以由地方教育局或者学校来具体规定。

3. 罚害相当原则

许多人反对对一般欺凌、未满14周岁的欺凌者采取严厉措施，理由就是要保护"未成年人的合法权益"，但是忘记了被欺凌者的权益也应当给予足够保护。从国内外研究来看，校园欺凌所引发的危害结果是十分严重的。即使看起来并不恶劣的欺凌（如关系孤立、起侮辱性绰号、大白眼、摆侮辱人的姿势等）也会产生极大的危害性结果。首先，一些学生会因为他人欺凌而感到沮丧、自责、羞耻，变得沉默寡言、躲避人群，甚至也有学生害怕上学、逃避上学等。其次，还可能造成一些病理性反映，如恶心呕吐、胸闷气短、疼痛无力，甚至突然昏厥、睡觉失禁、突然惊醒等病症，最严重者可能导致罹患精神抑郁，甚至自杀。最后，大部分人在成年后，也会变为消极人格，缺乏自信，甚至对孩子产生暴力倾向。

同时，欺凌者的欺凌行为如果不及早加以有效矫正，他们成年后也会具有暴力倾向、不懂得尊重他人、难以与人合作，在生活、工作、社交中受挫，而且走上犯罪道路的比率也非常高。

对于欺凌者及其监护人设定更加严格的法律责任，是减少欺凌、造福整个社会的事情。如若像今日，法律政策对于未构成犯罪的欺凌行为基本无能为力，这就违反了"罚则与危害性"相适应的原则。故对于欺凌者及其监护人苛责，只要与行为危害性相适应，就是符合人权原则、法治原则的。

三、欺凌者的"中间性处罚"

我国《教育法》《义务教育法》《教师法》《未成年人保护法》《预防未成年人犯罪法》对于行为失范青少年都规定有惩戒教育的内容，但是都偏重于保护而惩戒不足，且大多数规定过于原则化，缺乏可操作性。《治安管理处罚法》《刑法》等规定了"警告、训诫、赔礼道歉、赔偿损失、责令严加管教、罚款、拘留、强制戒毒、工读教育"等措施，这些措施又偏重惩罚而保护不足。如何平衡"惩戒"与"保护"二者的关系，是"中间性处罚"法律责任设定首要需要解决的问题，许多域外国家在"少年司法"中规定的"保护处分"措施可资借鉴。

"保护处分，也称为教育处分，是指未成年人司法机关依据相关未成年人刑事司法法律，以保护违法犯罪未成年人的福祉为主要目的，对其作出的强制性教育矫正措施，它在违法犯罪未成年人处置措施体系中与刑罚并列，但优先于刑罚适用，是刑罚的替代措施。"主要措施包括：没收违法犯罪工具和非法所得、训诫、责令严加管教、赔偿、罚款、禁止令、委托监管、社区服务、保护观察、节假日安排置于教养机构、强制医疗、移送专门教养机构、缓刑等。[1]

---

[1] 参见盛长富、郝正天："论保护处分及对我国的借鉴"，载《法律适用》2015年第4期。

这些措施既可以防止对未成年人适用刑罚而带来的负面影响,同时也能对行为人产生足够的威慑与矫正作用从而避免由于"放纵欺凌行为"而产生的弊端。借鉴该制度要注意以下问题:第一,对于"保护处分"的具体措施可以借鉴但是对其"性质"不完全借鉴,域外"保护处分"措施是针对刑罚的替代措施(已经构成违法犯罪者适用),而在校园欺凌"中间性处罚"中可以是刑罚替代措施,也可以单独存在,针对对象可以是尚未构成违法犯罪的未成年人。第二,一定要借鉴"保护处分"的立法宗旨——"保护与教育相结合",将惩治校园欺凌行为与保护未成年人福祉作为制度设计的双重目标。

从校园欺凌现行法律责任来看,对于未满14周岁的欺凌者的严重欺凌行为、欺凌者已满14周岁但是欺凌结果不严重的行为,学校最多给予欺凌者批评教育,或者是给予校规校纪处罚。故此,欺凌者对于欺凌行为的严重危害性后果认识不足,从一定意义上也纵容了一些学生从轻微欺凌走向严重欺凌,甚至最后导致犯罪行为发生。如果法律对于轻微校园欺凌或未满14周岁的欺凌者,能够规定更为合理的"中间性处罚"法律责任,无论是对于潜在的受害人还是欺凌者,都是有好处的。我们可以从以下方面规定欺凌者法律责任,这些责任可以概括规定于全国性、地方性反欺凌立法中,并且由司法机关、公安部门、地方教育局、学校作具体规定。笔者基于我国实际、借鉴域外经验,为欺凌者"中间性处罚"设计了以下处罚方式。

欺凌者"中间性处罚"一览表

	处罚措施	适用欺凌行为	执行主体
1	赔礼道歉	较轻微欺凌行为 1 次	学校
2	取消资格/限制行为		
3	以文件形式全校通报批评	严重欺凌行为 1 次；轻微欺凌 2 次以上	
4	课余时间进行劳动		
5	限制社交行为		
6	罚款	各类欺凌行为	教育局、学校
7	隔离学习	严重欺凌行为	
8	暂时开除/永久开除		
9	送入"工读学校"		教育局
10	告诫书		公安局、人民检察院
11	人身保护令		人民法院
12	恶意补足制度	未满 14 周岁，行为构成犯罪	公安局、人民检察院、人民法院

1. 赔礼道歉

如果是轻微欺凌行为，可以单独适用赔礼道歉方式。如果欺凌者或者其监护人已经承担了其他种类责任，也必须一并适用该处罚方式。在英国，法律授权学校自己制定反欺凌政策，如阿宾顿中学（Abingdon School）的反校园欺凌政策就要求欺凌者向加害者写一封道歉信并且记录在案[1]。

---

〔1〕"Abingdon. Anti-bulling Policy"，http://www.abingdon.org.uk/school_policies/Antibulingpolicy，最后访问时间：2017 年 1 月 10 日。

凡是起绰号、一般谩骂侮辱、轻微肢体伤害等，如果被认定为欺凌行为，则应当起用该类措施。具体认定程序和标准应该由学校相关组织提前予以规定。若经第一次赔礼道歉之后，6个月内又出现欺凌行为，应当写书面道歉信并且在全班或者全校同学面前宣读，宣读道歉信时，需家长或者近亲长辈一起陪同并一并进行公开道歉。此种处罚方式，有利于提醒欺凌者他的行为是错误的且已经比较严重，对于防止其他学生成为欺凌者也起到了宣传、教育的作用。

2. 取消资格、限制行为

第一，凡是被认定为校园欺凌者，应当取消其参加学习竞赛、当选学生干部、评优评奖等资格。在调研中发现，一些老师对成绩优等生格外青睐，导致这些学生称霸班级，一边欺凌他人，一边获得各种奖励。未成年人是非观念不清，若教育者不加以警示、引导，则此种学生若日后成才，定会危害社会。此种处罚并不会侵害其"受教育权"与"学习权"，因为这是法律对其权利行使所设定之合理限制。

第二，如果通过网络方式实施欺凌，则在一定期限内关闭其相关账号使用权，例如在班级群内进行欺凌，则勒令其在固定期限内交出该账号户名密码，待期满考核合格后，方可发还。此外，如果使用手机上网、发信息、打电话进行欺凌，则将其手机暂时没收。且可以规定一个时间段，不可以携带手机到学校。

3. 以学校文件形式进行全校通报批评

如果出现严重欺凌1次以上，或者出现轻微欺凌2次以上，经学校"反校园欺凌委员会"决定，应当将该生欺凌及处理情况在全校师生范围内进行实名制通报批评，此种通报以学校正式处罚文件方式发布。必要时，可以在学校网站进行通报，通报时可以对学生信息进行匿名处理。此种方式对于警醒家长、学生具有重要意义。

4. 责令在课余时间进行劳动

任何处罚行为不可以出现体罚，但是可以责令欺凌者进行劳动。包括但不限于以下几项：第一，一定时间内负责对教室、学校公共区域打扫或者维持卫生。第二，到校外公共场所捡拾垃圾、烟蒂或者进行公益传单发送等。第三，到福利院、敬老院进行义务劳动。

注意问题：第一，由老师监督并负责安全。第二，必要时，可以责令家长一起参加劳动，但是必须由家长与孩子共同完成上述任务，不能由家长取而代之。第三，通过以上活动，一方面是处罚，另外一方面也是让孩子多从为他人作贡献中体会到人生意义和价值。

5. 限制社交行为

对于关系欺凌或其他类型欺凌者都可以设定此种处罚。就是规定1~5天"取消校内社交资格"，在此期间，欺凌者不得与班内任何同学发生直接交谈或者物品借还关系。如果欺凌者与其他同学之间有交流、物品借还必须以老师为媒介。且规定，欺凌者一日内借助老师交流的次数不得超过规定次数（具体次数由校内机构决定）。如果欺凌行为严重，或者属于第二次被使用该处罚，则可以规定欺凌者在学校期间不得与全校学生发生任何直接语言交谈、物品借还行为。

有人认为此种措施会对欺凌者心理产生阴影，但是我们要认识到如果不让欺凌者本人感受到"被孤立"的严重危害，则其还会去欺凌他人。具体天数根据欺凌者行为危害性、改过自新态度来定。这本身也是警醒欺凌者不再欺凌他人的重要途径之一。

6. 罚款

根据欺凌行为严重程度，可以对欺凌者及监护人进行罚款。这里不包括本应给予受害人的合理赔偿。该罚款用于支付欺凌者的"隔离学习费用"，或者将罚款赔付受害人。

7. 隔离学习

对欺凌者规定一定时间内从班级隔离出来进行学习。鼓励教育局建立专门"学业辅导机构"，受处罚学生不得到本班级学习，需要按照统一安排到该辅导机构学习。教育局聘请学校老师到该机构授课，授课应当给予合理报酬。报酬应当由欺凌者监护人以罚款方式支付，不足部分由教育局补足。该机构可以设在某些学校内，利用非上课时间教室资源。

通过隔离学习来警醒欺凌者，如果欺凌他人将会受到隔离，同时还要支付罚款。

8. 暂时开除、永久开除

学校可以规定一个期限，如 1~6 个月，在此期间，学生不得到学校学习，学生所有学习由家长自行安排，如果返校后成绩下降，则采取留级等方式。

如果屡教不改，学校认为必要时，可以采取永久除名方式。

法律应当规定，凡是中小学接收外校转来学生，必须要同时提取原就读学校档案，如果学校私自建档、没有要求提供原学校学生档案，则属于严重违法行为，校长、主管校领导将受到严厉处罚。原学校在提供该学生档案时，必须将该学生欺凌行为详细情况、处罚情况装入档案。

学生连续三年未发生校园欺凌行为，可以向就读中小学或者就读大学申请将自己有关校园欺凌的记录从档案中取消。这是考虑到，在我国档案对于学生以后升学、就业、升职等重大事项具有重大影响，学生在未成年时有欺凌行为不应该影响一生，应当给其改过自新的机会。如果连续三年内没有再犯新的校园欺凌行为，则表明其已经意识到问题严重性，可以申请将此前的处罚记录从档案中取消。此种处罚方式既可以给学生改过机会，也能对其起到严厉的监督和督促效果。

9. 送入"工读学校"

现在"工读学校"制度没有作为强制性法律措施的情况需要立法改革。在调研中发现，现行制度规定，必须经监护人同意才能送入"工读学校"，这也造成许多屡教不改的欺凌者无法进入"工读学校"进行有效教育和矫正。未来立法应当规定，如果适用暂时开除、永久开除达到 2 次（被第一个学校"永久开除"，转入第二个学校又被"永久开除"的情形），仍然无法纠正该学生欺凌他人的行为，则应当将其送入"工读学校"学习。

校园欺凌治理是一个系统工程，前期预防阶段的道德教育、法治教育、生命教育、人权教育等都已经进行。而且此前的 8 种处罚方式，已经对校园欺凌者做了严厉的警醒。当这些教育措施、处罚措施都不能起到作用的时候，应当采取更加严厉的方式，就是将欺凌者送入"工读学校"进行转化学习。达到"工读学校"要求、经过考核合格，才可以回到普通中小学继续学习。

现在实践中不能强制使用"送入工读学校"处罚措施的原因是，法律并没有强制性规定，而这里又会涉及学生基本受教育权保护问题，因此，如果监护人不同意则不能采取此种方式。这个问题解决的症结在于，此种方式应当于全国人大或人大常委会立法中予以明确规定，则此种方式适用具有了法理依据，同时法律应当将其适用条件、程序予以明确界定。

10. 告诫书

2015年《反家庭暴力法》明确规定了该项制度,在该法实施第一年中,南京、苏州、南通三市共发出告诫书753份。有关部门对这些告诫书进行跟踪调查,均未发现二次施暴行为。[1]可见该项制度引入校园欺凌治理完全可行。

如果未满14周岁学生发生严重欺凌行为,除采取前述九种必要措施以外,需要将材料报告公安部门、检察院"未检科"。由上述两部门作出"告诫书",内容包括:第一,明确此种行为如果是成年人所为应当受到何种行政、刑事处罚。第二,因为行为人未满14周岁而不直接承担该责任,但是将对其监护人采取严厉制裁措施。第三,告知欺凌者,若年满14周岁后,仍然实施严重欺凌行为,则必然承担行政、刑事制裁,制裁结果将终身记录在档案里。第四,如果再次进行欺凌行为将会受到何种处罚,即使未满14周岁、16周岁,也应当设定相应行政处罚、刑罚替代方式。此种告知书也是对他们的再次欺凌行为进行处罚的依据之一。第五,告知"告诫书"将在公安机关联网系统备案,全国有效,不可能通过离开原学校、原居住地而免除。

此种严重欺凌行为必然引起欺凌者父母的民事赔偿责任、行政处罚责任,但是如果给欺凌者本人下达"告诫书",对于其本人的教育、警醒功能更加突出。同时,会更加提高家长管教孩子的积极性,从而有利于校园欺凌的有效防治。

11. 人身保护令

"人身保护令"制度起源于英美法系,我国《反家庭暴力

---

[1] 参见清风苑:"专访将家暴遏制在萌芽状态——访江苏省妇女联合会权益部部长康莉",载今日头条网,http://www.toutiao.com/i6251788107461427713/,最后访问时间:2017年9月15日。

法》已经引入，此种制度可以引入校园欺凌治理中，如果受欺凌者遭受欺凌或者是面临被欺凌风险，可以向法院申请人身保护令，如果欺凌者违反人身保护令而再次进行欺凌，将受到法律严惩。具体做法是：法院作出人身保护令以后，向欺凌者所在地公安部门、街道办、教育局、学校等部门发出协助执行通知书，一旦发现欺凌者再犯，立即向法院报告。如果当事人因受到胁迫或者年龄、智力原因不能自行申请，则相关组织、个人（如学校、居委会、班主任等）代为申请，申请者信息保密，防止欺凌者打击报复。有人会以浪费司法资源为由质疑该措施，这是不必要的，法律的国家强制性，大多时候是"悬而不用"的，有该制度，并不会导致大量欺凌案件进入法院，反而会对欺凌者及其监护人产生巨大威慑。

12. "恶意补足年龄"制度

随着生活水平进步和社会进步，今天14周岁以下的儿童，无论是从智力、知识，还是体力上都已经具备了恶性犯罪的条件，不排除一些人明知"14周岁以下犯罪不负刑事责任"而故意进行恶意欺凌，甚至达到了"有恃无恐"的地步，例如就发生过明知14周岁以下少年杀害他人不受刑法追究，进而去把被害人母亲杀死的极端恶性案件。面对此种状况，社会上不免提出来"降低刑事责任年龄"的呼声。但是，刑事责任年龄制度与一个国家的刑法理论、刑事立法、刑事司法制度、形势政策紧密联系，牵一发而动全身，在短期内这种主张是不可能实现的。

但是国外"恶意补足年龄"制度却给了我们一个好的选择，在英美法中，对于已满十周岁未满十四周岁的犯罪人制定了特殊刑事规则，这一类人一般情况下不负刑事责任，但是如果有证据表明他们是基于蓄意的恶意来做出此种行为，则可以依照达到刑事责任年龄来处罚。[1]该制度对于那些以"不满14周岁"作为免死金牌而恶意欺凌他人者会产生强有力的威慑。

以上方式,可以有效弥补现有相关立法对于欺凌者处罚措施的单一化、两极化缺点。以上措施可以与既有的民事赔偿、行政处罚、刑事处罚达到有机衔接,形成一个由轻到重、层级分明的法律责任体系。以上处罚体系还应该解决以下问题:

第一,每一位欺凌者所受处罚应该由班主任老师或学校主任记录跟踪,如果在连续三年内未发生欺凌行为,停止记录,并且不再向更高年级、学校移送该档案。如果已经存在档案中的记录,应当经由学校会议讨论后,从档案中取出。上述处罚适用于中小学校教育阶段,对于大学阶段,则不再适用。但是,高中时期所做记录,满足上述条件的,在大学阶段可以申请从档案中取消,大学应当根据法律取消该记录。

据此,有人会担心,学生如果知道此规定,会在高中阶段疯狂地欺凌他人,然后在大学期间申请撤销欺凌处罚规定。此种担忧实不需要,上述"中间性处罚"设定就是因为现有责任体系无法处罚两种情况:一是欺凌者未满14周岁情形,二是欺凌行为轻微情形。但是高中阶段,学生已经年满14周岁,可以承担行政责任、刑事责任,如果出现较严重的欺凌行为一定会受到行政处罚、刑事处罚。有此两种处罚威慑,高中生也断然不敢做最后的疯狂举动。如若我国法律引进"恶意补足年龄"制度,则对于恶意欺凌者的威慑也可以空前增加。

第二,欺凌者之外,还有欺凌煽动者、欺凌协助者,这些人也应当参照欺凌者所受处罚减轻档次加以处罚。

---

[1] 张鸿巍:《少年司法通论》,人民出版社2008年版,第112页。

四、监护人的"中间性处罚"

从校园成因来看,欺凌者父母或监护人所处角色非常重要,家庭环境、家长言行、家庭教育、欺凌发生后家长的态度都是引发校园欺凌发生的关键因素。因此,欺凌者监护人对于欺凌行为应当依法负连带责任,我国现行立法,仅仅要求监护人对欺凌者侵犯他人负民事赔偿责任,这对于监护人及欺凌者不具有有力的警示作用,需要完善此种责任制度。

无论是从教育义务层面还是从法律义务层面,监护人对于子女不当行为都应该承担相应连带责任。从教育义务来看,监护人对于子女负有教养义务,如果因为自己故意或者过失导致子女教养失败,产生了对他人的侵害行为,自己理应承担相应责任。从法律义务角度来看,《治安管理处罚法》第 12 条规定:不满十四周岁的人违反治安管理的,不予处罚,但是应当责令其监护人严加管教。《刑法》第 17 条规定:对于因为未满十六周岁而不予刑事处罚的,可以责令家长或监护人管教。但是,这种立法缺乏可操作性和评价标准,对于父母和监护人的约束力很低,根本起不到有效管教欺凌者的作用。因此必须对父母和监护人规定更加直接的、操作性更强的责任方式。

校园欺凌发生与家庭因素密切相关,故家长理应承担连带责任,如英国教育部规定的指导规范中就有此种规定。[1]在立法中给欺凌者父母和监护人设定法律责任,利处有三:第一,有利于约束监护人,不得过于轻慢他人,为其教养未成年人之失误承担责任;第二,有利于约束被监护人,许多未成年人由

---

[1] Department for Children, School and families (DCSF) (2007C). Providing full-time education from day six of permanent exclusion : Implementation and good practice guidance for local authorities. London, UK: DSSF.

于担心监护人承担连带责任,而对行为有所收敛;第三,有利于受害人及其家庭接受赔礼道歉和补偿。

1. 赔礼道歉

在欺凌行为发生后,欺凌者以口头、书面方式向受害人一方赔礼道歉之外,欺凌者监护人也必须单独道歉,危害严重的还要采取书面道歉方式。对于欺凌者监护人而言,对待此事更加庄重,对于受害人及其监护人而言,更加易于接受。在现实中,许多欺凌者监护人态度蛮横、气焰嚣张,认为只要有钱就能搞定一切,而且法律对其并无强制性规定。以至于出现,在美国进行校园欺凌者的父母,跑到美国去行贿,结果发生被追究刑事责任的丑事。在2016年底影响甚广的"中关村二小欺凌事件"中,可以看见报道说,扔便纸篓的学生家长及旁观者家长拒绝道歉,最后激化矛盾。在该事件中,不管最终能否认定为"欺凌行为",监护人针对孩子的侮辱行为都应该第一时间道歉,对受害学生及家庭进行抚慰。

2. 教养令

教养令(Parenting Order)是由法院核发的一种禁制令(Injunction Order),禁制令用以禁止或限制特定人的行为,以此保护他人利益。英国教育部制定的指导文件中规定,家长有义务协助改善子女在学校的偏差行为,若子女行为无改善,则地方教育局或学校可以向法院申请对该家长发出教养令。[1]我国台湾地区"少年事件处理法"第84条规定:少年之法定代理人或监护人,因忽视教养,致少年有触犯刑罚法律之行为或有虞犯行为,从而受到保护处分或刑罚的,少年法院可以裁定命其接受亲职教育辅导,拒不接受的将处罚金。该规定适用范围较小,

---

〔1〕 林斌:"校园霸凌防制政策之比较分析:教育法之观点",载《教育经营与管理研究集刊》2014年第9期。

在引入治理校园欺凌过程中，需要加以改造。

借鉴其立法经验，法律可以规定教养令在以下情况下适用：第一，学生在半年内两次因为校园欺凌行为而被处罚；第二，学生出现学校认为较为严重的校园欺凌，对其监护人发出教养令。第三，学生在学校反复出现破坏秩序、侵害他人的行为时可以适用，例如在教室内大喊大叫又不听劝阻、反复损坏公私财物，出现这些情况，可以责令监护人对未成年人严加管教。

教养令内容是：第一，要求监护人参加"家长培训班"，学习"家长课程"，培训班由地方教育局举办，定期进行培训，主要讲授如何履行监督教养权的内容，可以聘请心理学、法学、教育学、社会学等多学科专家授课。参加培训时间上限是三个月。第二，要求监护人配合学校特定要求来改善学生的偏差行为，例如，学校对学生处以停学处分的，在前3~5天要求学生在家进行反省，家长有义务保证在学校上课时间内，该学生不得出现在公共场所，如果监护人违反该规定则可以被处以罚款。

由于社会风气影响，许多监护人一味满足孩子的金钱需求而对孩子失于教养的做法产生了不良结果，如未成年人"李某某"作为轮奸犯罪首犯被判十年有期徒刑的下场与其父母失于教养有重要关系。因此，强迫父母去学习"如何做父母"的课程，对于亲子都有好处。通过学习知识，由监护人在观念上产生根本性转变，做到愿意去教育孩子、有能力去教育孩子，从而为彻底解决校园欺凌现象奠定基础。

3. 罚款

基于监护人责任，监护人理应对孩子欺凌他人引起的损害进行民事赔偿，但是这还不够。如果监护人不遵守"教养令"的要求就应该处以罚金，罚金可以设定不同等级。这些罚金用于治理校园欺凌基金支出。未来立法完善后，为受害人提供补课、对欺凌者进行"隔离教育"、对欺凌者监护人进行相关培训等项目都需要一大笔经费支持，则此罚金可以建立一笔基金，治理校园欺凌相关费用可以从基金中支出。

4. 强迫劳动

欺凌者"中间性处罚"责任类型之一是"课余时间进行劳动"，在执行此类处罚时，可以根据具体情况要求监护人一并进行共同劳动，执行者应当监督，监护人必须与未成年人一起完成劳动任务，不可以完全取而代之。

5. 保证金

在我国法制史上曾经出现过"保证金"制度，如1928年《中华民国刑法》第30条就规定："十三岁以上未满十六周岁人之行为，得减本刑二分之一。但减轻本刑者，因其情节得施以感化教育或令其监护人、保佐人缴相当之保证金，于一年以上三年以下之期内，监督其品行。"

借鉴该项制度，对于实施了较为严重欺凌行为者或者反复实行校园欺凌者的监护人采取此种处罚方式，让监护人缴纳一定数额保证金，期限为1~3年，如果未成年人没有再犯则退还保证金，如果再犯则直接没收，充作治理校园欺凌公益基金。这种方式对于欺凌者及其监护人皆有重要督促作用。

总之，当前社会急剧变化是校园欺凌行为产生的根本原因，而治理校园欺凌最有效的途径就是"法治化"治理，而法治化治理最有效的抓手就是法律责任的设定。但我国现行立法中对于校园欺凌"法律责任"的规定过于粗疏、"两极化"趋向明显，探索建立"中间性处罚"势在必行，本章在梳理国内对校园欺凌法律责任研究现状、立法现状及弊端的基础上，提出了构建校园欺凌"中间性处罚"的立法原则、欺凌者及其监护人的"中间性处罚"内容，以期为后续研究及立法提供参酌。

第六章

学校策略：反欺凌班级文化建设

一、班级的性质

中国古代教育体系中以"私塾""书院"制度为特征，没有发展出现代意义上的"班级"概念。讨论现代意义上的"班级"组织概念，应当将目光转向西方教育历史中。有学者考证，"班级授课制"模式是从西方传入中国：1632年，捷克教育学家夸美纽斯（Comenius）所著的《大教学论》一书出版，他在书中创造性地提出了"班级授课制"的教学模式，奠定了班级教学的理论基础。直至19世纪，班级制度乃由西方传至中国。[1]就我国当前教育体系中"班级"的现实情况而言，班级功能有两种：第一种是学校教学和管理的基本单位；第二种功能是它是学生学习知识、社会交往、初步形成人生观价值观的场所，即"班级是学生成长的核心区域。"[2]因此，所谓学校的"育人、教育功能"是以班级为载体实现的，班级性质问题的研究非常具有现实意义。

从不同角度观察，班级具有不同性质，有学者研究发现，

---

[1] 参见刘浩："班级环境对初中生教育期望的影响研究"，载《青年研究》2018年第1期。

[2] 肖振南："班级治理：以'平等'和'对话'重构班级管理"，载《教育理论与实践》2016年第2期。

在国外教育学领域，存在多种学说：美国著名社会学家帕森斯（T. Parsons）认为班级是一种社会系统；苏联教育学家克鲁普斯卡娅等人提出了"班级集体"理论，认为班级是一种有着共同价值、目标与任务的群体；日本著名社会学家片冈德雄提出"学习集体"的观点，认为学习乃是班级内学生的社会属性与使命。[1]

国内学者对国外理论研究之后，对于班级的性质界定仍存分歧。一种代表性观点是"初级群体论"，该论者在研究班级规模、教师与学生的行为模式、班级制度等问题基础上，得出结论认为"班级是一种特殊社会初级群体"，该群体的特点是：互动方式上兼具情感与理性的双重性、目标上的统一性、行为上的较大整合性、形式结构的正式性。[2]

另外一种代表性观点是"社会组织论"，论者从社会学的角度对班级的性质进行了研究，其结论是：班级首要性质是一种"社会组织"，因为"班级具有社会组织所共有而家庭与同辈群体等其他群体不具有的三个主要特征或构成要素，即明确的组织目标，正式的组织机构，清楚的组织规范。"该学者进一步论述班级作为社会组织有其特殊性，即"自功能性"与"半自治性"。[3]

深入考察可知，虽然二者对于班级的性质界定有异，但是对于班级若干特征的认识却是一致的，如班级组织具有目标一致性、组织结构正式性等特征。不同的界定方式，是为研究目的服务的。本章研究目的是要借助班级文化、班级制度来防治

---

[1] 参见宗锦莲："论作为社会群体的班级——一种社会学的视角"，载《现代教育管理》2011年第6期。

[2] 参见谢维和："班级：社会组织还是初级群体"，载《教育研究》1998年第11期。

[3] 参见吴康宁："教育社会学视野中的班级：事实分析及其价值选择——兼与谢维和教授商榷"，载《教育研究》1999年第7期。

校园欺凌，因此从其他角度进行界定也未尝不可。

对于我国现实中的中小学生而言，班级组织特征明显：第一，学生在班级中生活时间长。他们学习生涯的大部分时间是在班级中和老师、同学们一起度过的，这个时间甚至超过了与家人的相处时间。第二，活动群体性特征。中小学生在班级内发生的行为（如上课、课外活动、外出活动等）绝大部分是群体性活动，完全独立自主的个人活动非常少。第三，组织动态性特征。班级内的学生行为具有目标明确性和一致性，班级组织具有正式性，这种组织始终具有动态变化的性质。第四，促进主体主观意识养成的特征。在班级生活中，学生的价值观不断变化，在师生交往、同学交往过程中，个体的规则意识、人格、观念等主观意识会不断发展。

"初级群体"的概念最早由美国社会学家库利在其著作《社会组织》（1909年）中提出，他认为初级群体是指面对面互动形成的、具有亲密人际关系的社会群体，该群体对于其成员的社会化和个人人格塑造具有影响。初级群体的特征是：第一，成员有限性，一般人数是2~30人的群体。第二，成员之间有直接的、经常的面对面互动，班级中学生之间天天在一起。第三，成员之间交往富于感情。第四，成员难以替代，群体中任何一名成员离开，都会对整个群体造成心理震动，比如班级里一名同学转学，整个班级同学都会产生感情波动，直接从外校转入一名学生，并不能取代原来学生的位置。第五，群体整合程度高，成员之间彼此熟悉，群体意识强。第六，群体控制依靠非正式手段如习惯、风俗、伦理道德等，显然班级管理常利用的"班规公约"就属于此类。[1]根据这些特征界定，家庭、邻居、

---

〔1〕参见谢维和："班级：社会组织还是初级群体"，载《教育研究》1998年第11期。

儿童游戏群、青少年朋友圈、班级都应当属于"初级群体"。

但是，从另外一方面看，班级组织较之邻居、儿童游戏群、青少年朋友圈等组织更加具有正式性、目标一致性，因此班级也应该是一种"社会组织"。故笔者的结论是：班级是一种同时具有"初级群体"和"社会组织"特征的特殊组织，是学校进行管理的基本单位，也是学生学习知识、融入社会、形成个性人格的重要场域和团体。

二、班级环境对学生的影响

与班级性质相关的另一个概念是"班级环境"的概念，此概念对于本章研究非常重要，故在此应作说明。"班级环境是指班级中存在的人格特质及群体互动的关系。"[1]班级环境也可以归结为一种班级文化，如果一个班级的文化就是以大欺小、以强凌弱，大多数学生选择息事宁人，"事不关己高高挂起"的态度，无疑这种班级文化一定是校园欺凌产生的温床。而如果一个班级文化风清气正、大部分学生面对欺凌都能挺身而出、勇于举报的话，则该班级中的欺凌现象就会减少，甚至杜绝。这也是本章研究的基本起点。

我国今日中小学校园之中，班级是教育管理的基本单位。一般情况下，一个学生从进入某个班级开始，在此后相当长的时间内会在这个集体中生活、学习、完成自己人生观和人格的发展（虽然学生对于后者未必清晰知悉）。班级环境会在成员个性、学校策略、教师管理能力综合作用下形成，班级环境一旦形成将会持续下去，并且对学生产生全方位的深远影响。

---

[1] 刘浩："班级环境对初中生教育期望的影响研究"，载《青年研究》2018年第1期。

(一) 对学生学业水平具有重要影响

依以上论述,一定数量固定的学生个体组成班级有机体,每一个学生的个性特征对于班级环境形成都会有影响,而班级环境反过来对于每一学生的个体学习成长也会产生重大影响。如果不用这种整体的、普遍联系的观点看问题,在看待某个学生的成绩时,就会孤立地来讨论,这是不正确的。正确的态度应该是,学生学习成绩情况与其个体智力、勤奋态度有关,与班级环境也有关,后者的影响更不能忽视。

班级环境与学生学业之间的关系是可以通过社会调查进行检验的。例如,有学者在珠三角地区依据社会调查方法从三所初中学校抽取288名学生,通过问卷进行调查,其调查结论是:"师生关系、同学关系对学生学业成绩有显著的正向预测作用。"[1] 还有学者在山东省菏泽牡丹区、巨野县进行问卷调查,其结果是:班级环境的好坏,尤其是班级人际关系和竞争氛围,会影响中学生学业自我的健康发展。[2] 学者在湖北省两所中学所做的调查也得出类似结论:师生关系和班级学风,会对学生的学习成绩、学业勤奋度产生显著的正向影响。[3]

从以上调查研究来看,调查地区有华南地区、华中地区、华东地区,有沿海地区,也有内陆地区,但是调查结论却是一

---

[1] 庞海波:"中学班级环境与学生学业成绩的关系",载《心理科学》2009年第3期。

[2] 参见赵小云、郭成、谭顶良:"中学生的班级环境、学业自我与学业求助的关系",载《心理学探新》2010年第5期。

[3] 参见雷浩、刘衍玲、田澜:"家庭环境、班级环境与高中生学业成绩的关系:学业勤奋度的中介作用",载《上海教育科研》2012年第4期。关于班级环境与学业表现关系的研究,还可以参见张宝歌、姜涛:"初中生师生关系对学业成绩的影响研究",载《心理科学》2009年第4期;蒋京川、刘华山:"中学生成就目标定向与班级动机氛围、学习成绩的关系",载《西南大学学报(人文社会科学版)》2006年第4期。

致的：班级内师生关系、同学关系、班级治理情况等班级环境对学生学业成绩具有正向影响。如果一个班级中，师生关系融洽、同学关系和谐、班级氛围积极向上，则一个学生个体的班级认同感与集体归属感就会增强。学生在良好班级氛围中，则更加乐意积极与老师和同学进行学习、生活方面的交流，结果会促进个人成绩进步。大多数学生的这种行为反过来又会促使班级学风进一步优化，形成良性循环。反之，在一个师生关系紧张、同学关系冷漠、班级氛围恶劣的班集体中，学生的学习积极性会受到影响，进而影响其成绩，当然这种班级氛围也易成为欺凌行为发生的温床。

(二) 对学生教育环境适应能力具有重要影响

长久以来，中国社会对学生评价，"唯成绩论"还是主流，因为如果成绩不好，学生发展则非常困难，故此，多数研究者集中研究班级环境对学生学习成绩的影响。但是随着社会进步、观念更新，教育学、教育心理学界开始研究教育环境对学生心理变化、社会适应性等方面的影响。教育者普遍意识到，应当通过构建积极健康的班级环境提高学生学习能力的同时，还应当提高学生内在适应性。学生适应性的上位概念是"社会适应"，所谓"社会适应"是指"个体在社会环境中，主动地顺应环境、调控自我或改变环境，最终达到与社会环境保持和谐与平衡的动态过程，也是个体心理——社会生存状态的综合反映。"[1]从这个概念出发可知，学生社会适应性是指学生在主要教育环境（主要是学校、班级）中，顺应学校、班级环境、主动进行自我调适以适应教育环境，从而达到个体与整个教育环境相适应、融洽共生的和谐状态。主要包括个体自我心理适应、

---

[1] 金灿灿、邹泓、李晓巍："青少年的社会适应：保护性和危险性因素及其累积效应"，载《北京师范大学学报（社会科学版）》2011年第1期。

自我与其他成员（校领导、教师、同学）适应、个体行为适应等多方面内容。

许多学者已经对该问题开展了卓有成效的社会调查研究。有学术团队在将班级环境分为三类（团结向上型、一般型、问题型）的基础上，对近四十个班级进行问卷调查后得出结论："班级环境对学生的学校适应、学业行为有显著的正向预测作用。"[1]进而得出推论，积极向上的班级环境有利于增强学生对学校、班级的喜欢程度，提高其对教育环境的适应能力。在另外一项研究中，课题组按照科学方法抽样，以来自两个省份的两个城区学校为样本，以"师生关系、同学关系、秩序和纪律、竞争和学习负担等因素作为班级环境内涵因素"，以学生的"学校适应、主观幸福感和焦虑作为适应性指标"进行调查，认真分析调查数据之后得出结论："班级学生的整体适应水平与班级环境存在较大关联。"[2]

随着研究成果积累，此类研究愈加科学、研究方法更加精细，得出的结论也就更加精准了。在一项更近的研究中，课题组抽取全国六所城市中的多个班级进行问卷调查，"该问卷由自我肯定、自我烦扰、亲社会倾向、人际疏离、行事效率、违规行为、积极应对、消极退缩等8个维度构成从功能角度又可划分为积极社会适应（包括自我肯定、亲社会倾向、刑事效率、积极应对）和消极社会适应（包括自我烦扰、人际疏离、违规行为、消极退缩）两类，共50个题目。"[3]调查结果表明，良

---

[1] 屈智勇、邹泓、王英春："不同班级环境类型对学生学校适应的影响"，载《心理科学》2004年第1期。

[2] 江光荣、林孟平："班级环境与学生适应性的多层线性模型"，载《心理科学》2005年第6期。

[3] 金灿灿、邹泓："中学生班级环境、友谊质量对社会适应影响的多层线性模型分析"，载《中国特殊教育》2012年第8期。

好的班级环境能够显著提高学生教育环境适应能力，而糟糕的班级环境会产生反作用。从研究具体数据而言，班级环境与学生的生活满意度、焦虑状况具有重大影响，而对于学生的学校适应能力影响度小。至于形成该现象的背后原因则需要进一步研究。但是上述研究已经为我们积累了丰富经验。

以上是从调查数据得出的结论，从经验出发也可知，如果班级氛围良好，学生则更加主动积极地调适自我去适应班集体，其心理态度积极、情绪乐观。反之，在一个秩序混乱、气氛压抑、关系冷漠的班集体，学生易产生消极心态、悲观情绪等。曾经有中学生因与老师、同学关系紧张或者班级氛围混乱而出现厌学、抑郁等案例。因此，班级环境对学生适应能力的影响，也会对校园欺凌产生间接影响。

三、班级是校园欺凌治理的核心场域

我们研究校园欺凌治理的基本思路是多管齐下、多元手段配合。但是，最核心的场域应该是在班级之中。立法规定、行政措施最终要落实到学校，而学校的教育、治理都要落实到班级治理。家庭、社会组织介入校园欺凌很重要，但是无法取代班级的核心和基础地位。

欺凌行为发生场所各异，但是班级环境对于校园欺凌产生具有重要影响，有以下几种原因：

首先，许多欺凌就发生在班级之中。如有研究表明"被霸凌和霸凌者大都是同班同学。"[1]此种研究结果符合生活经验本身，中小学同班同学朝夕相处，其相处时间超过了与家人的相处时间。基于同学之间的交往频率大、关系密切等原因，最容

---

[1] 林雅萍、任庆仪："中学校园学生霸凌现象之个案研究：以丁丁中学为例"，载《区域与社会发展研究》2011年第2期。

易产生小矛盾、小冲突。因为学生心智尚未成熟,处理矛盾能力欠佳,如果再加之教师教育手段不到位、班级秩序混乱等因素,则上述矛盾与冲突极易转化为班级内欺凌行为,又以肢体欺凌、言语欺凌、关系欺凌为其典型。

其次,班级环境对于校园欺凌的产生也具有重要影响。倘若一个班级中,因为班主任无能或失察而导致班级秩序混乱、负面文化盛行,则可能导致大部分同学对学习失去兴趣,而将精力投入到看小说、上网、打游戏、抽烟喝酒等负面行为中去。如果学生不好好学习,其精力过剩,则有可能转向无理取闹、寻衅滋事等行为,自然使得校园欺凌发生几率增加。

最后,班级环境还会对学生适应性产生影响。如果一个班级秩序混乱、师生关系紧张、同学关系不良,则学生情绪会更加焦虑不安。在此情形下,对于性格张扬的学生而言,则可能恶化为校园欺凌者,而对于原先性格内向、孤僻的学生而言则可能沦为被欺凌的对象。

由此可见,班级是校园欺凌发生的重要场域,也是治理校园欺凌现象的重要依托。

治理校园欺凌的主体包括国家、立法机关、司法机关、行政机关、社会组织、家庭、学校等,但是真正落实具体反欺凌政策,最重要的主体是学校和班级,因为校园欺凌发生的主要场所、学生日常主要活动场所都是学校,因此反校园欺凌政策应当以学校为中心。关于这个问题,有学者认为"认真反思学校在反欺凌中应该扮演的角色,努力提高学校欺凌防治的专业性和有效性,是进一步推进国内反欺凌工作的重要着力点。"[1]按照这个思路进一步推演可知,学校制定了完整的校园反欺凌

---

[1] 董新良、姚真、王瑞朋:"英美两国欺凌防治比较研究——基于学校的视角",载《外国教育研究》2018年第8期。

政策以后，还是需要通过班级来落实，每一个同学才能对这些措施产生直接性、现实性的直观感受。

故此，防治校园欺凌综合手段最终落地、对学生产生实际影响，应当将班级作为责任主体，也应当将班级环境建设作为重要支点。我们过往的研究经常强调国家、政府、家庭、学校责任，但是忽视了班级这个重要的载体，建立"以班级为治理中心"的校园欺凌综合防治体系，是我们未来研究的重点。

四、构建以班级为中心的欺凌防治体系

（一）构建以人为本、多元合理的教育评价体系

"教师是人类灵魂的工程师，是人类文明的传承者，承载着传播知识、传播思想、传播真理，塑造灵魂、塑造生命、塑造新人的时代重任。"[1]教育管理者、教师，特别是班主任在反欺凌问题上责任重大。

一方面，教师应当树立以人为本的观念，"从教育善的影响出发"，[2]对每一个同学个体给予真心的尊重与关爱，善于发现"潜在的学生欺凌因素"。例如，教师应当有能力发现并关注潜在的欺凌行为危险因素、可能演变为学生欺凌的玩闹行为、学生的不正当行为、班级中的"小团体"、班级中存在的歧视行为。[3]从学生角度而言，如果他们感受到老师的真心关心、尊重，他们来自学业和环境适应方面的压力就会减小，来自教师的

---

[1] "习近平出席全国教育大会并发表重要讲话"，来源于：中国政府网 http://www.gov.cn/xinwen/2018-09/10/content_5320835.htm，最后访问时间：2018年11月3日。

[2] 李明达："自我认同视角下校园欺凌行为成因及对策研究"，载《当代教育科学》2017年第11期。

[3] 参见教育部基础教育司组织编写：《防治中小学生欺凌和暴力指导手册》，教育科学出版社2018年版，第45~49页。

积极行为"继而起到抑制校园欺凌的行为的间接作用。"[1]

同时，教师应当改变传统的"分数至上"理念，坚持构建科学合理综合的教育评价体系。当然，各级教育行政部门、校领导也要反思教育本质，积极改变。"唯分数论"的恶果有：第一，班级里学习特别好的同学有可能受到其他学习落后群体的孤立；第二，学习特别差的学生，也易成为欺凌对象；第三，优等生、分数落后学生都可能成为欺凌者；第四，缺乏对学生其他特长评价指标，导致评价指标单一，不能反映学生综合能力，易给学生造成挫败感。我国教育在未来，"要深化教育体制改革，健全立德树人落实机制，扭转不科学的教育评价导向，坚决克服唯分数、唯升学、唯文凭、唯论文、唯帽子的顽瘴痼疾，从根本上解决教育评价指挥棒问题。"[2] 当然，扭转应试教育、"唯分数论"痼疾，牵一发而动全身，非朝夕之功。作为中小学教师，随着教育改革推进，在自己班级有意识地构建科学合理多元教育评价体系，是构建和谐班级文化、减少欺凌的重要措施。

(二) 构建和谐班级文化

"班级文化是由班级成员（包括教师和学生）在学习和交往活动过程中所形成的理想信念、价值取向、态度、思维方式、行为方式及其物质表现形式。"[3] 正面、积极、和谐的班级文化对学生健康成长、成才至关重要。

---

[1] 胡学亮："中小学校园欺凌高发原因与对策分析"，载《中国教育学刊》2018年第1期。

[2] "习近平出席全国教育大会并发表重要讲话"，来源于：中国政府网 http://www.gov.cn/xinwen/2018-09/10/content_5320835.htm，最后访问时间：2018年11月3日。

[3] 林冬桂："论班级文化的功能与建设"，载《教育导刊》2000年第11期。

1. 探索民主自治新型班级文化

在传统班级管理模式中,班主任处于管理者地位,学生处于被管理者地位,班级事务一般由班主任主导,这种班级管理模式可以称为"班主任权威型"班级文化,学生完全处于被动地位,只能服从老师制定的规则和命令,如果违反就会面临处罚。此外,班干部由班主任任命,既可以代表班主任进行班级管理,又可以将学生的意见反馈给老师。此种类型班级文化,容易造成班干部滥用权力,网上时有曝出班长欺压同学、跟学生索要钱财的新闻。即使未发生严重欺压,这种"权力管理型"模式下,学生缺乏民主文化滋养,对于培养学生成为具有现代法治精神的公民具有负面意义。

在推进全面依法治国、强调"法治社会"的今天,应该摒弃传统班级管理模式,探索新型的"民主治理型"班级文化,有学者又称该模式为"班级治理","就是班主任和每个班级成员作为独立的平等的个体,在彼此尊重、协商的基础上,为了班级和每个学生的发展所采取的一系列经营活动。"[1]此种模式的精神实质就在于使学生真正成为参与班级民主治理的主体,使自治制度、民主观念成为班级文化的核心。我们可以借鉴我国基层自治组织的相关规定。如《村民委员会组织法》第2条第1款规定:"村民委员会是村民自我管理、自我教育、自我服务的基层群众性自治组织,实行民主选举、民主决策、民主管理、民主监督。"借鉴该规定,我们可以从选举、决策、管理、监督四方面推进。

第一,选举方面。应当摒弃由班主任任命班干部的模式,而是采取"自荐——竞选——投票——定期选举"的模式,根

---

〔1〕 肖振南:"班级治理:以'平等'和'对话'重构班级管理",载《教育理论与实践》2016年第2期。

据投票来确定班干部、团干部等。第二，决策方面。应当由全班同学参与制定"班规"，将班级一系列治理事项、规则予以规定，班级重大事项也应该由全班同学决定，而不是班主任或者学生干部确定，所谓"重大事项"由班规规定，并可以动态调整。第三，管理方面。在班级事务管理过程中，班主任要重新进行定位，将自己定位为管理、组织、服务、协调四位一体的角色，多与学生进行平等对话，听取学生建议。第四，监督方面。对于学生干部、同学的行为，班级成员都有渠道进行监督，可以将情况报告班主任。这种新型班级治理模式好处有三：第一，和谐民主班级文化有利于减少"以强凌弱"文化，减少校园欺凌文化；第二，班级具有监督制度，任何同学发现欺凌问题，可以报告老师；第三，此种模式将民主、法治实践贯穿教育过程中，使得法治思维、规则意识、民主文化渗透于学生日常班级生活之中，为国家培养具有法治精神的现代公民奠定基础。

2. 丰富班级活动，增进班级成员互动交流

治理校园欺凌的策略之一就是通过学校活动，加深学生之间的了解、消除隔阂。"班级文化建设必须有意识地进行精心规划和长期建设，使班级文化的育人功能能够充分发挥"，[1]班级文化建设主体应当是全体学生。和谐积极的班级文化建设需要同学之间的友谊支持，丰富多彩的活动有利于增进学生间友谊。应当调动学生积极性，鼓励学生自发组织高质量的班级活动，比如学生分组轮流负责黑板报定期更换、图书角整理等，还可以定期召开班会，除讨论班级事项外，还可以确定一个主题进行讨论，比如可以将"校园欺凌""手机班级管理""食品进教室"

---

[1] 林冬桂："论班级文化的功能与建设"，载《教育导刊》2000年第11期。

等问题作为班会议题,由全体学生讨论制定对策。同时,还可以举行"春游""秋游""班级游泳比赛""班级书法比赛""班级联欢会"等形式的班级活动,营造一个积极向上、充满活力、乐于助人的班级文化,此种班级文化具有遏制校园欺凌的作用。

(三) 法治课程中渗透反欺凌文化

学校宣传、预防、治理校园欺凌最主要的途径之一是通过课程教学来进行反校园欺凌教育。这种教育一方面对潜在欺凌者起到约束、打击作用,另一方面也能够给潜在或现实中的被欺凌者提供自我保护的手段。

在反欺凌教育方面,国外已经有了较为成熟的经验。"英国学校开设的相关课程主要包括个性与社会、健康与经济教育课程(Personal, Social, Health and Economic,简称PSHE)、社会与情感学习课程(Social and emotional aspects of learning,简称SEAL)。在PSHE课程上,学生可以了解到不同类型的欺凌、应对欺凌的办法以及如何为受欺凌者提供帮助。"[1]"美国新泽西州将反欺凌教育纳入常规教学体系,并针对不同年级的学生开展分段教育";[2]"芬兰根据不同年龄阶段学生的发展特性及欺凌的暴露程度,开发出三套反校园欺凌课程,分别面向6~9岁、10~12岁及13~16岁的儿童和学生覆盖学校和初中";[3]"澳大利亚中小学设置了安全保护的校本课程,将安全教育纳入课程学习。"[4]上

---

[1] 屈书杰、贾贝贝:"英国校园欺凌综合治理体系及其对中国的启示",载《河北大学学报(哲学社会科学版)》2018年第1期。

[2] 董新良、姚真、王瑞朋:"英美两国欺凌防治比较研究——基于学校的视角",载《外国教育研究》2018年第8期。

[3] 覃丽君:"发挥多元主体参与的力量:芬兰中小学反校园欺凌计划的实施及启示",载《外国中小学教育》2017年第9期。

[4] 冯帮、何淑娟:"澳大利亚中小学反校园欺凌政策研究——基于《国家安全学校框架》解读",载《外国中小学教育》2017年第11期。

述各国将反欺凌内容纳入中小学课程的做法确实取得了明显效果。"2016年,约瑟·安东尼奥·希门尼斯·巴尔贝罗等人对澳大利亚反校园欺凌政策研究提出了一种随机临床试验的元分析,选取了14个学校反校园欺凌项目进行评估,其样本容量包括30934名青少年。研究结果表明,在学校范围内,反校园欺凌政策实施后,校园欺凌发生频率明显减少。"[1]

我国正好可以采取此种方式,在全国统编《道德与法治》教材的四年级(下册)第一单元"同伴与交往"第三课"当冲突发生"第二节"遇到欺负怎么办"中就详细介绍了反校园欺凌知识,主要内容包括:同伴欺负的行为表现;受到同伴欺负怎么办;见同伴受欺负怎么办;校外受到欺负怎么办;怎样避免受到欺负。老师在讲解这一部分内容时可以辅助一些游戏。比如有一个游戏是,4个同学站在空处,让5个同学去找朋友,最终会有人落单,采访这个同学的感受。还有一个游戏是,将一位同学眼睛蒙上,让其他同学去推搡他,游戏结束后采访该同学被推搡时候的感受等。上述游戏中,有多位同学模拟处于被欺凌、被孤立地位,他们会将真实感受讲出来,对其他同学必然会产生警戒、震撼作用。

(四)建立班级与家庭互动机制

学生是班级的核心组成部分,同时他们也是家庭的重要成员,因此,讨论构建班级反欺凌文化时,家庭因素也应当考虑在内。首先,班主任应当与本班所有学生的家长保持通畅的沟通途径,保证遇有任何突发事件都能够及时联系到家长。其次,班主任应当与家长具有"一对一"的沟通渠道,通过与家长交流了解学生在家庭的表现以便因材施教,同时将学生在学校的

---

[1] 冯帮、何淑娟:"澳大利亚中小学反校园欺凌政策研究——基于《国家安全学校框架》解读",载《外国中小学教育》2017年第11期。

表现及时告知家长,以便共同做到最佳沟通。如果老师发现学生具有欺凌他人或者被欺凌迹象时,应当及时与家长交流,防止危害发生。最后,班主任可以建立一个本班学生家长群,现在微信群就是非常便利的途径,通过家长群来宣传反欺凌知识,如有关欺凌危害的知识、发现和防治欺凌的技巧等,以期构筑一个班级与家庭良好互动的、共同防范欺凌发生的联动机制。

综上,班级文化对于学生学习成绩、适应能力、人格与价值观形成具有重要影响。因此,在探索校园欺凌治理体系时,应当将反欺凌班级文化建设置于非常突出的位置。

第七章
CHAPTER 7 ▶

同侪作用：旁观者的积极作用

近年来，教育部等部门多次发布校园欺凌防治的指导性意见，2018 年 11 月，天津市人大常委会通过了我国第一部防治校园欺凌的地方性法规。遗憾的是，这些政策中对于校园欺凌旁观者积极作用的规定几乎是空白的。大部分欺凌发生时都有旁观者，而旁观者的积极行为可以有效阻止校园欺凌的发生、升级。校园欺凌旁观者的概念中应当包括实际旁观者和"潜在旁观者"，后者对于防治欺凌发生意义重大。校园欺凌旁观者可以划分为：保护者、助推者、局外人三类，其中保护者可以有效阻止欺凌发生。影响旁观者行为选择的因素包括社会因素、心理因素、道德因素。在制定校园欺凌防治策略时，应当将发挥校园欺凌旁观者阻止欺凌发生的积极作用予以重点规定，这样的防治策略才更加具有实效。

一、问题的提出

校园欺凌问题是各国社会和政府关注且持续治理的问题，校园欺凌会给受欺凌者带来非常大的心理痛苦，对于其未来生活质量也会产生巨大影响。近年来我国对于校园欺凌问题的研究持续且深入。但是纵观既有研究，主要集中在校园欺凌的概念特征、预防与应对措施方面，在防治策略中又主要集中在对校园欺凌关系中"欺凌者"和"受害者"的角度研究。对于

"校园欺凌旁观者"的研究较少且存在以下问题：第一，多数论文集中对欺凌旁观者"消极作用"的研究，未能将旁观者作为一个防治校园欺凌发生的积极因素进行研究；第二，目光主要集中在对现实的"旁观者"的调查访谈研究，而没有重视对"潜在旁观者"的研究；第三，对旁观者进行独立研究，没有将其置于整个社会生态系统进行研究，缩小了研究的视野。

基于以上分析，本书研究的重点问题和观点是：第一，校园欺凌事件是一个系统，在该系统中，旁观者对于校园欺凌行为的升级或者阻断起到重要作用。第二，在绝大多数欺凌行为发生时，旁观者都在该系统中，如何发挥旁观者积极作用，是阻断欺凌行为发生的关键因素。第三，欺凌行为发生对于知悉该事件和现场旁观的旁观者具有重大负面影响。第四，从"助推欺凌发生"角度来研究旁观者对于欺凌的作用不够全面，应当进一步研究旁观者阻止欺凌发生的机制。第五，仅仅研究"现实旁观者"是不够的，必须研究"潜在旁观者"，笔者认为学校中的学生都是"潜在旁观者"，我们可以对"潜在旁观者"进行有效教育培训，进而有效防止欺凌发生。第六，未来的法律政策必须要重点关注"潜在旁观者"的积极作用，这是防治校园欺凌的最关键因素。

许多研究表明"欺负发生时大多有旁观者存在"。[1]有学者对小学生群体进行调查，发现85%的欺凌行为发生时有旁观者

---

[1] Polanin, J. R., Espelage, D. L., Pigott, T. D., "A meta-analysis of school-based bullying prevention programs' effects on bystander intervention behavior." *School Psychology Review*, 41 (1), 47~65. Hyme, l, S., McClure, R., Miller, M., Shumka, E., Trach. J., "Addressing school bullying: Insights from theories of group processes", *Journal of Applied Developmental Psychology*, 37, 16~24.

存在。[1]在澳大利亚开展的一项调查中发现，旁观过言语欺凌的群体中，中学生群体的比例是92%，小学生群体的比例是97%；而旁观过身体欺凌的中、小学生比例分别是60%和74%。[2]我国大陆地区学者对鲁、豫、赣、桂、蒙五省（自治区）2400余名中学生进行调查的结果是，旁观者的比例是81%，且有近35%学生作为旁观者的次数超过一次。[3]我国台湾地区学者统计发现，曾经充当过旁观者角色的中小学生比例是60%~70%。[4]虽然不同调查者的数据结果有所不同，但是它们共同表明这个比例都很高。从校园欺凌者的心态分析，此种比例也是可信的，大多数校园欺凌者实施欺凌行为时都希望有人围观以满足自己的虚荣心。

既然在校园欺凌事件中存在如此高比例的旁观者群体，如果该群体能够积极介入校园欺凌事件，阻止该行为发生或进行，就能有效预防校园欺凌。正如有的研究所言：旁观者对受害人的保护和支持行为可以减轻或阻止欺凌；而旁观者如果采取对欺凌者的帮助、助威行动则会促使欺凌发生，甚至增大演化为恶性事件的风险。[5]"假若旁观者能够采取积极行动阻止欺凌行为发生，则将近六成的欺凌行为将会被制止。"[6]但是现实情况

---

[1] O'Connell, P., Pepler, D., Craig, W., "Peer involvement in bullying: Insights and challenges for intervention", *Journal of Adolescence*, 1999, 22: 437~452.

[2] Ken Rigby, Bruce Johnson, "Student Bystander in Australian School", *Pastoral Care in Education*, 2005, 6: 10~16.

[3] 参见宋雁慧、李志君、秦颖雪："校园暴力旁观者的调查研究"，载《中国教师》2013年第15期。

[4] 南琦：《向霸凌Say NO！：认识→对付→走出霸凌的校园暴力防治三部曲》，远流出版事业股份有限公司2014年版，第213页。

[5] 参见付美云、马华维、乐国安："职场欺负的旁观者：角色、行为与影响机制"，载《心理科学进展》2014年第6期。

[6] D. L. Hawkins, D. J. Pepler, W. M. Craig., "Naturalistic observations of peer interventions in bullying", *Social Development*, 2001 (4).

是，虽然大多数被调查者心理上反对欺凌，而作为旁观者采取积极阻断行为的比例却很小，[1]这说明我们的教育措施还不到位。从预防角度来看，学校里面的所有学生都是"潜在旁观者"，如果在这种思想指导下制定预防措施，应该最为符合"预防为主"的青少年失范行为防治原则，这值得深入探讨。本书将旁观者采取积极措施（如出面制止、及时向成人汇报等行为）阻断校园欺凌的作用称为"积极作用"，而将助推欺凌发生的作用称为"消极作用"。

二、旁观者的概念、特征、类型

既有研究对"旁观者"的界定是狭义的，即认为旁观者是目睹欺凌行为而并未参与到欺凌关系之中的人群。如有学者从道德义务角度界定，认为旁观者是因某突发事件而聚集围观的人群，他们看似身处事外，但是却具有道德上的义务和责任。[2]还有学者从旁观者心理态度来界定，认为旁观者是消极围观其他个人或集体的困难和危机而并不伸出援助之手的人群。[3]有学者认为"校园中的旁观者指那些既不是欺负者也不是受欺负者的人群"[4]。以上学者的观点的共同之处在于他们都认为旁观者定义具有如下特征：第一，现场目睹；第二，不是欺凌者或受害人；第三，他们围观而不干预欺凌行为。

以上学者对于旁观者的界定也各有其道理，他们理论中认

---

[1] 参见张文新等："儿童对待欺负问题态度的研究"，载《心理科学》2002年第2期。

[2] 参见蔡唱："论旁观者的不作为侵权行为——以民事救助义务的确立为视角"，载《湖南师范大学社会科学学报》2007年第2期。

[3] 黄岩：《旁观者道德研究》，人民出版社2010年版，第16页。

[4] 王中杰、刘华山："校园欺负中的欺负/受欺负者和旁观者群体研究综述"，载《心理发展与教育》2004年第1期。

为的旁观者就是受到中国日常用语中"旁观者"概念影响，即那种"事不关己，高高挂起""冷眼旁观"的看客人群。这种人群的存在，只能促进欺凌行为进一步发展，而不可能起到阻止欺凌行为发生的积极作用。这样的"旁观者"完全是一个消极的角色，对于防治校园欺凌没有积极意义。

笔者认为，我们应该摆脱中国日常用语中"旁观者"概念的束缚，从预防校园欺凌发生、系统观察欺凌行为、构建欺凌防治机制的角度对此概念进行重新界定。从这个立场出发来界定"旁观者"具有以下特征：

第一，从是否在场来看，旁观者可以是现场目睹事件者，也可以是事先知道事件可能发生而并未目睹之人群。

第二，从双向作用来看，旁观者可以因旁观行为而刺激欺凌者，促进欺凌行为的发展升级，也可以通过积极干预欺凌行为而阻断欺凌行为发生。

第三，从产生时间来看，包括现实的旁观者和潜在的旁观者。从预防校园欺凌发生的角度来思考该问题，旁观者还包括那些有机会知悉、目睹校园欺凌发生的"潜在旁观者"人群。

第四，从人数规模来看，旁观者可以为单数，也可以为复数。若为复数，该人群具有无事先意思联络、临时聚集的特点。

只有基于以上几个特点对校园欺凌旁观者概念进行广义上的界定，才能对防治校园欺凌产生重大意义。

基于以上分析，本书认为"校园欺凌旁观者"应该界定为：对于校园欺凌行为的事先知情者、事中旁观者，他们的行为可以促进欺凌行为进一步发展，也可以阻断欺凌行为的发生，他们人数可以是单数或者复数，但是是无组织地临时结合到一起的一个群体。

"校园欺凌潜在旁观者"是指，一旦发生校园欺凌行为，有可能成为"旁观者"的人群,一般而言,校园欺凌易发人群中的所有成员都是潜在旁观者,即一个学校中的所有学生都是潜在旁观者。由于绝大部分校园欺凌都有"旁观者",而且旁观者群体对于校园欺凌的升级或者阻断具有重要价值,因此,我国在制定校园欺凌防治政策时,应当将潜在旁观者的积极作用作为重要因素纳入政策治理之中。

研究者对于旁观者的分类方式很多,最多的论文把旁观者的行为类型分为13种。[1]Salmivalli最开始的研究将旁观者类型分为四类:欺凌强化者、协同欺凌者、保护者、局外人。[2]随着研究深入,Salmivalli将旁观者分为三类:欺凌强化者、保护者、局外人。[3]任何分类都是为研究目的服务的,本书研究目的是发挥旁观者积极作用阻止欺凌行为发生,为了实现该目的,无需进行繁琐分类。从旁观者对欺凌行为的影响和作用来看,可以分为三大类:

第一类,阻碍欺凌行为发生的"保护者"角色。保护者是指通过自身积极行为而阻断、延缓欺凌行为发生的旁观者群体。他们可能直接出面支持受欺凌者、反对欺凌者,也可能是暗地里去向老师、成年人等强者报告。在实践中,大部分保护者采取后一种"暗中帮忙"的方式。这可能是因为害怕引起欺凌者报复等因素。保护者作出积极行为的原因可能是道德正义感、同情心等,但是此类行为的发生对于减少校园欺凌具有釜底抽

---

[1] Pull M., Omari M., Standen P., "When is a bystander not a bystander? A typology of the roles of bystander in workplace bullying", *Asia Pacific Journal of Human Resources*, 2012, 50 (3): 351~366.

[2] Salmivalli, C., "Participant role to school bullying: implications for interventions", *Journal of Adolescence*, 1999, 22 (22): 453~459.

[3] Salmivalli, C., "Bullying and the peer group: A review", *Aggression and Violent Behavior*, 2010, 15 (2), 112~120.

薪的作用，是未来研究校园欺凌预防的重要关注因素。学校应当采取措施，引导更多的"潜在旁观者"在欺凌行为发生场景中，充当保护者角色，这样对于欺凌者会起到巨大的精神震慑作用。如何发挥此类旁观者角色的积极作用，是本书研究的重点。

第二类，促进欺凌行为发生的"助推者"。在欺凌行为发生场域中，有一批旁观者的行为会助推欺凌行为发生和恶化，他们不是欺凌行为发起者，但是他们或对欺凌者的行为拍手叫好，或对被欺凌者进行嘲笑贬损，或给欺凌者通风报信，他们就是助推者。助推者群体本人也处于弱势，他们通过向欺凌者示好来讨好欺凌者，避免自己成为下一个被欺凌者。或者他们是希望通过促成欺凌行为发生而获得心理快感。助推者的行为会刺激欺凌者的表现欲望，助长欺凌者一方的"气势"，从而也会压制潜在的"保护者"产生。这一类旁观者是防治校园欺凌的重点治理对象。

第三类，置身事外的"局外人"。在欺凌行为发生时，大部分旁观者会选择"中立"，他们不倾向于帮助任何一方，他们或者围观不语，或者迅速离开现场，这一类旁观者就是"局外人"角色。他们或许内心同情被欺凌者，但是没有产生符合道德的积极行为。有人研究发现，与英、荷等国研究中局外人的比例相比，我国学生群体中的局外人所占比例更高。[1]

局外人表面上看似处于"中立"地位，实际上是对欺凌行为的第二助推力量。一方面，如果局外人迅速离开，会让欺凌者感觉到别人惹不起自己，更加信心激增，可能会导致欺凌行为发生更快、为害更深、持续更久。另一方面，如果局外人围观，则会使欺凌者误认为是对自己的支持，也会导致被欺凌者

---

[1] 参见张文娟、马晓春："青少年早期欺负参与角色的基本特点及其与同伴网络的关系"，载《教育科学研究》2016年第2期。

进一步丧失尊严、痛苦更加加深。因此，在治理策略上，一定要将局外人角色尽量转化为保护者角色，否则该角色的存在对于欺凌行为发生也会起到助推作用。

三、旁观者与欺凌行为之间的相互关系

（一）欺凌行为对旁观者的影响

欺凌行为发生对于旁观者具有两种影响：短期影响和长期影响。

第一，短期影响是指旁观者看到或者知悉欺凌行为一年内的影响。旁观者会出现愤怒、悲伤、无奈、自责、痛苦、害怕等负面情绪。

第二，长期影响是指事件发生数年甚至更久以后，对旁观者的影响。持续时间最长的情绪可能是内疚感，本来自己可以出手相救或者报告老师，但是自己却没有做。有学者研究这种多年以后的负面影响包括：①怀疑自己的能力和价值，要么压制自己的个性，使自己变成温顺听话的性格；要么形成自卑、自责、缺乏安全感的负面人格。②受到欺凌者行为暗示，对弱小者（甚或身边人）使用暴力压迫其屈从。③可能产生类似于被欺凌者的反映，如晚上大脑中反复出现受害画面、痛苦回忆，导致产生失眠抑郁、焦躁不安的情绪。④严重者可能发展为强迫症，反复回忆自己白天的社交，努力寻找白天社交中的纰漏以及他人的反应，最终会导致自我价值否定。⑤最为严重者，上述负面性格可能导致自杀。[1]

英国著名桂冠诗人约翰·贝杰曼（John Betjeman）于1960年发表长篇自传体诗歌《钟声的召唤》，诗中详尽描述了自己作

---

〔1〕 南琦：《向霸凌Say NO！：认识→对付→走出霸凌的校园暴力防治三部曲》，远流出版事业股份有限公司2014年版，第214~215页。

为旁观者目睹一次欺凌而袖手旁观的经历。[1]受欺凌者悲惨的眼神，诗人在多年后还能清晰记忆，并且在自己重要的自传体作品中记录这个事件以表达自己的内疚和不安之情，可见欺凌事件对于旁观者影响之深、危害之远。

（二）旁观者行为选择对欺凌行为的影响

旁观者行为的影响较为复杂，用以下表格加以分析。

旁观者行为	对欺凌者的影响	对受欺凌者的影响	对班级、学校的影响
保护受害人	阻碍欺凌者实施行为。	1. 阻碍欺凌行为发生，减少对受害人的伤害； 2. 阻止不成功，可能使受害人遭受更大伤害。	积极向老师和学校反映，引起学校重视，促进形成压制、打压欺凌的氛围。
协助欺凌者	促成欺凌行为发生。	加深对受害人的伤害。	未向老师和学校反映，未引起学校重视，形成放任、纵容欺凌的氛围。
冷眼旁观行为	间接助长欺凌者气焰。	间接支持欺凌行为，增加伤害。	

首先，对欺凌者的影响有两种。一是采取主动积极行为而阻碍欺凌行为发生。二是如果采取消极行为会助长欺凌行为的发生。欺凌者一般处于青春期，希望别人关注，希望向旁人显示力量、勇敢。旁观者呐喊助威自然会助长欺凌行为。而单纯

---

[1] [美] 芭芭拉·科卢梭：《如何应对校园欺凌》，肖飒译，华东师范大学出版社2017年版，第102页。

的旁观对欺凌者来说也是助长的力量。

其次，对受欺凌者的影响也是两方面。一是帮助受欺凌者，如果有效阻止欺凌行为则可减少对受欺凌者的伤害；如果阻止行为不能奏效，反而可能会使受欺凌者遭到更大的欺凌。二是旁观者消极行为产生的影响，大部分校园欺凌者实施欺凌的主要目的之一是让受欺凌者丢面子、失去自尊，而旁观者的直接支持行为、冷漠旁观行为，都会加重受欺凌者的痛苦感受。

最后，旁观者能够积极向老师、学校举报，也会对学校形成防治校园欺凌的正面氛围、负面氛围产生不同影响。

四、影响旁观行为的因素

（一）社会学视角

第一，"旁观者效应"。社会学有一个理论叫作"旁观者效应"（或者叫做"责任分散效应"），是指面对某项工作，如果要求由一个人单独完成，其责任感就会很强，会采取积极行动。如果要求一群人共同完成一项工作，每个人的责任感、压力就会变小，每个人都不愿意去承担责任，因此责任被分散了。因此，在欺凌发生时，旁观者越多，每个人伸出援手的积极性就降低。受欺凌者如果想获得帮助，就应该向某个特定人求救，比如说请那位高个子学长帮一下等，被特别求救的人会伸出援手。这就是旁观者效应的影响。

第二，"社会规则"理论。学校明确规定的规则是明规则，学生群体私下形成的共同认同的规则是"潜规则"，两种规则有时候一致，有时候是矛盾的。旁观者如果认为学校的明规则、潜规则都是支持举报行为、打压欺凌、保护旁观者隐私的，旁观者主动干预欺凌的可能性越高。反之，如果旁观者认为明规则、潜规则都是会不理睬举报、泄露举报者信息，那么干预的可能性就会降低。

(二) 心理学视角

第一,"共情"理论。有关"共情"概念观点不一,有人认为"共情"是一个人能够对他人感同身受的一种人格倾向(情感同情);有人认为"共情"是一个人清晰了解别人内心状态的一种感性反应(认知同情)。[1]后者是能够认识到他人的心理感受,单纯认识到还不足以去帮助他人。而前者是从情感上对他人的心理感受感同身受,这种情况下才容易挺身而出。从心理学视角来看,旁观者面对欺凌行为的时候,他更加同情哪一方、更加对哪一方的处境"感同身受",并且把这种同情"移情"到自己身上来,就容易支持哪一方,从而做出不同的行为选择。单纯的书本学习,只能培养"认知同情",而模拟活动才能培养出"情感同情",这才有利于发挥旁观者对欺凌的阻止作用、对受害人的保护作用。

有的研究发现低年级学生比高年级更多会采取安慰行为,研究者认为因为他们拥有更高的"同理心"。[2]有研究发现女性旁观者比男性更加容易介入欺凌行为,[3]可能也是因为女性较同龄男性更加具有"同理心"。当然,性别、年龄是否影响旁观者行为模式还没有统一认识。不过,这些研究为我们研究欺凌防治对策提供了重要参考。

第二,社会交往理论(同伴期望理论)。如果受害人认识欺凌者或受欺凌者一方或双方,就倾向于介入,但是这种介入有

---

[1] 参见敬娇娇等:"共情对不同网络欺负角色行为的影响",载《应用心理学》2017年第3期。

[2] Gini G. Pozzoli T, Borghi F. et al., "The role of bystanders in students' perception of bullying and sense of safety", *Journal of School Psychology*, 2008, 46: 617~638.

[3] Tamm A, Tulviste T., "The role of gender, values, and culture in adolescent bystanders' strategies", *Journal of Interpersonal Violence*, 2014, 72 (12): 949~957.

可能偏向支持任何一方,并不是固定的。关系越亲近,介入干预的可能性就越大。[1]相反,如果旁观者与事件双方完全是陌生人,干预的可能性降低,甚至会默默走开或冷眼旁观、消极行动。

第三,自我能力认知。旁观者认为自己干预欺凌的能力越强,主动干预欺凌的比例就会越高。如果有成人在场,未成年人往往会认为成年人的干预能力更强,从而主动干预的意愿就会降低。

第四,自尊心理。一个人自尊心越强,越倾向于参与社会公共事务,在发现欺凌时,也愿意主动介入。如果一个人非常自卑,做任何事情没有信心,则即使产生了帮助受害人的想法,也不敢挺身而出。该问题是一个理论问题,在未来研究中可以基于该理论进行调研,并且以调研为基础完善欺凌防治措施。

(三)道德视角

第一,正义感。从道德学角度出发,一个旁观者内心的正义感、价值观决定了他是否介入以及如何介入。旁观者帮助受害人不是因为自己"感同身受",而是因为自己知道这样做是正确的、合乎正义的。采取消极行为模式的旁观者认为自己没有道德义务去积极介入欺凌行为。

第二,全社会的正义感。当今社会拜金主义、功利主义,对学校环境、学生也有影响。如社会上存在的"见死不救少祸端"的道德观念,对于未成年学生也具有重要影响。

第三,德育虚拟化。学校每个学期都有德育课程,但是这种说教都是在虚拟场景中进行,道德教育完全停留在书本上、教室内,学生无法从心理上、心灵上、精神上真正形成正面的正义感和责任感。但普遍的利用虚拟道德教育情景进行道德教

---

[1] Latané B. Nida S,"Ten years of research on group size and helping",*Psychological Bulletin*. 1981 (2).

育,不能充分引发学生真实的道德冲突。[1]

以上三个角度,是中外学者研究影响旁观者行为方式的因素,这些因素的研究为研究从旁观者角度预防校园欺凌措施提供了重要基础。

五、发挥旁观者积极作用的策略

以上文研究为基础,我们可以从多角度提出如何发挥旁观者积极作用的建议,笔者现从四个角度构建策略体系,希望能够对实践活动提供借鉴。当然,发挥旁观者、"潜在旁观者"积极作用的措施并不是独立的,它应该是与学校防治校园欺凌整体策略相互融合的,笔者这里是提供一个思考问题的新角度。

(一) 学校反校园欺凌宏观策略

第一,学校积累一手材料。学校应当培养老师能力,通过观察、问卷调查、个别访谈、课堂讨论、征文比赛等方式搜集信息:①学生如何看待旁观者的作用;②旁观者面对欺凌行为作出不同行为选择的原因(了解学生认为什么样的学校政策、同伴文化有利于鼓励旁观者采取积极行为);③如果他们成为旁观者时会采取何种行为等。这些资料经过积累、分析以后作为学校制定相关政策的依据和基础。

第二,明确建立"反校园欺凌"的社会规则。学校应当明确公布学校的反欺凌机构、工作流程、举报方式。明确告诉学生:社会、学校完全期望旁观者采取措施阻止欺凌行为发生,全体老师和学生一致认为举报校园欺凌的行为是正义行为、正面行为,不是"打小报告"。同时,要明确学校会保护举报学生的个人信息,防止欺凌者打击报复发生。

---

[1] 参见傅维利:"真实的道德冲突与学生的道德成长",载《教育研究》2005年第3期。

同时，学校应当建立完善的应急反应机制，首先要做到举报热线24小时有人接听，在接到举报以后迅速由值班人员进行排查，如果发现举报情况属实，立即制止欺凌行为，同时要对围观人群进行疏散，如果情况紧急，则应当采取立即报警等进一步处置措施。同时也要教育学生，如果认为欺凌行为非常严重，可以先拨打报警电话，再拨打学校热线。一定要将制度规定落实到实际行动，让欺凌行为无所遁形。同时，对于助人为乐、正义责任感强、品德端正的学生进行公开表扬，增强学生助人的积极性和主动性。

第三，加强"德育"与"法育"双管齐下的教育效果。德育和法育课程都已经进入了中小学必修教材、课堂，教师和学校要通过各种途径，使得这两种教育内容深入学生头脑。在专门的章节（例如讲集体生活、校园同伴交往内容时）设置专题活动，讨论欺凌他人的"恶行"、学生帮助他人的道德义务、协助欺凌者和冷眼旁观者都是在助长"恶行"、帮助学生树立正确的道德观念和处理紧急事件的能力。让潜在旁观者知道应当做、如何做、敢于去做，教育青少年明确树立个人对国家、家庭、他人的责任。这就达到了教育目的。

（二）学校组织各种具体实践活动

为了真正发挥"潜在旁观者"阻止校园欺凌发生的积极作用，学校在宏观策略指引下，还应当开展各种具体实践活动。

第一，培养帮助他人的满足感。无论是从心理学理论还是从心理学实验来看，当一个人真心帮助他人后，会从帮助别人的活动中获得满足感。有一项研究对参加过志愿活动的学生进行调查，志愿者们反馈了十八种帮助他人所获得的满足感。[1]

---

[1] Volunteering and Giving Among American Teenagers 12 to 17 Years of Age (Washington, DC: Independent Sector' 1996)

当学生真实感受过这种助人的快乐后,努力助人会影响他们作为旁观者的行为选择。首先,班级可以成立"阻止欺凌助人社团"开展此类志愿者活动;其次,可以在学校周边、社区寻找志愿者服务机会,比如由学校组织学生到超市对一些生活必需品进行"义卖""助买"活动,所得利润资助贫困家庭。最后,可以到社会福利机构,进行打扫卫生、文艺表演之类的志愿活动。在每次活动后,可以给小志愿者颁发一个证书。

第二,举办反欺凌学生联合会、反欺凌戏剧表演。学校可以支持成立反欺凌学生联合会,每个学期举行1~2次校园欺凌主题活动,宣传欺凌的危害,同时鼓励所有人都应当不做消极旁观者,要积极行动起来。鼓励学生加入该联合会,联合会的宗旨是:凡是发生欺凌,如果旁观者多,立即呵斥、介入,阻止欺凌发生;如果旁观者力量不足,尽快报告成人。班级、年级、全校设立不同级别的反欺凌联合会,负责人和核心成员实行定期轮换制度,让每个同学都能够参与其中。这样对于提高每一个同学发挥旁观者积极作用的可能性具有重要意义。

校内外社团可以编写反欺凌的戏剧、文艺节目,进行专门演出,或者在文艺晚会时候参与演出。在美国有一个社会团体编写了《新女孩》《请别告诉杰西卡》等戏剧,从2008年到2011年演出210场,引起了学生广泛关注和讨论。而且他们的剧本可以出售给任何想要自己组织表演的学校。[1]通过学校活动、戏剧、文艺节目形式来宣传反欺凌政策、鼓励旁观者积极行动,比学校、老师的简单说教更加生动、深刻、有效。

第三,学校应当通过各种活动,促进不同班级、不同年级的同学互相认识,这样当旁观者看到自己认识的人身处事件中

---

[1] [美]贾斯汀·W. 帕钦、萨米尔·K. 辛社佳:《校园欺凌行为案例研究》,王怡然译,黑龙江教育出版社2017年版,第92页。

时,挺身而出的可能性就会更大。当然,还要配合其他措施,引导旁观者去制止欺凌行为发生,而不是去协助欺凌行为发生。

(三) 发挥班级作为反欺凌基地的作用

学校是反校园欺凌的重要场所,而班级则是落实学校策略的核心组织,班级在反欺凌体系中,更加具有不可替代的作用。

第一,班主任应当着力建立反欺凌班级文化。有学者研究认为,班级中会存在三类欺凌的次生文化:一类是以欺凌为乐的"霸道型"文化;一类是与己无关的"中立型"文化;还有一类就是反对欺凌的"正义型"文化。[1]在班级中,潜在的欺凌者、被欺凌者都是少数,大部分同学是潜在的旁观者角色。若能着力塑造友善的班级文化,则潜在的旁观者在欺凌行为发生时,不会跟着起哄、围观。另外,告诉所有同学,无论何时何地,只要发现欺凌危险,立即报告老师,这是"侠义行为",不是"打小报告的行为"。

同时,可以制定班规:①反对一切形式的欺凌行为;②尊重同学之间的差异;③发现欺凌隐患,不协助、不围观起哄、不冷眼旁观,而是积极保护;④凡是欺凌发生时的围观起哄者、冷眼旁观者应当受到批评,这些同学应当做深刻反省和检讨;⑤凡是欺凌他人者,在一定期限内不得使用班内某种设施,或者惩罚其擦黑板等。让他体会到受人孤立、受惩罚的滋味。一旦此班级文化形成,所有的潜在旁观者,将对欺凌者形成无时不在、无处不有的无形压力,从而减少欺凌行为发生。

第二,班主任应当有意识地进行"共情训练"、培养同理心。孩子是否具有同理心会影响其作为旁观者的行为选择。有学者认为同理心就是"感同身受",也就是自己能够将自己置于

---

[1] 王美恩:《终结霸凌:洞察孩子的内心世界,打破霸凌的恶循环》,天下杂志股份有限公司2011年版,第45页。

他人的位置上,设身处地地理解他人的感受、心理和动机等。[1]如果能够有意识地培养学生同理心,那么他们在看到他人受到欺凌时,就会采取积极措施,或者直接阻止,或者报告成年人。对于防治欺凌发生意义重大。

培养同理心的方式很多,比如老师在班会上专门设计讨论校园欺凌的主题,请同学们分组讨论"如果你受人欺负、被同学孤立,你的感受是什么?"类似的问题。还有,教师可以设计"欺凌模拟试验",就是选一位同学,将其眼睛蒙住,其他几位同学对他进行推搡。然后,打开眼罩,让该同学谈感受。可以多做几次。这样一来,大家从被蒙住眼睛的同学所谈的感受中,也能感受到受到欺凌的危害性,从而成为潜在的旁观者中的积极角色。"共情训练"的干预方法应该作为激发"潜在校园欺凌旁观者"的同理心、积极阻止校园欺凌的重要途径。

第三,提前训练旁观者处理技巧。如果潜在旁观者没有必要的应对技巧,他们在欺凌发生时也会手足无措,这也是影响他们行为的重要因素。老师应当告诉全班同学正确阻止欺凌有以下事情可以做:①拒绝参加、拒绝助威、拒绝围观;②直接出面语言制止;③立即报告老师或者其他成人;④分散欺凌者注意力;⑤与被欺凌、被排挤同学做朋友;⑥尽量站在被欺凌者身边支持他,或者邀请他加入自己的小组。如果以上方法能够提前予以传授、训练,则必能增加旁观者阻断欺凌的实际能力。

(四) 发挥家庭的重要引导作用

家长是孩子的第一任老师,家长言传身教,鼓励孩子遇到欺凌行为时挺身而出,也非常重要。有学者从心理学角度研究发现,孩子天性喜欢助人为乐,但是会因为受到欺凌者及其帮

---

[1] [美] Allan L. Beane:《无暴力校园——教师工作手册》,林凯华译,稻田有限公司2008年版,第68页。

凶的压力而不敢仗义执言。家长应该奉公守法、仗义执言，对孩子产生潜移默化的影响，例如在公园看到其他孩子摔倒，家长应该说"看看他疼得都哭了，我们过去帮一下忙，也许可以减少他的痛苦。"通过不断身体力行，告诉孩子，路见不平就应当拔刀相助，这是一个勇敢好公民的要求。[1]当然，不一定与欺凌者发生直接冲突，报告老师和家长、与受欺凌者做朋友都是在拔刀相助。如果家长都能这样教育孩子，那么当自己的孩子受到欺凌时，其他孩子也会出手相助。

当然，家长整体素质也未必统一，教育部门和学校也应当加强对家长的引导和培训：①让家长意识到旁观者积极行为的必要性，对保护自己孩子也是非常重要的，一味奉行"事不关己，高高挂起"的态度，可能受到伤害的是自己的孩子；②培训家长发现欺凌、通过家庭教育遏制欺凌的专业知识；③培训家长如何鼓励孩子在欺凌发生时采取积极行为的技巧；④告诉家长，学校有制度会保护孩子不被打击报复、保护举报者个人信息。家校互动、密切配合，效果更优。

各级政府和学校必定会持续探索防治校园欺凌的策略，从本书的研究来看，重点关注旁观者人群，特别是"潜在旁观者人群"非常必要。如果我们在制定校园欺凌防治策略时，对发挥校园欺凌旁观者阻止欺凌发生的积极作用予以重要关注，则该防治政策一定更加具有实际效果。

---

[1] [加] 琴·莎舒：《校园暴力：别让孩子成为沉默的受害者》，柯清心译，远流出版事业股份有限公司1995年版，第201页。

中 篇

附录——课题组研究及重要资料

本书上篇是本课题研究的主体部分，中篇中的文字包括两部分，第一部分是第8~10章，这三章内容属于课题研究的重要组成部分，但是并非笔者独立完成，其他合作者为这三章的研究或提供了重要参考资料或完成了资料搜集或进行了初稿撰写工作，他们的重要贡献需要得到感谢，故置于附录之中。合作者姓名及单位于每章注释中详细说明。

　　此外，有一些法律文件对于本课题以及未来其他研究者相关研究具有重要参考价值，如日本2013年公布的《校园欺凌防止对策推进法》还没有见到公开的汉字版本，我国台湾地区专门治理校园欺凌的几个法律文件，在网络、期刊上也较难获得，故也收录于附录之中，以为后续研究提供便利。故中篇第二部分是第11、12章。

第一章
新兴类型:校园网络欺凌依法治理

任海涛　刘旭东　张玉涛　孙　康[1]

一、校园网络欺凌的概念

近些年来,随着互联网技术的迅速发展,网络已经愈发成为人们日常工作和学习生活中不可或缺的重要部分。在使用网络的群体中,青少年的比重不容小觑。截至2017年12月,我国网民规模达7.72亿,互联网普及率为55.8%,其中19岁及以下的网民占整体网民的22.9%,从职业结构看,学生群体规模最大。[2]互联网的不断普及,一方面给广大的学生群体带来了诸多便捷,另一方面也为校园欺凌提供了一种新型方式。当传统校园欺凌延伸至互联网平台时,便转变为校园网络欺凌。毫无疑问,明确的概念是研究法律责任、治理策略的基础和前提,因此,笔者拟首先对"校园网络欺凌"的概念进行界定。

---

[1] 本章选题及思路由本人拟定,南京财经大学法学院讲师刘旭东博士、华东师范大学法学院张玉涛同学、孙康同学为本章撰写搜集了大量资料,并且承担部分初稿撰写工作,故本章应该由我们四人共同署名。本章研究议题乃本课题研究计划重要组成部分,应当放在结项成果之中。但是又不宜放在正文(上篇)之中,故置于附录之中,以示与正文区别,也表示对合作者贡献之尊重。此外,感谢三位作者为课题完成资料搜集、整理、校对工作。

[2] 参见中国互联网络信息中心:《第41次〈中国互联网络发展状况统计报告〉》,第21~26页。

关于网络欺凌，目前还未形成一个完全统一的定义。从比较研究的视角，对一些具有代表性的概念表达进行分析，将有助于我们进一步加深对此概念的理解。

美国于2009年4月出台的《梅根·梅尔网络欺凌预防法》（Megan Meier Cyberbullying Prevention Act），将"网络欺凌"界定为"任何人在跨州或跨国交往中，出于强迫、恐吓、骚扰他人或对他人造成实质情绪困扰的目的而使用电子手段传播的严重、重复的恶意行为"。[1]而美国网络欺凌研究中心（Cyberbullying Research Center）采用的定义则为"通过使用计算机、手机和其他电子设备而造成的蓄意和反复的伤害"。[2]加拿大专家比尔·贝尔赛（Bill Belsey）将网络欺凌定义为"个人或群体使用信息传播技术重复地实施旨在伤害他人的恶意行为"。[3]日本文部科学省官方网站将网络欺凌界定为"通过电脑或者手机，在互联网的留言板上编写诽谤中伤某个儿童的留言，或利用邮件等方法对其进行欺凌的行为"。[4]我国台湾学者刘世闵、陈素贞认为"网络霸凌系指一种利用数位沟通的设备（如网站、电子邮件、Blog、即时通讯、聊天室、线上游戏、手机等），传送令人难堪、嘲讽、伤害及辱骂他人的文字，或种种令人不堪入目的图像，由于网络虚实难辨的特质，致使这些讯息广泛流传于同僚或不认识之一般民众，企图利用E化制裁之公审，迫使被害者心生惧怕、羞愤，以达中伤他人之目的的方式。"

---

[1] 李静："未成年人网络欺凌的法律规制——以美国为研究视角"，载《暨南学报（哲学社会科学版）》2010年第3期。

[2] https://cyberbullying.org/what-is-cyberbullying，最后访问时间：2018年11月30日。

[3] http://www.cyberbullying.ca/，最后访问时间：2018年12月1日。

[4] 师艳蓉："日本中小学网络欺凌问题分析"，载《青少年犯罪问题》2010年第2期。

综观上述定义，均有其合理之处，共同之处即在于"以互联网技术为媒介"，具体来说可以使用计算机、手机或其他电子设备，利用电子邮件、短信、即时聊天工具以及网站等平台。且该行为是一种心理性攻击，例如骚扰、恐吓、侮辱等。至于"有意、重复"，事实上是欺凌行为的共同特征。

以互联网技术为媒介的欺凌行为显然不再局限于校园和校园周围的辐射区域，因此对于"校园"一词的理解应进一步回归其本质——"校园关系"，即欺凌者与被欺凌者基于学校关系发生关联。因此，综合上述分析，本文研究的校园网络欺凌是指：

"一个或数个学生使用计算机、手机或其他电子设备，以互联网技术为媒介，针对其他学生施加的使其感受到痛苦的、持续性的心理性攻击行为。"

二、校园网络欺凌的特征、类型

（一）特征

1. 途径多样性、实施便捷性

当前，信息网络技术已经在中国的土地上接近实现全覆盖。一方面，网络设备的普及性高度发达。截至2017年12月，我国网民使用手机上网的比例达97.5%；使用台式电脑、笔记本电脑上网的比例分别为53.0%、35.8%；网民使用电视上网的比例达28.2%。另一方面，各类互联网资源的应用情况亦十分惊人。截至2017年12月，中国网站数量为533万个、中国网页数量为2604亿个。截至2017年11月，我国市场上监测到的移动应用程序（APP）在架数量为391万款。[1]

---

〔1〕 参见中国互联网络信息中心：《第41次〈中国互联网络发展状况统计报告〉》，第12~17页。

在此种背景下,校园网络欺凌的实施途径便具有了多样化的特征。手机、电脑、电视等设备都可以被用于实施欺凌。而无论是QQ、微信、微博、博客,还是各类网络游戏、社交软件等,都成了校园网络欺凌的载体。这也反映出此种现状:当前的校园网络欺凌是一种实施起来极为便捷的欺凌形态。

2. 欺凌主体的多元化与目的的单一性

传统的校园欺凌,如肢体欺凌、言语欺凌、关系欺凌等,普遍建立在"恃强凌弱"的基础条件上。相对于被欺凌者来说,欺凌者往往处于一种天然的优势地位,无论这种优势是表现为身体的强壮、家境的优越,抑或班级地位的突出(如基于班干部的身份获得优势地位)等。但在现今的校园网络欺凌中,欺凌者是以一种虚拟身份来实施行为,此时,他在体格、地位等方面的优势就被严重弱化了。欺凌者不需要具有某种优势,也可以在网络上对其他学生进行欺凌。即网络的发展使得校园欺凌挣脱了所有的外在约束,欺凌主体不需要具备任何特殊的优势条件便可以参与到欺凌洪流中。这样一来,校园欺凌便呈现出一种主体多元化的特点。

此外,校园网络欺凌的欺凌主体上的多元性,同时与其目的的单一性并存。校园网络欺凌不同于传统的肢体欺凌形态,并非对他人施加身体伤害,而是通过实施一种或多种网络行为,使他人遭受精神痛苦。由此我们发现,尽管事实上网络欺凌实施者的动机各异,但其直接目的却是单一的,即对受欺凌者施加精神伤害。

3. 隐蔽性强、监管难度大

网络主体的匿名性是网络环境的一个重要特征。在此基础上,学生在借助网络实施欺凌时,往往倾向于使用虚拟身份。欺凌主体的隐蔽性带来的连锁问题就是,对网络欺凌的监督难度非常之高，这反过来也会进一步纵容欺凌者的行径，进而不断加剧校园网络欺凌的泛滥。

纵然，网络实名制的推行、《网络安全法》的出台对此种现象有一定的遏制作用。但缺乏技术支持、惩罚机制不健全、缺乏救济途径等漏洞的存在，使得网络实名制陷入重重困境。[1]因此，校园网络欺凌隐蔽性强、监管难度大的特性，在较长一段时期内仍然不会改变。

4. 强扩散性与严重危害性

"传统欺凌行为的影响范围有限，而网络的传播速度快，不受时间和地域限制。"[2]因此，借助网络实施的校园欺凌，尤其是通过网络公共平台来传播他人隐私、诽谤污蔑他人的欺凌，具有一种极强的扩散性特征。对受欺凌者不利的信息，往往赤裸裸地被展示在无边界的网络空间中，并持续地被更多人看到。这也使得，此种欺凌对受欺凌者精神的伤害程度要远远高于传统的、局部范围内的校园欺凌。即便是某一网络欺凌行为被及时发现、欺凌者的行为被及时遏止，但已经传播的内容依旧难以在短时间内被有效删除。

另外，受欺凌者往往是身心尚未成熟、自我调节能力不强的青少年学生，他们正处于成长的关键阶段，极强的自尊心是一个普遍的共性。这也就意味着，极度在意社会评价的青少年群体，在面对网络欺凌之时，不可避免地会产生一种严重的心理挫败感，以及难以挽回自我形象的无力感。由此，他们"容易对自己身处的社会关系感到失望并进行一定程度上的自我排

---

[1] 参见贾登勋、杜一冉："我国网络实名制的困境与出路"，载《人民论坛》2017年第7期。

[2] 师艳容："日本中小学网络欺凌问题分析"，载《青少年犯罪问题》2010年第2期。

斥",[1]更为严重的,甚至会引发心理疾病(如抑郁症),乃至自杀。另一种可能产生的极端情况则是,网络欺凌激发出受欺凌者内心的报复欲望,从而诱发出反击型的校园欺凌。

(二) 校园网络欺凌的类型

类型化研究,是一种在学术研究中相当常用的研究方法,即根据一定的标准对某个问题进行多种类型的划分,它能够帮助我们对相关概念产生更为深刻的理解,同时也有助于进一步展开解决方案的分析。因此,在对校园网络欺凌的概念和特征进行梳理之后,进而对其展开相应的类型化分析,亦是颇有必要的。网络作为一个开放的空间,为校园欺凌者提供了一个绝佳的平台。在这样一个广阔的平台中,欺凌所呈现出的形式显然是极为多元的。

伦敦大学戈尔斯密学院的一项研究以欺凌媒介为依据,将网络欺凌的类型归结为七种:文本通讯欺凌、通过移动电话传播的图像和录像片段实施欺凌、手机通话欺凌、邮件欺凌、聊天室欺凌、经由网络即时通讯进行的欺凌、通过网址的欺凌。[2]另有国内学者根据网络欺凌的表现形式将其划分为七种类型:情绪失控、网络骚扰、网络盯梢、网络诋毁、网络伪装、披露隐私、在线孤立。[3]此外,根据实施欺凌的地理位置及使用设备的不同,可以将网络欺凌分为三种类型:"在校园内用学校设备实施的网络欺凌、在校园内用自己的设备(手机等)实施的网

---

〔1〕 刘宪权、林雨佳:"青少年网络欺凌现象的刑法规制",载《青少年犯罪问题》2017年第4期。

〔2〕 参见许明:"英国中小学校园欺凌现象及其解决对策",载《青年研究》2008年第1期。

〔3〕 参见李静:"青少年网络欺凌问题与防范对策",载《中国青年研究》2009年第8期。

络欺凌、在校外实施的网络欺凌"。[1]

当然,任何一种类型化分析都存在其合理意义,不同的分类标准往往指向不同的研究目的。本文的研究重心在于校园网络欺凌的法律问题,而不同形式的欺凌行为则可能导致民事责任、行政责任、刑事责任等不同法律责任的产生。因此,基于此种研究导向,本文主要是依据欺凌表现形式这一标准,来对校园网络欺凌展开类型化分析。笔者认为,我国的校园网络欺凌主要分为四种类型:

第一,网络言语攻击,即通过各种网络媒介向特定的个人或群体发送侮辱性、诋毁性、威胁恐吓性、暧昧骚扰性等言语,或者将针对某个人或群体的攻击性内容发布到网络公共平台。这实际上是将"谩骂、骚扰、诋毁、盯梢"等网络欺凌的四个传统独立分类融为一体,因为在笔者看来,这几种行为虽然在具体的欺凌内容上有所差异,但本质特征一致,都是一种利用网络实施的言语攻击。

第二,披露他人隐私,即在网络公共平台上发布、传播他人的私密、敏感信息。值得一提的是,针对侵犯隐私型的网络欺凌,有研究者归纳为"揭私或诱导暴露隐私"的独立类型,也即是将"揭私"和"诱导暴露隐私"并列为相互独立的两种欺凌方式。根据其解释,"诱导暴露隐私指诱导受害者自曝隐私,并将其分享出去。"[2]但笔者认为,所谓的"诱导暴露隐私",其中的诱导行为只是一种前置手段,实质的欺凌行为乃是"将其分享出去"这一披露行为。因而,这一类型的行为并不具

---

[1] 李静:"未成年人网络欺凌的法律规制——以美国为研究视角",载《暨南学报(哲学社会科学版)》2010年第3期。

[2] 张盼:"试论我国青少年网络欺凌及应对策略",载《预防青少年犯罪研究》2014年第5期。

有独立性，其只是"披露他人隐私"的一个子类型。

第三，网络伪装，即通过盗取网络账号的方式，伪装成他人身份，在网上发布一些有损其形象的言论、信息，以实现降低他人社会评价的目的。

第四，网络孤立，即利用自己的影响力或通过某种不正当手段，"将某人排除在某一个聊天室或虚拟社区之外"，[1]使之受到特定群体的孤立。此种形式实际上就是传统的"关系欺凌"在网络平台的呈现。

三、校园网络欺凌中的法律责任承担

校园网络欺凌中涉及多个责任主体，他们承担着不同的法律责任。对这些主体需要承担的责任进行梳理、澄清是治理校园网络欺凌的基础工作。

（一）欺凌行为人的法律责任

毫无疑问，校园网络欺凌的首要责任者是欺凌行为人。在当下的法律体系中，这类欺凌行为人根据欺凌行为的轻重将有可能承担民事、行政甚至刑事责任。

1. 民事侵权责任

校园网络欺凌人显然首先违反了《侵权责任法》的有关规定。《侵权责任法》第2条规定了包括名誉权、隐私权等在内的人格权，网络欺凌通常是对当事人名誉权、隐私权的侵犯，因此，欺凌人应当履行该法第15条规定的停止侵害、赔礼道歉、消除影响以及恢复名誉等义务。此外，校园网络欺凌还涉及《最高人民法院关于确定民事侵权精神损害赔偿责任若干问题的解释》，该解释第1条第1款规定："自然人因下列人格权利遭受非

---

[1] 参见李静："未成年人网络欺凌的法律规制——以美国为研究视角"，载《暨南学报（哲学社会科学版）》2010年第3期。

法侵害,向人民法院起诉请求赔偿精神损害的,人民法院应当依法予以受理:(一)生命权、健康权、身体权;(二)姓名权、肖像权、名誉权、荣誉权;(三)人格尊严权、人身自由权。"故此,校园网络欺凌中的被害者可以其名誉权或人格尊严受到损害为由向行为人主张精神损害赔偿。

总之,权利义务相统一的命题在理论与逻辑上必然要求享有名誉权、隐私权以及人格尊严权益的被害者具备督促行为人承担相应民事法律责任的权利,因为"权利与义务的统一,绝非是指社会主体在享有权利的同时必然担负义务,而是指社会主体在享有权利时必然有其他主体担负着相应的义务"。[1]但与此同时也要看到,绝大部分校园网络欺凌人都是未成年学生,由于他们属于限制行为能力人,故而相应的民事赔偿及其他民事责任应当由他们的监护人予以承担。

2. 行政责任

校园网络欺凌人在其行为没有达到犯罪程度的情况下有可能违反行政类法律,如《治安管理处罚法》,此时行为人需要承担相应的行政责任。根据《治安管理处罚法》第 42 条的规定,有下列行为之一的,处 5 日以下拘留或者 500 元以下罚款;情节较重的,处 5 日以上 10 日以下拘留,可以并处 500 元以下罚款:公然侮辱他人或者捏造事实诽谤他人的;多次发送淫秽、侮辱、恐吓或者其他信息,干扰他人正常生活的;偷窥、偷拍、窃听、散布他人隐私的。

当然,《治安管理处罚法》第 12 条规定:"已满十四周岁不满十八周岁的人违反治安管理的,从轻或者减轻处罚;不满十四周岁的人违反治安管理的,不予处罚,但是应当责令其监护

---

[1] 夏锦文主编:《法哲学关键词》,江苏人民出版社 2013 年版,第 24 页。

人严加管教。"因此，绝大部分校园网络欺凌人都会因其年龄未满十八周岁而从轻、减轻甚至免于处罚。

3. 刑事责任

国家互联网信息办公室2016年9月发布的《未成年人网络保护条例（草案征求意见稿）》规定，对未成年人实施网络欺凌，构成犯罪的，将被依法追究刑事责任。有论者针对传统的校园欺凌指出："如果从犯罪构成'该当性、违法性、有责性'三阶层理论来看，校园欺凌行为有可能会触犯刑法规定的故意杀人罪、故意伤害罪、非法拘禁罪、侮辱罪、强奸罪、猥亵罪等罪名。"[1]不过，校园网络欺凌因其发生于虚拟的网络世界而显然与传统的校园欺凌具有一些重大的特质区别，这使得校园网络欺凌者有可能触犯部分传统校园欺凌者无法触犯的罪名。

一方面，校园网络欺凌者在公共网络上散布带有侮辱其他学生性质的内容将涉嫌构成侮辱罪或诽谤罪。《刑法》第246条第1款规定："以暴力或者其他方法公然侮辱他人或者捏造事实诽谤他人，情节严重的，处三年以下有期徒刑、拘役、管制或者剥夺政治权利。"第3款又明确规定："通过信息网络实施第一款规定的行为，被害人向人民法院告诉，但提供证据确有困难的，人民法院可以要求公安机关提供协助。"

另一方面，校园网络欺凌者在网络上公开其他被欺凌学生的信息将涉嫌构成侵犯公民个人信息罪。侵犯公民个人信息罪是《刑法修正案（九）》新设立的罪名，经过这一修正案的修改，原"出售、非法提供公民个人信息罪"和"非法获取公民个人信息罪"已被整合为"侵犯公民个人信息罪"。《刑法》第253条之一第1款规定："违反国家有关规定，向他人出售或者

---

[1] 任海涛："'校园欺凌'的概念界定及其法律责任"，载《华东师范大学学报（教育科学版）》2017年第2期。

提供公民个人信息,情节严重的,处三年以下有期徒刑或者拘役,并处或者单处罚金;情节特别严重的,处三年以上七年以下有期徒刑,并处罚金。"实践中,校园网络欺凌者的欺凌行为难免会公开被欺凌学生的个人信息,毕竟在不公开被欺凌者的个人信息的情况下,欺凌人很难达到其预期目的。《刑法》的上述规定为规制部分公开被欺凌学生个人信息的行为提供了法律依据。

当然,刑事责任领域也仍然存在刑事责任年龄的限制问题。对于那些不满16周岁的欺凌者,他们显然不需要承担上述刑事责任。

(二) 管理主体的责任

"当下,我国中小学校园欺凌的预防工作主要依靠学校和教师",[1]因此,学校及教师对校园网络欺凌的发生负有不可推卸的责任;与此同时,网络服务商作为网络平台的提供者,他们更身负遏制校园网络欺凌的天然职责。

1. 教师承担的责任

面对校园网络欺凌,如果教师故意隐瞒这一事件则可能引发针对教师的行政责任。《教师法》第8条第(五)项规定教师必须"制止有害于学生的行为或者其他侵犯学生合法权益的行为,批评和抵制有害于学生健康成长的现象。"面对校园网络欺凌,教师自然应当在第一时间介入事件并采取一切措施减少事件的影响范围,进而同学校及其他机关合作寻求解决方法。实践中部分教师在得知网络欺凌行为后没有及时介入并上报,"有一些教师甚至校长认为'欺凌'只是学生开玩笑而加以忽视、

---

[1] 孔令帅、陈铭霞:"构建中小学校园欺凌综合治理机制——来自英国的启示",载《教育发展研究》2017年第20期。

包庇",[1]诸如此类的行为显然属于《教师法》第37条第1款第（一）项规定的"故意不完成教育教学任务给教育教学工作造成损失的"情形，对此应当"由所在学校、其他教育机构或者教育行政部门给予行政处分或者解聘"。

2. 学校承担的责任

作为学生接受教育的机构，很多情况下，学校对于校园网络欺凌行为的发生难辞其咎。《侵权责任法》第38条规定："无民事行为能力人在幼儿园、学校或者其他教育机构学习、生活期间受到人身损害的，幼儿园、学校或者其他教育机构应当承担责任，但能够证明尽到教育、管理职责的，不承担责任。"第39条规定："限制民事行为能力人在学校或者其他教育机构学习、生活期间受到人身损害，学校或者其他教育机构未尽到教育、管理职责的，应当承担责任。"上述条款便为追究学校的责任提供了法律依据。

可以看到，该法第38条采取的是过错推定原则，即由学校承担举证义务。因此，但凡是无民事行为能力人即8周岁以下的学生受到网络欺凌的，学校应当承担责任，除非学校能够举证证明自身已尽到了管理职责。而第39条则采取的是过错责任原则，即当限制民事行为能力人遭受网络欺凌后，学校并不承担主动证明自身无过错的义务。这是因为限制民事行为能力人已经较为成熟，他们对事物已经具备一定的认知与判断能力，因此他们理应更加广泛地参与到各类活动中；倘若第39条采取了过错推定原则，赋予学校以更重的举证义务，则学校势必会为防患未然而进一步约束限制民事行为能力人的活动，这显然并不利于此类学生的发展。

---

[1] 储朝晖："校园欺凌的中国问题与求解"，载《中国教育学刊》2017年第12期。

同时，在判断学校是否应当承担责任的具体标准上，笔者认为应当从时间、地点以及过错因素三个方面来进行综合判断。首先，时间标准应为教学时间，如果学生在教学时间进行网络欺凌，即学生在教学时间发布了相关信息，那么此时学校就具备了承担责任的可能；其次，地点标准是指行为实施地或结果发生地之一是校内；最后，学校是否存在过错应当由法官进行综合判断，但判断的重点可以放置于学校在管理上是否存在重大漏洞，如学校的计算机是否被学生用来发布有关信息，学校在得知网络欺凌行为发生后是否主动采取了制止措施，等等。

3. 网络服务提供商承担的责任

校园网络欺凌的鲜明特质是这一欺凌行为"以网络为载体，在网络上广泛传播"，[1]正是由于这个原因，网络服务提供商对于校园网络欺凌的发生也负有不可推卸的责任。《侵权责任法》第36条规定了网络服务提供商承担的两类连带责任——该法第36条第2款规定："网络用户利用网络服务实施侵权行为的，被侵权人有权通知网络服务提供者采取删除、屏蔽、断开链接等必要措施。网络服务提供者接到通知后未及时采取必要措施的，对损害的扩大部分与该网络用户承担连带责任。"第3款规定："网络服务提供者知道网络用户利用其网络服务侵害他人民事权益，未采取必要措施的，与该网络用户承担连带责任。"因此，面对校园网络欺凌，网络服务提供商将有可能对"损害的扩大部分与该网络用户承担连带责任"或直接"与该网络用户承担连带责任"。

同时，网络服务提供商在个别情况下还会承担刑事责任。《刑法修正案（九）》第28条规定，在《刑法》第268条后增

---

[1] 冯建军："网络欺凌及其预防教育"，载《教育发展研究》2018年第12期。

加一条，作为第 286 条之一。该条第 1 款规定："网络服务提供者不履行法律、行政法规规定的信息网络安全管理义务，经监管部门责令采取改正措施而拒不改正，有下列情形之一的，处三年以下有期徒刑、拘役或者管制，并处或者单处罚金：（一）致使违法信息大量传播的；（二）致使用户信息泄露，造成严重后果的；（三）致使刑事案件证据灭失，情节严重的；（四）有其他严重情节的。"这就是拒不履行信息网络安全管理义务罪。因此，"当网络服务供应商明知存在一个明确的侮辱发布内容，但没有将其从网上删除，就可考虑成立不作为犯罪。"[1]

《刑法》的上述修改为约束网络服务提供商提供了更为严格的法律依据。从学理上讲，网络服务提供商如果在发现网络欺凌行为后不采取措施主动删除相关内容并造成严重后果，则这一行为属于典型的不作为犯罪。有论者指出："要对不作为的贡献追责，首先必须认定该人处于保障人地位（存在作为义务）。"[2]而网络服务提供商显然具备这一保障人的地位。从形式上讲，"拒不履行信息网络安全管理义务罪作为真正不作为犯罪，根据刑法的规定，法律、行政法规是网络服务提供者的形式作为义务来源。"[3]《未成年人网络保护条例（草案征求意见稿）》第 7 条第 2 款亦规定："网络信息服务提供者提供网络平台服务的，应当对其所登载的信息进行审查；发现违反法律、行政法规和部门规章的信息的，应当采取措施进行过滤、删除或屏蔽，并向有关主管部门报告。"而从实质上讲，"在自己管辖的支配领

---

[1] [德] 埃里克·希尔根多夫：《德国刑法学：从传统到现代》，江溯等译，北京大学出版社 2015 年版，第 454 页。

[2] [日] 松原芳博：《刑法总论重要问题》，王昭武译，中国政法大学出版社 2014 年版，第 363 页。

[3] 刘艳红："网络时代言论自由的刑法边界"，载《中国社会科学》2016 年第 10 期。

域内占有或持有一定危险源的人具有采取不至于使他人从该危险源之受到法益侵害的安全措施或进行监视的保证人地位"。[1] 作为这里所谓的"危险源"的提供者,网络服务提供商天然地具备对其进行管理的义务,这是其肩负作为义务的实质依据。

当然,需要指出的是,网络平台是一个公开的、庞大的、复杂的平台,每分钟内都会有数以万计的信息在这个平台上产生、传播或消灭。因此,要求网络服务提供商逐一对网络行为进行事前审查是不切实际的,这种审查只能是事后的,也因此它必然是具备滞后性的。"避风港规则"就在这种情况下为维护网络服务提供商的利益提供了判断标准,"结合国内外的相关立法,可以得知,避风港规则的法律性质应为免责条款,即网络服务商的行为即使构成了侵权,其仍可以在特定条件下免责"。[2] 而这里的"特定条件"正是网络服务提供商不知相关侵犯行为发生,或者在已经知情的情况下采取了必要的法定补救措施。

四、校园网络欺凌的治理途径

校园网络欺凌并非一朝一夕形成,这种社会现象由多重因素导致,该问题的解决也不能一蹴而就。解决校园网络欺凌需要从立法机关、政府、学校、家庭等多元主体入手,需要深入研究传统校园欺凌在互联网背景下的特点,结合我国基础教育的现状和教育目标,为预防校园互联网欺凌提供具有针对性和目的性的指导。

(一) 立法规制

教育的改革与发展是关系社会主义现代化全局建设的一件

---

[1] [韩] 金日秀、徐辅鹤:《韩国刑法总论》,郑军男译,武汉大学出版社2008年版,第481页。

[2] 安辉:"浅析我国网络服务商的避风港规则",载《北京邮电大学学报(社会科学版)》2010年第2期。

大事，我国现行的法律法规体系在校园网络欺凌的预防、惩戒及治理等方面仍存在空白，例如作为上位法的《教育法》仅规定，受教育者需遵守法律、法规，遵守学生行为规范，尊敬师长，养成良好的思想品德和行为习惯等，并无涉及欺凌行为的规制。在与之配套的《义务教育法》或者《中小学生守则》等法律规范中也少有涉及。由此可见我国在整个立法体系上规定得较为笼统，没有具体针对校园网络欺凌的规定，更没有具体可落实的处罚措施。

受我国传统的教育观念的影响，无论是从政府角度还是从民间角度，都对校园网络欺凌的认识不够全面，大多数的校园网络欺凌会被当成开玩笑、学生间的普通打闹等行为。在具体运用法律进行规制时，校园网络欺凌者所需要承担的责任也多以民事、行政责任为主，因而刑法在这个过程中难以真正发挥作用。日本在此领域的经验值得我们借鉴，日本针对青少年违法犯罪单独制定了一套比较完整的刑事立法以及追诉机制，这就能使校园网络欺凌等一系列的问题受到刑法规制。[1]

通过更高位的立法手段，肯定校园网络受欺凌者的自力救济，在《未成年人网络保护条例（草案征求意见稿）》第18条中就肯定了这种救济手段，"未成年人或其监护人要求网络信息服务提供者删除、屏蔽网络空间中与其有关的未成年人个人信息的，网络信息服务提供者应当采取必要措施予以删除、屏蔽。"具体而言，我们需要加强和完善针对校园网络欺凌的专项法律法规体系，从而形成一个全方位立体的法律保护体系。

除了国家层面的立法，还应当根据上位法积极引导学校制定校园规章。学校与学生之间存在教育法律关系，"学校与学生

---

［1］ 参见任海涛、闻志强："日本中小学校园欺凌治理经验镜鉴"，载《复旦教育论坛》2016年第6期。

之间是依据教育法而形成的教育法律关系，因此学校行使学生对教育、管理和保护义务的行为属于公法规定的行为，类似于行政行为",[1]因此学校应当尽到教育法中的责任，否则将承担相应的法律责任。

学校发现校园欺凌问题后要高度重视，根据校园规章及相关规定进行处理。《未成年人网络保护条例（草案征求意见稿）》中规定，"针对校园网络欺凌行为，如违反治安管理法，则由公安机关依法处理；如构成犯罪的，则依法追究刑事责任"。当受害者遭遇校园网络欺凌时，固然可以请求行政或司法机关救济，"但是刑法惩治青少年网络欺凌行为往往具有事后性、迟滞性，很难做到及时发现、预防",[2]并且基于司法资源的有限性，注定不是所有的网络欺凌均能诉诸司法程序，因此在学校形成完整的预防和保护规章机制，通过校园事前保护以及事后惩戒机制来防治网络欺凌才具有实际的意义。

（二）政府参与

《未成年人网络保护条例（草案征求意见稿）》中规定，未成年人遭受前款网络欺凌侵害的，必要时向公安机关或其他有关部门举报，接到举报的单位应及时受理。政府的公安机关等行政部门在被欺凌人寻求帮助时，有义务给与救济，并且可以借鉴其他国家和地区的共治经验，例如学习我国台湾地区开展邀请"网络警察"进学校的活动，可以组织中小学与公安部门定期举办活动，由网警与学校师生讨论如何正确使用网络，以及如何识别和举报网络中的欺凌言论及相关内容。

---

[1] 宋雁慧："网络欺凌与学校责任"，载《中国青年社会科学》2015年第4期。

[2] 刘宪权、林雨佳："青少年网络欺凌现象的刑法规制"，载《青少年犯罪问题》2017年第4期。

公安部门可以考虑建立针对各种校园欺凌问题的办公室,线上线下联动,提高应对校园欺凌问题的能力。当发生校园网络欺凌问题时,既可以向公安机关校园问题办公室报警,也可以在网上公安平台举报。例如澳大利亚在2015年建立的儿童网络安全专员办公室,提供网络安全方面的最新资讯以及全面的投诉系统。[1]以日本为例,日本各级警察部门都有举报电话,警局职员监控网站、论坛上的信息,一旦发现违法或有害信息能及时处理。

校园网络欺凌现象近年来引起了社会各界的关注,并且社会各界都在为预防和治理该问题采取一切积极对策,但当前各部门缺乏一个主导部门来制定统一的行动方案。政府还可以建立专门的网络安全网站,例如美国的制止欺凌网站(www.stopbullying.gov),[2]通过向社会各界介绍当前反欺凌发展现状、提供在线咨询等方式鼓励各方主体预防和抵制校园网络欺凌,并且可以加强国际合作,与国际反对校园欺凌的组织进行合作与交流。

(三)学校治理

结合我国具体国情,我国中小学生一天大部分时间在学校度过,学校责任重大。"小学、初中阶段的学生年龄较小、思想单纯、社会阅历不够,并且有些网络欺凌具有很强的隐蔽性",[3]与高年级学生会有意识地将更多精力放在学业目标中不同,"中

---

〔1〕 参见肖婉、张舒予:"澳大利亚反网络欺凌政府监管机制及启示",载《中国青年研究》2015年第11期。

〔2〕 参见宋庆清:"美国重建'制止欺凌'网站",载《世界教育信息》2012年第6期。

〔3〕 师艳容:"日本中小学网络欺凌问题分析",载《青少年犯罪问题》2010年第2期。

小学生很少有独立的判断能力和自我保护能力",[1]显然在义务教育阶段发生网络校园欺凌的危害高于高中阶段,其对中小学生造成的心理伤害也是巨大的,因此学校层面对校园网络欺凌的治理具有重要作用。

首先,学校及老师应当对校园网络欺凌及时进行识别与发现,在学校层面建立完整的识别与举报机制。一方面,由校方主动发现校园内潜在的网络欺凌现象,例如采取校长信箱、匿名调查问卷的形式,对潜在的校园网络欺凌进行初步排查,对老师、学生反映的问题及时调查;另一方面,学校对学生的社交账号采取备案等措施,一旦发现校园网络欺凌线索就对备案账号进行调查。同时可以借鉴国外经验,例如,美国的某些州规定,"允许校方直接登录学生的社交账号进行调查,别州采取了更为激进的措施,通过立法方式扩大校方对学生社交账号的调查范围。"[2]

其次,针对如何避免和预防校园网络欺凌,学校与老师加强对学生的法治教育,一方面要增强自我保护能力,遇到校园网络欺凌及时向学校或老师报告,而非以沉默或其他方式应对;另一方面,组织学生学习网络礼仪,引领学生文明健康上网。

最后,以学校为主导组建校园网络欺凌预防及疏导组织,学校及教师以及社会力量参与对被欺凌者的心理疏导,以日本为例,"有临床心理师资格证者、社会福祉士资格证者、律师、医师、地方上的保护司、儿童委员会委员、民生委员能够参与

---

[1] 参见祝玉红、陈群、周华珍:"国外网络欺凌研究的回顾与最新进展",载《中国青年研究》2014年第11期。

[2] Nisha Chandran, "Crossing The Line: When Cyberbullying Prevention Operates As A Prior Restraint On Student Speech", *Journal of Law, Technology & Policy*, 2 (2016), 277.

到预防与疏导组织中来"。[1]校园网络欺凌由多重因素导致，为此需要社会各方参与，以使校园网络欺凌带来的创伤降到最低，尽快使受害人恢复正常的学习和生活。针对被追究责任者，也应当进行及时的教育和矫正，处罚及惩戒不是目的，而是手段，通过给与欺凌者一定的惩处，使其进行反思与改正，使其回归正轨，因此不应仅仅以处罚了事。

（四）家庭层面

家庭与家长能够给与子女最大的呵护，不过有些家长存在一些错误的思想，认为只要把子女交给学校，自己就什么都不用管，因而没有履行到亲权关系中抚养与教育未成年子女的义务。在家庭层面，家长应当与子女经常进行沟通与交流，关心子女在学校中发生的事情，时刻了解子女动态，关注子女心理变化，对子女经常使用的社交软件以及社交信息的内容进行关注，同时进行正面引导，指导子女正确使用互联网工具，不对他人进行校园网络欺凌，同时保护自己不受校园网络欺凌，遇到不友善的网络言论及时向父母求助。

除了家庭应当给与子女的关爱以外，家庭更加应当强化监护责任。当家长不能尽责履行监护职能时，追究其行政责任。校园网络欺凌的发生，与欺凌者的家庭环境有莫大的关联，在以往对于校园网络欺凌的处理中，学校校长、教务主任或老师等会受到行政处分，例如记过、撤职等处分。但鲜有对欺凌者监护人的行政处分，一般以赔偿损失、赔礼道歉等民事处罚为主，责令其严加看管子女草草了事。为此，笔者主张强化在校园网络欺凌中监护者的责任，在符合条件的情况下，对未尽监护责

---

[1] [日]池谷合子："学校におけるいじめと法"，载《现代社会研究》2014年第12号。

任的监护人按照行政法律法规进行处罚,以强化其责任意识。[1]

(五) 网络服务提供商责任

校园网络欺凌的传播与互联网应用的发展有密切联系,以往的校园欺凌会通过互联网进行大范围传播,对于本身就遭受校园欺凌的受害者而言又造成了二次伤害。例如,2016年湖南女生在不到100秒的视频中被掌掴32次,2016年无锡女生遭羞辱、打耳光、扯头发、被围观哄笑三分钟,视频在朋友圈等社交平台大范围传播。[2]这样的新闻近些年来频频出镜,与互联网提供者具有密切关系,结合各国立法经验,明确互联网提供者的责任是各国反校园网络欺凌的重要措施之一。[3]当前互联网信息呈爆炸式增长,对于互联网中涉及校园欺凌的内容进行的事先审查难以实现,有学者认为"在网络欺凌案件中网络服务提供商应承担'诚信善良之人'的注意义务",[4]因此也不宜施加过重的义务,可以采取关键词屏蔽的方式进行监管,在校园网范围内,或者是中小学生经常使用的平台,对涉及校园欺凌的关键词及内容进行屏蔽。例如,美国的"网络内容分级平台"(ICRA)对论坛中的不良内容进行自动筛选及屏蔽。[5]

近年来,社会频发校园网络欺凌事件,给社会稳定以及教育事业发展带来了不小的挑战,值得欣喜的是,越来越多的专

---

[1] 参见任海涛:"'校园欺凌'的概念界定及其法律责任",载《华东师范大学学报(教育科学版)》2017年第2期。

[2] 参见"中学校园欺凌事件相关案例",载山西人事人才网,http://www.shanxiol.com/edu/2016-10/13186221.html. 最后访问时间:2018年12月16日。

[3] 参见张乐:"青少年网络欺凌研究综述",载《中国青年研究》2010年第12期。

[4] 李静:"未成年人网络欺凌的法律规制——以美国为研究视角",载《暨南学报(哲学社会科学版)》2010年第3期。

[5] 参见吴亮:"学生网络欺凌的法律规制:美国经验",载《比较教育研究》2018年第10期。

家学者关注到了校园网络欺凌的领域，但我国在该领域的治理仍是任重道远。笔者认为，根据我国的复杂国情以及结合国外经验，只有政府、学校、老师、家庭以及网络服务提供商等多领域力量共同发挥作用，建立长期有效的预防保护与惩戒机制，才能对校园网络欺凌进行有效的治理。

第二章

社会参与：社会组织介入校园欺凌治理路径

任海涛　刘旭东[1]

当下，无论是国务院针对校园欺凌而发布的系列文件，还是现有的相关法律、法规，都未有细致规定社会组织介入校园欺凌治理工作的具体路径。实际上，将社会组织引入校园欺凌的治理进程中具备着充分的合理性与可行性。这一方面是因为校园欺凌内含深刻的社会成因，另一方面更是因为社会组织是现代法治国家中社会力量的首要载体，由它们来处理校园欺凌必然更具效益。我国社会组织在未来可以通过展开多元的宣传活动、加强对校外领域及学校工作的监管、提供法律和心理援助、进行教育矫正以及依托网络社群应对网络欺凌等方式，形成应对校园欺凌的社会之维。

近年来，我国针对校园欺凌问题出台了诸多文件，较为细致地规定了政府及学校在应对这一问题上的具体路径。然而，作为一种普遍的社会性问题，校园欺凌内含着多维的发生机制，诸如家庭、法律、教育以及社会等因素都有可能催发校园欺凌的产生。因此，校园欺凌多元化的孕育机理决定了"单纯靠政府和

---

[1] 本章选题及思路由本人拟定，南京财经大学法学院讲师刘旭东博士为本章撰写搜集了大量资料，并且承担部分初稿撰写工作，故我们二人共同署名。本章研究议题乃本课题研究计划重要组成部分，应当放在结项成果之中。但是又不宜放在正文（上篇）之中，故置于附录之中，以示与正文区别，也表示对合作者贡献之尊重与感谢。

学校，或者靠制定几部法律法规，都不可能完全解决问题"[1]。但当下我国针对校园欺凌的防治工作则主要依赖于政府、学校及家庭，而恰恰忽视了社会组织在应对校园欺凌方面的智识与功能。实际上，作为社会这一广阔的非官方公域的首要载体，社会组织无疑能够为防治校园欺凌提供多方位的预防、应对及善后处理的制度性机制。在当今全面依法治国的时代背景下，隶属于全面依法治国理论范畴的"法治社会"命题也同样在呼唤着充分发挥社会组织在社会运行过程中的功能。总之，校园欺凌具备的社会基础，加上社会组织之于法治社会的实践优势，它们都昭示着下一阶段我们应在治理校园欺凌的工作中及时引入社会组织，为这一治理工作注入源源不断的社会力量。

一、当前反欺凌政策中缺乏社会组织角色

近三年来，国家已经多次为治理校园欺凌制定政策。2016年4月，国务院教育督导委员会办公室印发了《关于开展校园欺凌专项治理的通知》；同年11月，教育部等九部门联合印发了《关于防治中小学生欺凌和暴力的指导意见》；11月30日，国务院教育督导委员会办公室又印发了《中小学（幼儿园）安全工作专项督导暂行办法》；2017年11月，教育部等十一部门又联合印发了《加强中小学生欺凌综合治理方案》。上述文件是当下各级政府及学校应对校园欺凌所能够依靠的几份较有针对性的规范性文件，但上述文件并未构建出社会组织参与校园欺凌治理的具体路径，甚至，部分文件对社会组织只字未提。

首先，《关于开展校园欺凌专项治理的通知》确立了"学校自查、县级普查、市级复查、省级抽查"的工作步骤，并规定

---

[1] 黄明涛："国外校园欺凌立法治理体系：现状、特点与借鉴——基于七个发达国家的比较分析"，载《宁夏社会科学》2017年第6期。

通过两个阶段来治理校园欺凌：第一阶段重在督促学校展开各类教育、预防、处理工作，第二阶段重在推动县、市、省级教育督导部门的检查工作。其次，《关于防治中小学生欺凌和暴力的指导意见》将工作重点分为"预防欺凌和暴力"、"依法依规处置相关事件"以及"建立全社会的沟通协作机制"三部分，《意见》简要地指出要"动员社会各方面力量做好校园周边地区安全防范工作"，"切实形成防治学生欺凌和暴力的工作合力"，"建立学校、家庭、社区（村）、公安、司法、媒体等各方面沟通协作机制，畅通信息共享渠道"。再次，《中小学（幼儿园）安全工作专项督导暂行办法》则是专门为政府相关职能部门督导学校的各类防范措施而制定的。最后，《加强中小学生欺凌综合治理方案》重在要求"各地要组织协调有关部门、群团组织，建立健全防治学生欺凌工作协调机制，统筹推进学生欺凌治理工作，妥善处理学生欺凌重大事件，正确引导媒体和网络舆情"，这里的有关部门、群团组织包括教育行政部门、综治部门、司法及司法行政机关、民政、人力资源、共青团、妇联、残联和学校等。

可以看到，上述针对校园欺凌的规范性文件或是对社会组织只字未提，或是仅仅一笔带过。所以，社会组织究竟应当从哪些路径出发对校园欺凌进行有针对性的治理，这些文件显然无法提供有效指导。

同样重要的是，目前我国可以用来规制校园欺凌的法律、法规、规章及司法解释也忽视了社会组织的参与功能。这些法律文件主要包括《刑法》《刑事诉讼法》《预防未成年人犯罪法》《治安管理处罚法》《侵权责任法》《未成年人保护法》《教师法》《学生伤害事故处理办法》《最高人民法院关于审理未成年人刑事案件具体应用法律若干问题的解释》《最高人民法院、最高人民检察院关于办理寻衅滋事刑事案件适用法律若干问题的解释》等。其中，有关刑事犯罪或治安管理的法律文件从性质上决定了它们所规范的治理主体必然是国家公权力部门；而《侵权责任法》《未成年人保护法》等私法、社会法尽管具备引入社会组织的条件，但它们对此同样或是未有提及，或是仅仅简略规定——以《未成年人保护法》为例，该法第6条规定："保护未成年人，是国家机关、武装力量、政党、社会团体、企业事业组织、城乡基层群众性自治组织、未成年人的监护人和其他成年公民的共同责任。对侵犯未成年人合法权益的行为，任何组织和个人都有权予以劝阻、制止或者向有关部门提出检举或者控告。国家、社会、学校和家庭应当教育和帮助未成年人维护自己的合法权益，增强自我保护的意识和能力，增强社会责任感。"但是，该法在后文并未就社会组织应如何具体活动进行详细阐述，从而导致这一条有关社会组织的内容仅仅是一种宏观性或原则性的意见，缺乏实现机制，难以落实。这种立法在西方被学者称之为"象征性立法"（Symbolic Legislation），这类立法的内容通常表现为政策性条款，其宗旨是倡导某种精神或态度，而非为相关主体提供具体细致的实践路径。

最后，近年来我国部分省份也出台了相关的地方性法规，如《江苏省预防未成年人犯罪条例》《湖北省预防未成年人犯罪条例》《新疆维吾尔自治区预防未成年人犯罪条例》《山东省预防未成年人犯罪条例》等，这些条例在构建校园欺凌应对机制的过程中，同样将着眼点放置于政府及学校身上，有关社会组织的规定内容则属于上述象征性立法。如《湖北省预防未成年人犯罪条例》第5条第3款规定："企业事业单位、社会组织和个人应当积极参与预防未成年人犯罪工作。"之后该条例便再未有提及社会组织的有关内容。

实际上，由于缺乏法律、地方性法规以及国务院相关文件的明确指引，我国社会组织参与校园欺凌治理工作的状况也确实不甚理想——实践中政府相关部门和学校对社会组织的认知度与认可度较低，社会组织自身亦缺乏高效的组织机制与专业的人才支撑，在预防与应对校园欺凌的进程中，社会组织的参与身影少之又少，甚至仅仅停留于口号宣传上。这一事实无疑令当下我国的校园欺凌应对工作失去了社会维度的支持，进而难以取得较为彻底的预防与治理效果。

二、社会组织介入校园欺凌治理工作的优势分析

校园欺凌的成因具备深刻的社会性，这从逻辑上决定了校园欺凌的治理工作必然离不开社会力量的鼎力协助；与此同时，在现代法治国家，社会组织是国家中社会力量的首要载体及中流砥柱，社会组织的构造及功能决定了它们可以在国家公权力所难以规制的领域进行有效的调节，实现社会事务的自我管理与自我运行。社会组织介入校园欺凌的治理工作，具备鲜明的理论必要性与实践方案的合理性。

（一）校园欺凌的社会成因剖释

校园欺凌得以反复发生的直接原因固然来自于校园内部的不良生态，但是，其本质原因终究还是要从社会的角度予以寻找——当下社会转型时期所出现的种种"失范"现象是造成校园欺凌的根本原因。所谓"失范"，用社会学大师迪尔凯姆的话来讲，就是指当社会规范或社会价值处于一种相互冲突或共同羸弱的状态时，社会主体所可能产生的失序、混乱状态。[1]尤其是在发展中国家，由于这些国家始终致力于通过经济与社会

---

[1] 参见［法］爱米尔·杜尔凯姆：《自杀论》，钟旭辉等译，浙江人民出版社1988年版，第200~236页。

的变革来实现后来居上,因此剧烈的转型必然会带来社会"失范"现象。而在这一过程中,校内学生亦难以独善其身,因为社会转型带来的后果之一就是社会与学校之间的屏障被逐渐消解,社会问题与学校问题发生合流,实际上,校园欺凌也正是社会冲突的一种缩影。

一方面,尽管校园学生看似受到了学校围墙的保护,受社会影响较小,但实际上,社会转型时期因出现的社会变迁或社会压力很容易影响到校内的诸多学生,因为校园的这种围墙显然已无法在当下社会对社会潮流进行抗拒。这种对社会原有结构产生强烈冲击的社会变迁催发了多样性的利益群体,在这种具备着鲜明的层次化的场域中,社会矛盾经常借助于各种场合进行"宣泄",并进而引发群体性的"失范",这种"失范"自然会通过各种渠道渗透到校园学生的行动中。

诚如有学者指出:当今社会激烈的竞争给他们带来的压力,让其极易产生心理疾病。同时,市场经济的冲击,让一些青少年出现一定程度的信仰危机。一部分青少年因为没有信仰,没有敬畏,灵魂没了寄托之处,因此道德滑坡,诚信缺失,为校园欺凌提供了滋生的土壤。[1]校园欺凌本身实际上正是群体性"失范"在学生个体行为中的投射或缩影,这是社会发展进程中所无法避免的现象。

另一方面,社会的转型在重建现代文明社会秩序的同时也解构了社会中原有基本单位的功能或面貌,随之带来的则是原先社会关系纽带及其承载的社会功能的逐步弱化甚至消失,其中,家庭与单位的面貌或功能的转变就直接影响了校内学生的行为模式。家庭与单位构成了我们生活中实现社会有序发展的

---

[1] 李纯青、解孟林主编:《校园欺凌的应对与预防》,世界知识出版社2017年版,第90页。

基础关系网络，但"社会转型却在某种意义上解构了这一社会关联，把处于家庭中的人和处于单位中的人推向了社会，成为社会人。然而新的社会关联并没有形成，原有的社会控制又在不断弱化，甚至消失……使得社会越轨和犯罪问题更显得突出和严重"[1]。对家庭而言，社会的转型带来了两种极端式家庭，一是忽视学生爱好发展及心理健康而一味高强度关注学习的家庭，一是因繁忙的工作而对学生完全放任不管的家庭，这两种极端或是给学生带来了巨大的心理负担并令其寻求其他方式予以发泄（如欺凌他人），或是让他们缺乏必要的约束而逐渐放任自己的侵犯性行为。对学校而言，社会的转型也逐渐让学校的教育模式发生了从价值伦理到职业伦理的质的改变，师生间的关系结构也产生了根本变化，相比于成绩，学生的人品与精神面貌不再是教师关注的重点，这种结构性变化带来了师生间的潜在矛盾，催发了部分学生挑战主流价值观的欲望与冲动，甚至开始将上述矛盾转移到周围的同学身上，通过欺凌来寻求压力或不满的释放。

因之，从社会学的视角来看，个体总是"嵌套于相互影响的一系列环境系统之中，在这些系统中，系统与个体相互作用并影响着个体发展。微观系统、中间系统、外层系统和宏观系统都影响着校园欺凌事件的形成"。[2]校园欺凌的社会成因从逻辑上决定了治理这一问题的主体必然不能缺乏社会维度，易言之，在治理校园欺凌的众多主体中，必须有一部分主体隶属于社会系统，而规范意义上的社会系统实际上指涉的是社会中广阔的非官方公域。是故，政府的官方性质与家庭、学校偏"私"

---

[1] 姚建龙主编：《校园暴力控制研究》，复旦大学出版社2010年版，第20~21页。

[2] 参见孙时进、施泽艺："校园欺凌的心理因素和治理方法：心理学的视角"，载《华东师范大学学报（教育科学版）》2017年第2期。

的属性都决定了它们无法给予校园欺凌治理工作以足够的社会维度之支持,这一工作必然需要由社会组织予以完成。

(二) 社会组织实践优势的理论阐述

上文已述,治理校园欺凌需要注入社会力量,而依托社会力量的治理模式实际上正契合于近年来中央提出的"法治社会"命题的实践指向。所谓"法治社会",就是指社会大众在国家公权力难以规制的社会领域依托"法律和章程等组织规则的自治"[1],社会自治是现代法治的鲜明实践表征与基本构造。

在国家依法治理的进程中引入社会维度或力量具备深厚的理论及实践合理性,因为"法治所涉及的既不只是社会的上层,也不是社会中的少数人。法治是一项宏大的事业,它影响到无以计数的普通人的生活"[2],因此,单纯依靠国家公权力"单打独斗"式的治理模式将无法对社会事务进行面面俱到的规制,社会力量必须融入这一治理进程中。一方面,正如马克思(Karl Heinrich Marx)所言,"社会不是以法律为基础的。那是法学家们的幻想。相反地,法律应该以社会为基础"[3]。这就表明了社会才是法治真正的母体,作为一种社会秩序,法治最终是以满足社会需要为价值使命的,法治化的社会治理手段必然无法与社会进行脱离。另一方面,国家公权力无论是在力量还是在智识上都是有限的。公权力需要对社会的矛盾进行统筹管理,但社会主体与社会利益的多样化导致了公权力自身很难对此进行全面掌控,尤其是通过现代代议制立法而产生的法律必然无

---

[1] 陈金钊、宋保振:"法治国家、法治政府与法治社会的意义阐释——以法治为修辞改变思维方式",载《社会科学研究》2015年第5期。

[2] 梁治平:《法治在中国:制度、话语与实践》,中国政法大学出版社2002年版,第88页。

[3] 中共中央马克思恩格斯列宁斯大林著作编译局编译:《马克思恩格斯全集第六卷》,人民出版社1961年版,第291~292页。

法做到面面俱到，易言之，代议制立法并没有能力全面且精准地涵盖社会上纷繁复杂的利益诉求，此时社会则为这些诉求提供了制度化的整合与表达渠道，这是国家公权力依靠自身所难以完成的任务。

总之，国家治理进程中的社会维度内含天然的实践优势——相比较于政府，社会大众对社会中的任何变动都有着更为切身的感受，他们对社会问题的把握往往也更为精准，因此他们必然具备解决社会问题的效益优势；更重要的是，社会的自治也必然促使社会成员以更加积极有为的姿态监督社会问题的走向，在社会问题尚不成气候的时机进行及时化解，防患于未然。所以，社会维度的这种功能优势是治理校园欺凌的关键一环。

而社会组织则正是"法治社会"或上述社会维度中最为重要的载体或表现形式，换言之，国家治理进程中社会维度的主要实践方式就是激发社会潜力、发展社会组织以及壮大社会事业。实际上，英文"society"一词既表示"社会"，同时也有"社团"与"社群"的意思。社会组织的基本特征包括：①自治性。社会组织相对独立于其他机构部门，实行自我管理、自我运作；②非营利性。社会组织的目的在于增进社会或群体的公益，其并不以追求自身利益最大化为目标；③自愿性。与政府组织不同，社会组织的成立完全由公民通过自愿集合予以完成，自发特质明显；④合法性与公开性。社会组织当然要在法律规定的范围内予以成立和运行，并接受法定主体的监督；⑤多元性和代表性。多元性意味着社会组织在其宗旨及作用上绝不是整齐划一的，而是各有千秋，功能各异。代表性则指社会组织总是代表着特定群体的共同意志。[1]

---

〔1〕参见庞正：《法治的社会之维——社会组织的法治功能研究》，法律出版社2015年版，第101~104页。

社会组织的上述特征为它们带来的组织化、秩序化的结构特质与公益性、互益性的功能指向决定了它们得以有效地吸纳并整合社会利益诉求,建构制度化的解决机制,化解碎片化、原子化的个体所无法攻克的社会问题。申言之,在社会力量成熟稳定的社会,有两种类型的社会组织将会在社会治理的进程中发挥中流砥柱的作用——一方面,以当下我国的基层群众自治组织为代表的社会组织具有对社会进行整合化、秩序化的功能,它们是"私"领域的市场与"公"领域的国家之间的媒介或中介,自下而上地维系着社会的基本秩序;另一方面,那些完全由民众自发形成的互益性或公益性社会组织则有效协调着社会私人主体的利益,并整合局部性的团体权益,自上而下地在不需要公权力事必躬亲的基础上实现着社会的自我运行。由此可知,社会组织的介入能够为校园欺凌的治理工作提供强大的社会力量的援助,毕竟"任何法治建设的规划也不可能穷尽关于一个社会中法律活动的全部信息或知识,无法有效的对社会中变动不居的现象作出有效的反应",[1]上文提及的有关文件尽管从公权力的维度构建了治理校园欺凌的框架,但它们终究无法对校园欺凌的社会面向进行精准规制;此时社会组织则因其"处江湖之远"的社会属性得以及时把握校园欺凌的动态,有针对性地从多维的角度为这一问题的预防与治理提供策略。

(三) 社会组织介入治理的政治哲学底蕴

由政府为自身及学校设定防治校园欺凌的工作步骤与由社会组织介入这一问题的治理进程中,二者分别代表着一对相互对应的实践范式。前者被英国著名政治哲学家哈耶克(Friedrich

---

[1] 苏力:"变法,法治建设及其本土资源",载《中外法学》1995年第5期。

August von Hayek）称之为"建构论理性主义"（Constructivist Rationalism），后者则被称之为"进化论理性主义"（Evolutionary Rationalism）。校园欺凌的治理工作必然离不开两种实践范式的共同作用。

一方面，建构论理性主义充分认可人类的知识与理性，认为人类通过自身的聪明才智与制度实践就可以打造出一个顺应历史规律的完美社会。这一理论的代表性人物笛卡尔等人就认为，"人生来就具有智识和道德的禀赋，这使人能够根据审慎思考而形构文明"。[1] 申言之，既然包括语言、法律等制度都是依赖于人类的理性与智识所创造的，那么，人类当然也有足够的能力通过对理性的运用来重构某些制度、解决某些难题。在法治建设的进程中，这一理论使人们过于自信地相信自己的立法技术，认为人类的立法能够对万事万物作出有效之反应。建构论理性主义主导下的校园欺凌治理工作将重点放置于政府对防治工作的谋划方面，注重通过制定一套尽可能完备的体系来克服这一现象。但诚如上文所述，完全依赖于政府建构的校园欺凌治理措施难以为这一问题提供全面的规制渠道，因为国家公权力自身的智识与能力亦是有限的。

另一方面，社会组织参与校园欺凌治理工作背后所隐含的进化论理性主义则认为，人类的理性是有限的，包括语言、道德、法律在内的各类实在制度都并不是人类智慧所预先设计的产物，而是人类通过点滴积累的方式进化而来的。[2] 这从根本上决定了人类既不能垄断真理，也无法依靠其知识构建出一个

---

[1] [英] 弗里德利希·冯·哈耶克:《自由秩序原理》，邓正来译，生活·读书·新知三联书店1997年版，第68页。

[2] 参见李亮:"法律体系到法治体系：从'建构理性主义'到'进化理性主义'——以中共十五大到十八届四中全会政治报告为分析基点"，载《甘肃政法学院学报》2014年第6期。

得以适用于变化无穷的社会的完美制度,任何制度的形成都不是人类刻意建构的结果,而是人类在点滴的历史实验进程中所存留下来的成功实践。

进化论理性主义对人类的理性有过分贬低之嫌,因为任何制度的建构色彩都是显而易见的。但重要的是,进化论理性主义为我们提供了一种区别于建构论理性主义的思路,即人类在解决社会问题的过程中,不仅仅要依赖于自身的能动性与建构智识,同时还需要注重社会中"自发"的力量源泉,并依托这些社会自发形成的机制来为人类之建构所无法进行具体调整的领域提供秩序保障。由社会大众自发形成的社会组织无疑能够在政府以及家庭、学校力所不逮的范围内为校园欺凌的治理提供源源不断的社会维度的支持,让针对校园欺凌的预防、应对以及善后工作在全社会领域坚实扎根,蓬勃发展,这是单纯依靠政府以及家庭、学校所无法获得的效果。

三、社会组织应对校园欺凌多维路径之建构

社会组织应对校园欺凌的合理性与必要性昭示着我国下一步应充分培育发展社会组织,并将其引入到校园欺凌的防治工作中,形成应对这一问题的"协同治理"机制。所谓协同治理,就是指"通过多元主体在共同处理复杂社会事务过程中的相互协调,消除彼此间存在的隔阂与冲突,实现共同行动,以最低的成本实现公共价值和长远利益"。[1]因此,唯有社会组织的介入方能打通构建协同治理的最后一道关卡,进而以更为高效的方式形成对校园欺凌的事前预防、事中介入与事后修复。

---

〔1〕 参见高晓霞:"日本校园欺凌的社会问题化:成因、治理及其启示",载《南京师大学报(社会科学版)》2017年第4期。

(一) 开展形式多元的宣传活动

正如上文反复强调的那样,尽管校园欺凌大都发生于校园内,但校园欺凌的根源仍然在社会中,因此由社会组织在社会的层面开展各类反校园欺凌的宣传活动就显得尤为必要了,甚至,这类宣传活动会因社会组织的广泛性与多元性而比校内宣传更有效果。

实践中,英国通过社会组织开展反校园欺凌的宣传活动便卓有成效。英国反欺凌联盟是英国社会组织中应对校园欺凌最具代表性的民间组织,该联盟通过设立反欺凌周(每年11月开展反欺凌周的活动)来集中时间开展各类预防、应对校园欺凌的活动,尤其是该联盟组织的全英反欺凌巡回演出活动更会利用这一周的时间出入各类大中小学(英国国土面积不大,这是巡回演出在短期内得以进出各类校园的前提),通过播放电影、开展讲座、表演话剧等方式形象生动地让学生们了解校园欺凌的严重危害性。同时,该联盟中的重要成员——英国行动组织在宣传方式上则更为多元,该组织自费制作并发放资源包(内含宣传单、反欺凌纸牌游戏与DVD以及反欺凌组织的联系方式等)、建立青年俱乐部培养学生的健康生活习惯并积极联系各类学校加强对校园欺凌的综合监管,通过青年学生乐于接受的方式解决欺凌问题。[1]

由于我国的社会组织发展起步晚,英国的上述措施就为我们提供了宝贵的经验。借鉴英国社会组织的做法,我国针对校园欺凌的社会组织可以广泛吸纳具备法律、心理以及社会学知识或经验的人才,组建以反校园欺凌为核心的普法队伍,并在社区以及校内积极向学生们予以宣传;更重要的是,宣传工作

---

[1] 参见屈书杰、贾贝贝:"英国校园欺凌综合治理体系及其对中国的启示",载《河北大学学报(哲学社会科学版)》2018年第1期。

并不应仅仅局限于发放传单这一单一的形式,诸如上述英国播放电影、开讲座、演话剧的方式都应当为我国所用,以学生们喜闻乐见的形式传递正确的人生观与价值观。

(二) 加强对校外领域的监管

社会发展的日新月异不仅为人们带来了更为丰富多彩的精神、物质生活,也使得学校周边的社会环境更加复杂,社会愈加成为一个陌生人社会。陌生人社会的发展为部分学生在校外欺凌同学提供了机会,而校外恰恰是学校难以监管的领域。通过近年来被上传到网上的校园欺凌视频可以看出,很多恶性的校园欺凌事件都发生在校园外的偏僻角落,这些角落由于根本不会有老师的巡视从而成为校园欺凌的高发场所,很多欺凌者往往都会伺机于放学后在学校周边"解决问题"。同时,单纯依靠校园保安以及公安部门的人员也难以对这些领域进行较为有效的监控,这一方面是由于公安机关并不具备派出大量人员对这一问题进行管控的条件,另一方面也是由于现阶段情况下学校的保安数量不足以使学校具备对校外领域进行掌控的能力。此时,社会组织的加入可以有效弥补政府及学校在这一方面的不足,进而建立起学校周边的安全防范运行体系。

在具体的实践路径上,社会组织在校外领域进行监管的工作主要分为两个面向:其一,进行信息的搜集与发布。对校外的欺凌行为及时发现并通报有关部门是社会组织参与校园欺凌治理工作最为重要也是最具优势的地方,社会组织的广泛性使得它们具备充分的条件以加强对校园周边领域的监控力度,从而及时发现校园欺凌现象,尤其是那些暴力肢体欺凌事件,进而将信息公布给家长、学校甚至媒体;其二,进行应急性的安全保卫工作。面对恶性的欺凌行为,社会组织应及时地制止并与相关部门取得联系,寻求必要的帮助。总之,社会组织的参与将会打破现有的对抗式与僵硬的监管机制,并逐渐形成开放式的校外领域规制网络,最大可能地从源头上制止欺凌行为。

(三) 监督学校的处理工作

现实中,有些学校在校园欺凌发生后并没有立刻采取调查或其他措施,而是在第一时间封锁消息,防止事件为学生家长或媒体所知。学校如此作为的原因自然不难理解,因为校园欺凌事件难免会对一所学校的声誉产生影响,进而不利于该校此后的招生,因此学校领导人员出于利己的本能往往会对校园欺凌事件进行隐瞒。故而,校园欺凌事件的处理绝不能单纯依靠学校自身,必要的外部监督、约束机制是不可或缺的,这一工作可以由社会组织予以完成。

在具体的监督路径问题上,当校园欺凌发生后,社会组织可以通过上述宣传或校外监管活动与被欺凌学生取得联系,此后社会组织可以在第一时间内联系有关学校,与学校共享搜集到的信息,并在这一进程中及时监督学校的处理工作,给予学校以外部压力,督促学校公平、客观、透明地处理事件,防止欺上瞒下行为之发生。社会组织广泛的外部监督机制的存在会对学校形成无形的规范压力,这是单纯依靠公权力部门或学校自身所难以形成的保障制度。

(四) 为学生提供法律援助

校园欺凌通常会涉及民事、行政以及刑事法律问题,法律关系之复杂并非一般家长可以完全掌握。实践中,大部分家长都无法对双方的权利义务进行透彻分析,而委托律师则要付出相对高昂的律师费,部分家庭难以承受这类经济支出。但根据我国《刑事诉讼法》的规定,只有当作为未成年人的被告人在其监护人未委托辩护人的情况下,法庭才会指定法律援助律师为其提供法律服务,这也就意味着被欺凌者通常情况下将无法得到法律援助,这显然不利于对被欺凌者权益的维护。甚至对于很多被欺凌者而言,缺乏法律援助的他们很难将案件最终移送到司法程序中。

具备法律人才的社会组织为被欺凌者或其他相关人员提供法律援助可以有效弥补被欺凌者的弱势地位,促使相关当事人得以通过法治的手段维护自身权益。当然不可否认的是,当下我国专门为学生提供法律服务的社会组织并不多,这自然需要国家通过相关的鼓励性措施培育、扶持此类组织的良性发展。

(五) 为学生提供心理援助

"欺凌行为对受欺凌者和欺凌者成年后的人格都有不良影响。"[1]对于欺凌者而言,如得不到及时的心理治疗,他们在成年后往往会误入歧途,尤其是那些肢体暴力欺凌者,他们"成年后与其他青少年相比,更具有暴力倾向、缺乏同情心,且成年后的犯罪率高于普通人约37%"。[2]而对于被欺凌者而言,校园欺凌对他们所造成的心理创伤通常要远远大于身体创伤或经济损失,这种心理创伤如果得不到有效治疗,被欺凌者则"可能产生强烈的孤独感、无助感,甚至出现厌学、自杀等极端后果"[3]。

但正如聘请律师一样,现阶段心理咨询费用仍是较为高昂的,这是部分经济能力低下的家庭所无法担负的一笔费用,这种情况既不利于被欺凌人尽快走出心理阴影,也不利于社会的长久稳定发展。公益性的心理救助组织在这一方面可以为心理

---

[1] 任海涛:"'校园欺凌'的概念界定及其法律责任",载《华东师范大学学报(教育科学版)》2017年第2期。

[2] 参见"防治校园欺凌需构筑协同治理防线",载人民网,http://edu.people.com.cn/n1/2016/1020/c1053-28793589.html,最后访问时间:2016年11月23日。

[3] 杨立新、陶盈:"校园欺凌行为的侵权责任研究",载《福建论坛(人文社会科学版)》2013年第8期。

创伤严重的被欺凌人提供无偿的心理辅导,通过压力疏导、情感支持等方式帮助这些学生度过心理创伤期,降低他们与周围环境的剥离感,并令其重新找回生活的勇气与自信。实际上,我们应对校园欺凌的传统方案并不注重对心灵创伤的弥补,而是将重点放置于对欺凌学生的惩戒问题上。惩戒固然无可厚非,但无形的心灵创伤若得不到修复,则这样的应对措施终究是治标不治本。是故,对具备心理咨询及治疗功能的社会组织的培育与发展亦是我国下一步发展社会组织工作的重点。

(六) 对欺凌者开展教育矫正

通常情况下,学校能够对欺凌者采取的惩戒措施极为有限,其程度也较轻,而且这种措施大都是即时性的,难以对欺凌者产生长期的约束机制。这导致部分欺凌者有恃无恐,并在事件处理完毕的一段时间内再次欺凌其他学生。通过由社会组织开展的针对欺凌者的教育矫正活动,学校在这一方面的力不从心可以得到有效弥补。社会组织可以充分依托具备大量业余时间的社工的力量,对校园欺凌者展开"一对一"式的辅导,为其创造社区义务劳动等机会,通过这种持续性的半惩戒、半感化的帮扶活动,增强欺凌者的社会责任感,促使其在日后的学习生活中敬老扶弱,而非恃强凌弱。这种教育矫正活动正是学校所无法提供的,其也未在我国过去治理校园欺凌的工作中普遍出现,相关社会组织于未来可以广泛开展此类活动,从社会的维度重新塑造欺凌者正确的人生观与价值观。

(七) 依托网络社群应对网络欺凌

网络欺凌是伴随着网络技术的飞速发展而于近年来产生的一种新型校园欺凌形式。实施网络欺凌的学生一改传统校园欺凌在现实生活中压迫同学的做法,而是采取在网上发布攻击性或侮辱性言论、上传私密照片或视频的方式霸凌特定同学。网络空间的虚拟性导致传统社会组织很难对之进行直接把控，这种不足恰恰可以由时下新兴的网络社群所弥补。网络社群是伴随着QQ、微信、微博等自媒体对传统社交方式的颠覆性变革而逐渐产生的，它"是指借助互联网信息交流平台而形成的社会交往人群，在每一个特定的群体内部，成员间具备相对明确的相互关系以及一定的行为规范，每一群体基于某种共享的交往目的和行动旨趣维持稳定的互动关系"[1]。

同传统的社会组织相比，网络社群的自发特质更为明显，它是网民自愿集合的产物，最大程度地排除了血缘、地缘等标准的障碍；同时，它又内含更为开放与平等的特性，它以平等对话为基础，基本不存在现实生活中的权力等级差序。但网络社群的自治性与非营利性则确保其社会组织的本质属性。一方面，网络社群既不依赖于政府的资金支持，也不受任何权力因素的统制，因此它先天地具备独立的主体地位；另一方面，网络社群的成员通常并不以追求自身利益最大化为目标，这些成员汇聚一堂的宗旨是寻求特定的精神趣旨，这就决定了网络社群的互益性亦或是公益性的本质。总之，同社会这一非官方的公域类似，网络空间也同样具备公共领域的潜质与雏形，[2]而网络社群也足以被视为虚拟空间中的新型社会主体或组织。

面对网络欺凌，政府可以鼓励各类网络社群加入到这一问题的应对工作中。如澳大利亚鼓励支持建立各类救助组织以应对欺凌行为，如"反欺凌网络组织"和"澳大利亚无欺凌计划"，以帮助学校了解欺凌现象，为学校制定相关政策，提供教

---

［1］ 庞正、周恒："场域抑或主体：网络社群的理论定位"，载《社会科学战线》2017年第12期。

［2］ 参见刘京、陈旭玲："网络技术与公共领域的衍生问题"，载《江汉论坛》2003年第11期。

师培训的指导大纲。[1]网络社群应对校园欺凌的路径包括：①借助微信、微博等自媒体或其他网络平台开展反对网络欺凌的教育宣传，让学生意识到网络传播的迅速性、广泛性以及网络欺凌的危害性；②及时捕捉、搜集网络上涉及欺凌的言论、图片或视频，并在可能的情况下追寻事件涉及的具体学生并将信息通报其所在学校；③积极联系被欺凌的学生，并可根据被欺凌学生的要求而与网络平台进行对话，促使其删除有关信息，必要时，网络社群还可以将情况通报给公安机关；④协助被欺凌学生与司法部门取得联系，要求网络平台或运营商提供欺凌信息发布者的个人情况，如姓名、IP地址、所在学校及家庭地址等，并根据情况提出相应的损害赔偿请求。

四、结语

社会组织对社会事务的广泛参与是现代法治国家的必然要求。从政治学的视角来看，这种促进社会力量参与社会治理的实践模式正是"善治"理论的本质要求，而所谓"善治"，就是指充分依托社会组织的智识，在公权力正常运作的情况下，实现社会治理方式的政社互动，即"政府与社会组织对公共事务合作管理的一种社会治理模式"[2]，"其本质特征就在于其为政府与公民对公共生活的合作管理，即以民众为中心的治理"[3]。校园欺凌作为一种社会问题，单纯依靠公权力部门或家庭、学校对其进行防治必然难以形成应对这一现象的完备系统，

---

[1] 参见"防治校园欺凌社会组织可发挥更大作用"，载 http://www.bnu1.org/cpri/2017/0512/3638.html，最后访问时间：2018年9月25日。

[2] 龚廷泰、常文华："政社互动：社会治理的新模式"，载《江海学刊》2015年第6期。

[3] 参见俞可平："治理与善治引论"，载中国地方治理网，http://www.dfzlw.org/bencandy.php? fid=46&id=941，最后访问时间：2018年9月25日。

唯有充分引入社会力量，发挥社会组织的积极能动性，构筑个人—社会—公权力良性互动的社会场域，校园欺凌才能得到及时且持久性的预防、应对及善后。但不可否认的是，当下我国的社会组织发展程度较成熟的法治社会而言尚有欠缺，这也就意味着构建应对校园欺凌的社会之维任重道远；唯有继续推动改革，大力发展市场经济，培育秩序井然而又充满活力的社会场域，社会组织才能在这一进程中获得充分的发展。

第三章

他山之石：日本中小学校园欺凌治理经验镜鉴

任海涛 闻志强[1]

日本曾经历了校园欺凌的高发时期，政府为了有效防治校园欺凌采取了诸多有效措施，其中最核心的内容是形成了以《校园欺凌防止对策推进法》为核心的校园欺凌防治体系。我国在未来相关立法和政策制定中可以从四个方面予以借鉴：加强校园欺凌的数据统计工作、建立特别刑法与司法体系、构建综合性专门立法体系、细化《反校园欺凌法》具体内容，这些工作对于有效应对校园欺凌具有重要意义。

近年来，我国中小学校园欺凌（又称为"校园霸凌"或者"校园暴力"）事件频发，引起了政府和社会的广泛关注。2016年3月，两会期间全国人大代表刘晓翠提出制定"反校园暴力法"的立法议案。[2]时任教育部部长袁贵仁在记者招待会上强调，

---

[1] 广州大学法学院讲师闻志强博士于2016年~2017年赴日留学，我请他关注日本相关立法情况。志强博士遍访师友、认真搜索，他不仅将日本的《校园欺凌防止对策推进法》全文翻译为汉语，并且将搜集的日语一手资料翻译为汉语，三万余字。我按照本选题要求，根据翻译资料梳理思路，二人合作完成本文，本文于2016年12月发表以后，引用率较高，得益于志强博士最重要的一手资料。因为该文章所讨论问题至今仍有借鉴价值，且属于课题重要组成部分，应当放在结项成果之中。但是又不宜放在正文（上篇）之中，故置于附录之中，以示与正文区别，也表示对志强博士贡献之尊重与感谢。

[2] 刘英："遏制校园暴力亟须'反校园暴力法'"，载《青年时报》2016年3月8日。

教育部门和公安部门应当高度重视和防治校园欺凌事件的发生。[1] 同年4月，国务院教育督导委员会办公室向各地印发了《关于开展校园欺凌专项治理的通知》，要求"各地各中小学校针对校园欺凌进行专项治理"。此次专项治理覆盖全国中小学校，规模前所未有。

日本也经历过校园欺凌频发的时期，形成了一整套治理校园欺凌的措施和制度。但是，对于日本治理校园欺凌的最基本的法律《校园欺凌防止对策推进法》（2013年制定，2014、2015年两次修改），我国许多研究成果对该法的介绍仅是一笔带过。[2] 即使是比较全面介绍该法的成果，也停留在简单的介绍和评价层次，[3] 并没有提出将日本成熟经验与中国实际相结合的建议。本文将在研究日本经验的基础上，提出我国治理校园欺凌问题的立法和对策建议。

一、加强数据统计工作，为反欺凌治理提供坚实基础

从20世纪70年代至今，日本的校园欺凌事件层出不穷，引发社会广泛关注，日本政府积极应对，做了大量数据统计工作。日本政府和文部科学省（相当于我国教育部）非常关注和重视校园欺凌问题的严重性和普遍性，其中第一项工作就是强化一线数据搜集、统计和调查工作，力求全面、深入地了解校园欺

---

〔1〕 参见"教育部长袁贵仁就'教育改革和发展'答记者问"，载人民网，http://lianghui.people.com.cn/2016npc/GB/402759/403020/index.html，最后访问时间：2016年10月1日。

〔2〕 如李月、李刚："日本校园欺凌折射出的集团主义社会问题"，载《阅读》2016年第4期；贺江群、胡中锋："日本中小学校园欺凌问题研究现状及防治对策"，载《中小学德育》2016年第30期。

〔3〕 参见陶建国："日本校园欺凌法制研究"，载《日本问题研究》2015年第2期。

凌实际情况，及时掌握事态发展变化，从而为制定更符合实际、更具有针对性的应对、处置举措奠定基础。[1]

从1985年开始，日本政府每年都会发布上一年度关于校园欺凌主题的官方统计调查分析报告，这一调查统计报告的数据具有权威性、全面性、细致性、连续性等特点。由于该数据是由地方各级教育委员会等地方公共团体、学校等自行统计、上报和进行整理、归类得到的，为了防止一些地方公共团体和学校上报虚假数据，文部科学省还会自行单独进行相应的问卷调查（如アンケート調査等），进行实地情况评估和验证，同时对数据造假、隐匿不报等情形进行相应的行政追责。

此外，日本的新闻自由、言论自由借由市民、记者独立调查和学者、地方公共团体等第三方自行调查等形式得到了较大程度的保证，从而使得上述数据受到一定程度上的外部监督和制约，进而保证较大程度的真实性和客观性。实际上，从近年来连续发布的校园欺凌统计调查报告所显示的数据变化趋势来看，日本政府和教育主管部门的数据搜集统计调查工作可信度是比较高的，因而也成为很多学术研究和独立第三方比较认可的数据样本。

与此同时，日本政府和文部科学省等还专门针对诸如校园欺凌中个别显著问题和重点课题进行数据搜集统计调查，如针对暴力欺凌行为、停止参加课堂、不上学、高中阶段中途退学、自杀、教育商谈等主题进行调查。[2]无论是针对校园欺凌的集中调查报告还是个别特殊问题的单独报告，在各个大学和地方

---

[1] 文部科学省国立教育政策研究所生徒指導・進路指導研究センター："いじめ追跡調査2010~2012"，平成25年（2013年）7月。

[2] 2013年度的「暴力行為」、「出席停止」、「不登校」、「高等学校中途退学等」、「自殺」、「教育相談」等的相关调查报告，已经于2015年9月16日由日本文部科学省公开发表。

公共团体的图书馆、公民馆和相关学校、教育机构、官方网站等都可以方便地查阅和使用。日本政府和文部科学省也吸纳了一些教育学者、新闻媒体和社会公众的有益意见和建议，根据社会形势发展变化和法律法规的规定，逐渐改进、完善数据的搜集、统计、调查的范围、内容、方法等工作，所有这些工作的有序开展，为全面掌握校园欺凌发展态势进而开展有效应对和积极预防提供了基础和前提。

日本数据统计工作成功之处在于：第一，由中央政府和最高教育行政部门推进，保证数据权威性；第二，财政预算单列开支，保证经费充足性；第三，对于地方上报数据进行抽查，严惩虚报、瞒报行为；第四，对地方机构和学校上报数据进行全社会监督；第五，连续三十多年坚持统计，保证数据的连续性、全面性；第六，对显著问题进行专项调查；第七，数据向全社会公开；第八，根据各方建议，不断完善工作方式。以上八点，保证了日本此项统计工作为其有效治理校园欺凌提供了可靠资料和坚实基础。

由此可见，如果要探索适合我国国情的校园欺凌防治体系，加强校园欺凌数据统计工作是必要的第一步。我国应当重视校园欺凌数据调查、搜集、统计工作，以便及时、准确掌握校园欺凌发展规模、样态和态势，从而采取更有针对性的防治对策治理校园欺凌。我们认为应当由国家教育主管部门设立专门机构负责相关数据的调查、搜集、统计工作，并制定相关工作章程和基本规则，建立健全校园欺凌数据从调查搜集到最终整理发布的一整套体制机制，并将相关数据公开发布和置于国家、地方教育主管部门、图书馆、学校等各级各地相关机构、单位免费供公众、媒体、学者等查询、研究和使用。同时，根据各界意见和建议的反馈，逐渐改进、完善相关工作方法，从而使得数据搜集整理发布更具可靠性和权威性。这项工作,是有效防治校园欺凌的最基础性工作。

二、建立特别刑事法与司法体系,为欺凌治理提供有效威慑

　　日本在应对校园欺凌方面从民事侵权赔偿和完善行政法制方面进行了很多努力,但是仅有这些还不够,日本在刑事法领域的一些做法和理念也为应对和防治校园欺凌提供了支持。

　　日本刑事立法中,对于行为性质的评价采用的是定性规定。例如盗窃,日本的定性立法模式意味着盗窃一元钱和盗窃一万元在法律性质的评价上是一致的,即都是盗窃行为,都属于违法犯罪行为,只是是否要对盗窃一元钱的行为进行刑事追责则根据具体案件的惩罚必要性和行为主体的特殊性(如未成年人等因素)进行司法分流处理。这样做有一个非常明显的优点在于可以使行为人(即使是未成年人)认识到自己行为的违法性质,起到法律的威慑作用。而我国的"立法定性又定量"的立法模式在四要件犯罪论体系的基础上,使得司法机关对于盗窃一元钱的行为,仅仅根据犯罪数额没有达到追诉标准径直得出不构成犯罪甚至不违法的结论,最终使得对行为的评价停留在道德层面,这根本无法对行为人提供有效的行为指引和足够有力的法律威慑。

　　就校园欺凌而言,日本的刑事立法模式使得校园欺凌行为不仅仅停留在一个发生在校园中的学生之间的打闹、欺负、骂人等普通行为,而是可以构成刑事犯罪的行为。这对于行为人的制约和威慑作用是比较明显的,并通过与民法、行政法等前置法的共同协力运作,使得防止校园欺凌不仅仅停留在道德说教、学校教育层面,也有了作为保障法的刑法的全力支持。而

我国立法模式则使行为人基本上不会受到法律的约束和评价，更不可能纳入刑事法视野进行规制。

此外，日本针对青少年违法犯罪行为单独制定了一套比较完整的刑事立法体系和司法追诉体系，如《少年法》（2014年最新修正）、《少年审判规则》（2015年最新修正）等。从理论上看，日本刑事法体系下，年龄并不是影响犯罪成立与否的唯一性、决定性因素，针对未成年人和成年人只是分别采取两套不同的刑事司法体系予以追诉和处理罢了。

日本《刑法》第41条规定：不满14岁实施的行为不受刑罚处罚。[1]但是该行为很可能受到其他法律的处罚，如《少年法》。这就意味着未成年人实施相关校园欺凌行为，只要构成犯罪的，都可以进行刑事追究，只是相关的刑事司法体系和处罚方式不同于成年人而已。按照《少年法》第2条规定，少年是指未满20岁的人。第3条规定，应当由家庭裁判所审判的"非行少年"包括两类：一类是"触法少年"，即不满14周岁而实施了触犯刑法法令的行为的少年；第二类称为"虞犯少年"，即根据其性格和生活环境等考察认为将来有可能实施违反刑法法令行为的少年。对于非行少年，一般都要首先送至家庭裁判所受理，尤其进行相应的调查，然后根据不同情况作出不同处理：①送交都道府县知事·儿童商谈所负责人处理；②送至检察官起诉；③决定审判不开始；④决定不处分；⑤决定保护观察；⑥送至儿童自立支援设施·儿童养护设施；⑦送至少年院处理等。相应地，对于实施校园欺凌行为的未成年人，也可以根据案件具体情况进行不同处理，这使得作为后置法、保障法的刑事法体系发挥了重要的威慑作用。

---

〔1〕 需要指出的是，对于该规定的内在含义作何理解，日本学界存在争议。参见津田雅也：《少年刑事事件の基礎理論》，信山社2015年版，第65~89页。

综上，在日本，所有的欺凌行为都有可能被纳入"犯罪"范畴，如果行为人是"未成年人"则适用"特殊的少年司法体系"处置，这样做的好处是：第一，对大量校园欺凌行为可以评价为违法和犯罪，极大地发挥了刑法的威慑作用，比我国单纯以批评教育来处理校园欺凌的方式更有效。第二，如果行为人是未成年人，则适用特殊司法程序，采取特别处分方式，对欺凌者的基本权利也是一种保护。日本的刑事立法、司法模式，一方面对欺凌行为保持高压打击态势，同时对于未成年人又有比较完善的保护措施，很好地平衡了二者的关系。这是我们借鉴的精髓之处。

当前我国针对未成年人制定了诸如《预防未成年人犯罪法》《未成年人保护法》等相关法律法规，但是基本上都停留在行政法层面，即使一些未成年人实施了危害他人人身财产权益的行为，一般都是通过民事侵权赔偿途径进行处理，真正适用行政处罚的案件并不多见。如果行为人实施校园欺凌情况严重的，一般最多违反《治安管理处罚法》的相关规定，只能给予不超过15天（并罚不超过20天）的行政拘留处罚或者罚款，一些年龄较小的甚至连行政处罚也无法实施。而按照我国《刑法》规定，不满14周岁的行为人无论实施何种犯罪行为都不成立犯罪，也不承担任何刑事责任；已满14周岁到不满16周岁只对故意杀人、故意伤害致人重伤或死亡、强奸、抢劫、放火、爆炸、投放危险物质、贩卖毒品8种严重犯罪行为承担刑事责任；16周岁及以上则对所有犯罪行为承担刑事责任。这样的立法模式将使得很多严重的校园欺凌行为尤其是引发杀人、严重伤害等后果的行为仅仅由于刑事责任年龄未达到就不能追究任何刑事责任。

据权威部门统计，在2015年前5个月经媒体曝光的校园欺凌案件就达到三四十起，其中最后致死案件高达17%，承担刑事责任的不足30%，七成左右案件以批评教育、民事赔偿方式解决，适用行政拘留的案件也很少。还有许多案件，根本就没有暴露出来，而是被"内部消化"了。[1]对比之下，日本在整个法律体系中，通过民事、行政等前置法与刑事法律介入共同防治校园欺凌取得了较为良好的效果。

借鉴日本在惩治校园欺凌方面的经验，笔者认为应当转变思想观念，由以往纯粹重视对青少年儿童的保护、忽视惩罚，向保护、教育、预防与惩治追责并重转变，二者不可偏废。在学校、家庭、社区等开展道德教育的同时还必须进一步加强法治教育，而法治教育不能仅仅停留在口头说教上，还应有切实有效的法律惩罚体系加以支持，因而笔者认为我国法律体系应当强化作为社会保障法的刑法在惩治校园欺凌问题方面的补充作用，在民事赔礼道歉、侵权赔偿以及行政处罚效果不佳的情况下，可以考虑从以下几个方面进行刑事追责和处罚：

一是根据国情调查数据和校园欺凌发生实际情况，可以考虑降低刑事责任年龄，从而适用刑法对一些极其严重的欺凌行为如严重伤害、杀人、抢劫、强奸等进行规制。

二是可以考虑增加已满14周岁不满16周岁阶段的应负刑事责任的行为类型，将一些常发、多发、危害较大的行为模式纳入其中进行规制。

三是建立健全针对未成年人违法犯罪行为的独立侦查、起诉、审判机制、具体惩戒制度等一套特别刑事立法体系和司法体系建设，并根据未成年人的身心特点，借鉴日本相关经验，对其根据不同情况进行不同处理，如暂停或禁止上学，单独教

---

[1] 参见陈小英："校园欺凌谁来解围"，载《法制日报》2015年7月13日，第8版。

室授课，永久禁止出席，转学，退学，送至少年审判机构审判，送至少年服刑场所服刑，送至儿童学生特别场所进行特别教育，不定期保护处分或保护观察，社区义务劳动，社区矫正，更生、再社会化等。从而使得作为后置法、保障法的刑事法发挥重要的威慑、惩戒作用，并与行政、教育等前置法合力协作，形成更具体系性、协调性和衔接性的综合保护、教育、预防与惩戒的立法与司法体系。

三、构建综合性专门立法体系，明确反校园欺凌的基本立场

日本作为亚洲地区法治化水平较高的国家，在应对和预防校园欺凌问题上也采取了法制化的手段。目前，日本已经形成了针对校园欺凌的比较系统的法律应对机制。日本构建的应对校园欺凌的综合性专门立法体系值得借鉴。

（一）构建反校园欺凌防治的综合性专门立法体系

日本针对校园欺凌问题单独制定了《校园欺凌防止对策推进法》，与此同时还有《少年法》《儿童福利法》《教育基本法》《学校教育法》等一整套的法律法规体系，以便系统应对和处理校园欺凌问题。这表明了日本政府治理校园欺凌的法治理念、法治思维和法治路径，日本的反校园欺凌综合性立法体系优点在于：第一，制定一部专门的《校园欺凌防止对策推进法》，这是该法律体系的基点和核心。第二，有效治理校园欺凌还需要其他法律的配合，比如需要与未成年人有关的《少年法》《儿童福利法》，还有相关的教育法。第三，基本法与其他法合理分工、密切配合，这是日本良好治理校园欺凌的重要法制基础，这一点确需我们深入研究和学习。

我国政府、社会和民众目前对于校园欺凌的认识还存在不

正确、不全面之处，应对举措还仅仅停留在道德说教、学校教育、家庭教育等层面，不仅低效甚至无效，而且使得实施欺凌的行为人有恃无恐、恶性升级，相关恶性事件不断见诸报端即是明证。

党的十八大召开以来特别是党的十八届四中全会关于全面推进依法治国重大战略部署开展以来，新一轮的法治建设目标向更高层面迈进，法治中国、法治社会建设成为实现全面依法治国的关键一环，这就要求我们在处理包括校园欺凌在内的诸多问题的时候，必须具有法治思维和法治精神。具体而言，我们必须加强和完善针对校园欺凌的法律法规体系，并应当考虑制定"反校园欺凌法""网络欺凌防治法"等一批亟须，且符合现实需要的专门法律法规，同时应该对《刑法》《刑事诉讼法》《预防未成年人犯罪法》《未成年人保护法》《教育法》《义务教育法》等相关法律法规进行修订，以期形成反校园欺凌防治的综合性专门立法体系，从而为有效防治校园欺凌提供法制支持。

（二）树立和坚持校园欺凌"零容忍"的基本态度和立场

日本政府、社会和民众对于校园欺凌发生的普遍性、严重性和危害性都有深刻的认识。《校园欺凌防止对策推进法》已经非常明显地表达了立法者对这一问题的基本立场：该法第3条确立了防止校园欺凌的基本理念，其中之一就是无论是在校内还是校外都禁止实施欺凌行为。

第4条则明文规定绝对禁止"儿童等"实施欺凌行为，表达了对于校园欺凌行为"零容忍"的基本态度和立场。虽然本条没有直接规定违反该规定相应的罚则，但是对接日本《刑法》《少年法》等其他法律法规的规定，对于实施踢、踹等殴打人身的行为，可以构成《刑法》第204条的伤害罪、第208条的暴行罪；对于逼迫他人实施令人厌恶的、羞耻的行为的，可以构成《刑法》第176条的强制猥亵罪、第223条的强要罪；对于敲诈勒索、抢劫他人金钱等财物的，可以构成《刑法》第249条的恐吓罪；对于藏匿、盗窃、损毁他人财物、物品等行为，可以构成《刑法》第235条的盗窃罪、第261条的器物损坏罪[1]；通过电脑、电话等实施诽谤中伤等行为的，则可以构成《刑法》第230条的毁损名誉罪。与此同时，在实际处置过程中，上述相关犯罪可能产生时，应当向当地警察机关通报以尽早介入调查。[2]

总结可见，日本社会对校园欺凌的"零容忍"态度表现有三：第一，家庭、学校、社区、政府对校园欺凌保持高度警惕和反对态势；第二，《校园欺凌防止对策推进法》以明确规定对校园欺凌加以禁止；第三，将一系列严重的校园欺凌行为规定为犯罪。以上三个条件，足以使得家长反复教育孩子不要去进行欺凌，同时也对潜在欺凌者产生了巨大的威慑作用，这种"零容忍"的态度和做法，无疑是有效防控、打击校园欺凌的最有效武器，反观我国在这些方面的做法不如人意。

当前我国政府和社会公众对于校园欺凌的认识和理解还存在不够深入、全面之处，一些政府部门、学校和新闻报道、网络宣传、民众等还没有真正重视校园欺凌的危害性和严重性，认为其不过是学生之间发生的打闹嬉戏行为，不值得大惊小怪，更无需政府和法律介入。对于曝光的校园欺凌者，涉事学生、家长、学校和当地教育主管部门等没有表达出歉意和愧疚，甚

---

[1] 此处的器物是指公文、建筑物、舰船、飞机以外的他人财物，还包括土地、动物等物品，范围较大。

[2] 参见《早期に警察へ相談・通報すべきいじめ事案について（通知）》[平成25年（2013年）5月16日付け文科初第246号]、《学校において生じる可能性がある犯罪行為等について》。

至一些学生以实施欺凌行为为荣并大肆在网络传播,给被害人的学习、生活、名誉等造成莫大损害。

因此,正视校园欺凌在当下中国的发展态势,应当首先着力扭转对于校园欺凌的不正确认识和无所谓等态度,建议由中央政府或国家教育主管部门出面,正式表达对校园欺凌"零容忍"的基本态度和立场,同时通过法律形式进行规定,并大力开展防治校园欺凌的舆论宣传和学校教育,传递给学生、家长、学校和社会公众对于任何时间、地点、形式的校园欺凌的绝对禁止、一律反对的积极信号和基本态度,从而形成正确认识以推进校园欺凌防治工作。

四、探索"反校园欺凌法"的具体内容

制定"反校园欺凌法"是我国解决校园欺凌的根本途径,日本制定的《校园欺凌防止对策推进法》内容体系全面、完善、务实。该法制定的背景源于2011年(平成23年)发生在日本滋贺县大津市立中学的学生由于受到校园欺凌而自杀事件。该事件发生后,引起了社会广泛关注,经过复杂的立法准备阶段,该法于2013年6月28日公布,并于9月28日开始施行。[1]该法于2014、2015年进行过两次细微修改,基本内容没有大的变化。我国在制定"反校园欺凌法"过程中,至少在以下方面可以予以借鉴:

(一)建立多元主体共同治理的模式

从《校园欺凌防止对策推进法》第一章来看,日本在处置

---

〔1〕 该法立法过程参见:坂田仰:《いじめ防止対策推進法全条文と解説》,学事出版株式会社2013年版,第2页。向广宇、闻志强:"日本校园欺凌现状、防治经验与启示——以《校园欺凌防止对策推进法》为主视角",载《大连理工大学学报(社会科学版)》2017年第1期。

和应对校园欺凌时，并不仅仅是依靠政府的官方力量单独进行，而是发动了包括地方教育委员会等地方公共团体、学校、家庭、社区、新闻媒体、学者以及志愿者组织、关心关注未成年人身心发展事业的公益组织、NPO/NGO等在内的各种非官方的民间力量参与其中，从而实现合力应对、共同解决的路径和局面。日本还通过各种法律明确了不同主体的责任、义务、惩戒措施，使得以官方力量为主导、其他力量为辅，不同主体之间的工作能够有条不紊地协作进行，效果明显。

日本采取的多元主体共同治理模式符合校园欺凌现象的性质：第一，从涉及学科角度来看，校园欺凌涉及教育学、心理学、社会学、统计学、法学、医学等各学科；第二，从防治主体来看，校园欺凌必须依靠家庭、社区、学校、社会组织、政府等；第三，从政府的法制供给和财政支持而言，又需要中央政府与地方政府密切配合。因此，有效治理校园欺凌，必须建立多元主体共同治理模式，单纯的一两个主体，是无法完成任务的。同时，日本还有两条成功经验值得借鉴：第一，以政府力量为主，其他力量为辅；第二，对于不同主体的权力责任以法律明确规定。

反观我国，解决包括校园欺凌在内的青少年儿童等健康成长学习问题的时候，就会出现"九龙治水""群龙无首"的混乱局面。因此，借鉴日本经验，我们应该做好以下两件事：

第一，权责明确。通过法律对中央政府、地方政府、教育主管部门、各级各地学校、相关单位和组织、社区、家庭等主体的责任义务作出明确规定，分清各自的责任范围、期间、空间，并对校园欺凌发生时采取有效及时的应对举措等具体问题作出详细明确的规定，同时对懒政、滥权等行为要进行相应的惩治和严厉追责。

第二，要建立以官方力量为主、非官方民间力量为辅的合作模式。防止政府等部门诿权塞责，并重视和强化发动公益组织、志愿者组织、学术研究群体、国内外非政府组织等民间力量积极参与校园欺凌的宣传、应对、防治，建立和加强信息沟通、共享机制建设，真正形成国家、地方、学校、家庭、社区五位一体的协同配合共同解决机制，从而借助综合力量有力应对和解决校园欺凌问题。

（二）构建多层级立法模式，设立专门机构

《校园欺凌防止对策推进法》第13条规定，地方公共团体参酌基本方针和根据地方实情制定各地的防治方针、学校参酌基本方针和地方公共团体方针制定各自学校的防治方针。这种做法体现了原则性与灵活性的有机统一，全国性法律是原则，不能违反，但是各个地区、不同学校可以从本地区、本学校的特殊情况出发，制定更有针对性的办法，这样便于更有针对性地治理校园欺凌行为。

第14条第1款规定，地方公共团体为了防止校园欺凌，可以与学校、法务局或者地方法务局、都道府县警察局以及其他相关者共同成立校园欺凌问题对策联络协议会。第3款则规定，教育委员会可以在与校园欺凌问题对策联络协议会应对校园欺凌问题时，根据地方校园欺凌防治方针在必要的时候设置附属机关。这些规定使得校园欺凌问题分清了层级责任和不同机构、单位的角色，并从法律上规定了专门处置校园欺凌问题的相应组织机构，考虑到各地实情，这些机构的设立属于"可以型"而非绝对的"应当型"。

以上规定值得我国借鉴之处有二：第一，在制定全国性法律的同时，允许地方根据各地实际情况制定相应的地方办法，不同的学校和地方社会组织也可以制定特殊的方针，当然该具体方针应该到相应上级部门进行批准或备案。第二，结合我国实际情况，应该在省、市、县、乡镇教育部门设立相应机构，并在中小学校内设立相应附属机构，以承担校园欺凌治理的具体工作。

（三）规定防止欺凌发生的具体措施

为了有效防止欺凌事件的发生，《校园欺凌防止对策推进法》在第15~21条进行了详细规定，以下几个方面值得借鉴：

第一，该法规定了学校应当培养学生、儿童等的丰富情操、道德心以及养成与他人进行心灵交流的能力、全面开展道德教育和体验活动等，从而防治校园欺凌。这一点非常重要，如果全体学生通过有意识的教育、体验活动而真正理解了校园欺凌的重大危害，培养了高尚的情操，则对于防止欺凌发生具有至关重要的意义。我国立法中，应该要求学校对学生进行道德、法治方面的深入教育，在学生中间形成对欺凌行为的正确认识。

第二，对校园欺凌早期发现的应对举措进行规定。该法第16条第1款规定学校应当对本校学生、儿童等采取定期调查和其他必要措施，尽早发现欺凌行为。第2款规定国家和地方公共团体应当采取必要措施整备有关校园欺凌通报和接待体制。第3款规定学校设置者和学校应当采取措施与学生、儿童等及其保护者以及学校教职员等相关人员整备有关校园欺凌的商谈体制。[1]第4款规定学校在处理欺凌行为时，应当与家庭、社区等协同配合，必须考虑到保障受欺凌儿童、学生的受教育权和其他权益。本条规定了如何及早发现欺凌行为、如何良好处理欺凌行为的做法，是有效防治欺凌行为的重要起点。对我国启示有二：第一，建立良好渠道，尽早发现欺凌行为；第二，

---

[1] 此款规定这一内容以下简称"商谈体制"。

建立良好沟通机制，在欺凌行为发生以后，在尽量保护受欺凌者权益基础上处理该事件。

第三，规定在学校配备具有心理学等专门知识的师资，以便应对欺凌事件。同时规定"学校设置者和学校应当对本校教员在有关防治校园欺凌对策方面开展相应的研修，并为其资质的提升采取必要措施"。这些规定使得从国家到地方再到学校，对于有效应对校园欺凌的实施主体——教师等相关人员之培养和专业素质、能力的提高、完善提供了明确的法律依据和重要指导作用。我国立法中也应该有两项规定：一是规定学校管理者和教师进行相关培训；二是规定学校配备具备心理学等专门知识的师资。

第四，随着科技进步，网络欺凌日益多发，日本《校园欺凌防止对策推进法》专门对网络欺凌问题进行了规定。借鉴该法，我国反网络欺凌措施可以从以下几个方面进行规定：①要求学校对学生开展教育，认识到网络传播的广泛性、迅速性，深刻认识到负面消息网络传播的危害；②政府主管部门、社会组织及学校要探索设立应对网络欺凌的专门机构和应对机制；③规定对于受到网络欺凌的儿童、学生，可以根据其本身或者保护者的要求删除相关网络信息，提供、公开发信息者的个人情报，[1]必要的时候还可以通过公安机关实现。④受欺凌者可以要求相关网络服务运营商并请求司法部门协助提供发布信息者的个人信息，如姓名、住址、电子邮件地址、相关IP地址，提出侵权损害赔偿请求等。

这些内容连同相关法律法规的体系性安排与规定，使得网

---

[1] 该要求在日本有相关法律明文支持，参见《特定電気通信役務提供者の損害賠償責任の制限及び発信者情報の開示に関する法律》[平成13年（2001年）法律第137号]。

络欺凌能够被尽早地识别和发现。法律规定及时删除相关信息，尽可能地降低对被害人的不利影响和减少受伤害程度，有利于对网络欺凌进行有效处置。

（四）规定学校在应对欺凌事件中的责任

学校应该成为发现、防治校园欺凌的最主要主体，我国可以在以下几个方面借鉴日本立法经验：

第一，在学校内设立防治校园欺凌的专门组织，成员由教师、心理咨询师、律师、家长等人员组成。按照日本学者的研究结论和相关法律的规定，考虑到校园欺凌涉及教育、心理、社会学等多个领域的复杂问题，日本相关组成人员一般包含具有临床心理师资格证者、具有社会福祉士资格证者、律师、医师、地方上的保护司、儿童委员会委员、民生委员、人权拥护委员会委员、NPO、NGO、警察等人员或者上述人员作为候补人员参加。[1]这些规定使得相关的组织在应对校园欺凌问题上更加具有全面性、复合性、专业性、有效性。但是，我国由于地区发展不平衡，这种组织的组成人员在各地还是可以存在差别的，不宜全国作统一的硬性规定。

第二，借鉴日本立法经验，在发现校园欺凌后应该采取的措施有：①教师或者其他与学生接触人员，发现有存在校园欺凌事实的情况下，应立即向学校报告；②学校一旦确定欺凌事实存在，应该通过上述专门组织立即制止欺凌行为并且防止再次发生；③学校认为必要时，可以对受欺凌者进行心理干预，并且将欺凌者安置于受欺凌者所在教室之外的场所进行学习；④如果学生双方家长无异议，则由学校与家长共同制定方案防止欺凌继续发生；⑤如果学校认为欺凌行为可能会继续危害受

---

[1] 参见池谷和子："学校におけるいじめと法"，载《现代社会研究》2014年第12号。

害学生的，可以报告公安机关，由其处理。

这些规定比较完整地规定了学校在应对校园欺凌发生、发现、处置过程中的责任、义务。概括起来，学校承担了六项义务：通报义务，确认、报告义务，支援、指导、建议义务，学习环境整备义务，情报提供义务，协作配合警察义务。

（五）对于学校履行防治欺凌事件之责任进行有效监督

如果学校在治理校园欺凌过程中产生执行不力的情况，应当承担相应后果。在对学校进行考核评价时，应当对学校在没有隐瞒欺凌事实、把握事态发展、采取适当举措应对处置、欺凌早发现及再发生防止等方面的表现给予合理适当的评价。

如果没有考核方面的压力，学校未必会真心实意地去下力气治理校园欺凌问题，从日本的经验来看，规定学校的考核压力，有利于保证学校切实履行职责，不至于使学校职责流于形式。当然，对于学校在治理校园欺凌行为过程中增加的成本要予以考虑，在教育经费预算中予以单列。

日本曾经出现过几次校园欺凌爆发的高潮，但是政府与社会并没有回避，而是积极应对，经过几十年的发展，积累了完整的防止校园欺凌的法制体系与防治措施。这些立法和对策在实践中也可能存在问题，而且也不能照搬到我国来。但是立足我国实际，积极吸取其中有益成分，作为我国未来治理校园欺凌问题的经验，还是可取的。希望不远的将来，本文所探讨的问题能够在我国相关立法和政策中有所体现。

第四章
日本《校园欺凌防止对策推进法》内容体系

闻志强[1]

该法制定的背景源于 2011 年（平成 23 年）发生在日本滋贺县大津市立中学的学生由于受到校园欺凌而自杀事件。当时一名初二男生，长期受到三名同年级男同学的武力和言语暴力，比如被要求吃下蜜蜂尸体、全身被绑住塞进柜子、被强迫偷窃，甚至被逼着从窗户跳下进行"自杀练习"等残忍虐待，最后不堪折磨自杀身亡。但是涉事学校和多名教师在知晓校园暴力事实的前提下，竟然联合大津市教育委员会一致对外隐瞒，宣称完全不知情，甚至以"实施加害的学生也有人权"为由拒绝调查。警方也多次拒绝了死者家属的报案要求，认为这只是"学生之间的恶作剧"。

事件发生后，在日本新闻媒体、学界和社会公众中引发了广泛关注，产生了巨大影响。受此事件影响，时任日本文部科学大臣的平野博文于 2012 年 7 月 13 日向全国学校和教育委员会等相关对象公开发表了题为"为保护孩子生命，避免类似令人心痛事件再次发生，现在希望确认学校、教育委员会、国家等教育相关者所应承担的责任和义务"的谈话。文部科学大臣提

---

[1] 闻志强：广州大学法学院讲师、法学博士，本部分资料系其在日本访学期间（2016 年）翻译而成，笔者与译者皆未见过该法的汉语版本，而该法对于校园欺凌研究具有重要参考价值，故收录于本书之中。

出了不管是发生在哪个学校、针对哪个孩子的校园欺凌事件都应当尽早发现、迅速应对的基本看法，同时强调为了保护孩子的生命，学校、教育委员会、国家等教育相关者应当抱团行动的重要性。

随后，第2次安倍内阁于2013年1月重新召开教育再生实行会议。同年2月发表了《关于校园欺凌问题等的应对》（第1次建议），并提出"制定全社会总体应对校园欺凌的法律"的建议。受此影响，同年5月16日，自由民主党、公明党共同提出了《推进有关防止校园欺凌对策的法律案》。此外，同年4月11日，民主党、新绿风会、生活党、社会民主党，护宪联合体等在野党共同提出《校园欺凌对策推进基本法案》。同年6月18日，上述两个法律提案撤回，由自由民主党、民主党，无党派组织、日本维新会、公明党、大家党、生活党共同提出《校园欺凌防止对策推进法》。

经过上述立法准备过程，日本第183次国会审议通过了《校园欺凌防止对策推进法》（法律第71号），并于2013年6月28日公布。[1]根据该法附则第1条之规定，该法自公布之日起经过3个月后开始实施，遂于2013年9月28日开始施行。随后，该法于2014年修改一次（平成26年6月2日法律第76号，平成27年4月1日开始施行）、2015年修改一次（平成27年6月24日法律第46号，平成28年4月1日开始施行），这两次修改都是细微之处的修改，基本内容没有变化。以下是对本法基本内容的介绍。

本法的基本内容：本法由6章规定和1个附则组成。其中6章规定共有35条，附则共有2条，总计37个条文。这6章的主

---

〔1〕 坂田仰：《いじめ防止対策推進法全条文と解説》，学事出版株式会社2013年版，第2页。

题和条文分别是：第1章——总则，第1~10条，共有10个条文。第2章——校园欺凌防止基本方针等，第11~14条，共有4个条文。第3章——基本的实施对策，第15~21条，共有7个条文。第4章——防止校园欺凌的相关措施，第22~27条，共有6个条文。第5章——重大事态的应对，第28~33条，共有6个条文。第6章——杂则，第34、35条，共有2个条文。第7章——附则，共有2个条文。

一、总则（第1条~10条）

第1章总则部分共10条，主要规定了本法制定的目的、本法使用的一些概念的基本含义、本法的基本理念、明确禁止校园欺凌，并用专门法律条文规定了国家、地方公共团体、学校设置者、学校及学校教职员、保护者等的责任和义务，同时规定要从财政上采取必要措施推进校园欺凌防治对策的实施。

第1条明确指出本法鉴于受欺凌学生、儿童等的受教育权受到侵害，并对自身的身心健康成长和人格形成造成重大影响，同时可能遭受身体或生命的重大危险，因而为了保护学生、儿童等的尊严，应当对校园欺凌坚持三大方针：防止校园欺凌、早发现、早应对。[1]

第2条则对校园欺凌的法律定义和"学校""儿童等""保护者"等法律术语的内涵作了明确规定。该法规定"校园欺凌"是指在该"儿童等"所在学校由与该儿童等有一定关系的人实施的对该儿童等产生心理的或者物理的影响，并使得被欺凌儿童等感到身体痛苦的行为，包括通过网络实施的欺凌行为。这一规定不仅使得校园欺凌的概念及其内容法定化、明确化，更

---

[1] 该法规定这三个方面的内容下文简称为"校园欺凌防止"。

重要的是使得对于校园欺凌的判断依据，由以往的通过纯粹客观行为观察进行判断或者教师、学校、旁观者等第三方判断，变为站在被欺凌儿童等的立场上进行主观判断，从而更加凸显被欺凌儿童等的主体地位，更加注重被欺凌儿童等自身的主观感受。[1]与此同时，此处的相关行为不仅包括暴力、攻击等直接显见的明示外在行为，还包括集团无视、差别歧视、网络欺凌等形式的隐形化、非外在化的默示作为和不作为，从而最大限度地保障被欺凌儿童等的利益，尤其是心理、精神方面的权益。所谓"学校"是指《学校教育法》（昭和22年法律第26号）第1条规定的小学、初中、高中以及特别支援学校，但是幼儿园除外。所谓"儿童等"是指在籍的学校儿童、学生。所谓"保护者"是指亲权人（没有亲权人的，则指未成年人的监护人[2]）。

第3条则确立了校园欺凌防治的几个基本理念：一是无论校内、校外都禁止实施欺凌，拓宽了校园欺凌的地域范围限制。二是所有的儿童等都要深刻理解校园欺凌的危害并主动参与校园欺凌的防治，尤其是不应成为旁观者而无动于衷或者置身事外，防止成为下一个欺凌的参与者或者被欺凌的对象。这一规定也是对于实际统计数据的积极回应，根据平成21年度日本厚生劳动省的调查，与平成16年相比，平成21年的"什么也不做"旁观者回答比例由24.4%下降至"21%"，[3]目的是促使儿童等主动积极参与校园欺凌的防治，避免成为下一个欺凌事件中的施暴主体或者被欺凌对象，从而力求从根本上遏制和消除校园欺凌。三是国家、地方公共团体、学校、区域住民、家

---

[1] 北澤毅：《「いじめ自殺」の社会学「いじめ問題」を脱構築する》，世界思想社2015年版，第137~138页。

[2] 根据日本相关法律的规定，未成年人的监护人包括三种情况：未成年人亲权人的遗嘱指定、夫妇一方成为禁治产人时另一方则为监护人、家庭法院选任。

[3] 参见日本厚生労働省：《平成21年度全国家庭児童調査の結果の概要》。

庭以及其他相关者（如警察、儿童商谈所、儿童支援机构、志愿者组织等）协调一致行动解决校园欺凌问题理念。这一理念的规定使得校园欺凌问题的解决具有系统性和全面性，形成了国家、地方、学校、家庭、社区五位一体的立体综合式问题解决路径。

第4条则明文规定绝对禁止儿童等实施欺凌行为，表达了对于校园欺凌行为"零容忍"的基本态度和立场。虽然本条没有直接规定违反该规定相应的罚则，但是对接日本《刑法》《少年法》等其他法律法规的规定，对于实施踢、踹等殴打人身的行为，可以构成《刑法》第204条的伤害罪、第208条的暴行罪；对于逼迫他人实施令人厌恶的、羞耻的行为的，可以构成《刑法》第176条的强制猥亵罪、第223条的强要罪；对于敲诈勒索、抢劫他人金钱等财物的，可以构成《刑法》第249条的恐吓罪；对于藏匿、盗窃、损毁他人财物、物品等的，可以构成《刑法》第235条的盗窃罪、第261条的器物损坏罪；[1]通过电脑、电话等实施诽谤中伤等行为的，则可以构成《刑法》第230条的毁损名誉罪。与此同时，在实际处置过程中，上述相关犯罪可能产生时，应当向当地警察机关通报以尽早介入调查。[2]

第5~8条则明确规定国家、地方公共团体、学校设置者、学校及其教职员要根据第3条所确立的基本理念，承担防止校园欺凌的责任和义务，并且规定地方公共团体要根据国家制定的综合政策、措施，协力配合政府，并根据各自地区的实际情况制定和实施相应的政策措施。

---

[1] 此处的器物是指公文、建筑物、舰船、飞机以外的他人财物，还包括土地、动物等物品，范围较大。

[2] 参见《早期に警察へ相談・通報すべきいじめ事案について（通知）》（平成25年5月16日付け文科初第246号）、《学校において生じる可能性がある犯罪行為等について》。

第 9 条则确立了保护者的责任和义务，并规定保护者要协同配合国家、地方公共团体、学校等防止校园欺凌。该条规定的一个亮点是明确了在尊重家庭教育自主性的同时，并不意味着要减轻学校方面所应承担的义务和责任，从而防止学校漠视、忽视、无视欺凌现象或者推诿、搪塞自身所应承担的责任和义务。

第 10 条则明确了国家和地方公共团体应当从财政上和其他方面采取必要措施，包括但不限于进一步充实儿童、学生道德教育和体验活动等的费用，学校等相关单位的校园欺凌应对专门人员的聘用、素质能力训练、培养和进一步提高的费用，[1]学生、儿童等在心理、福祉方面的进一步完善费用，聘请外部专家进入学校讲授、宣传以及实地应对解决校园欺凌后遗症等问题的费用，配备和加强学校安保人员和警务人员方面的费用，进一步强化校园欺凌学术研究投入费用，从而全面切实推进校园欺凌防治对策的实施。近年来，日本政府已经逐渐加大了对于校园欺凌防治的财政投入，在本法通过以前，2012 年相关费用约 45 亿日元，2013 年约 64 亿日元，本法通过后，2014 年已经高达 93 亿日元，[2]并呈现进一步增加的趋势，这为防治校园欺凌提供了相当的财政支持和物质基础。

二、校园欺凌防治基本方针（第 11 条~14 条）

第 2 章共有 4 个条文，主要内容是规定校园欺凌防治基本方针等。第 11、12、13 条分别规定了文部科学大臣及相关学校

---

〔1〕 教员养成的一个重要内容就是与儿童、学生的沟通、商谈以及个别学习支援、指导等。参见大須賀隆子、木村龍平、花園誠："教員養成課程で育正したい実践力と実践過程について"，载《帝京科学大学教職指導研究》第 1 卷第 1 号。

〔2〕 坂田仰：《いじめ防止対策推進法全条文と解説》，学事出版株式会社 2013 年版，第 32 页。

的负责人等有关人员协力推进校园欺凌防治对策以取得综合效果的基本方针、地方公共团体参酌基本方针和根据地方实情制定各地的防止方针、学校参酌基本方针和地方公共团体方针制定各自学校的防止方针。

第 14 条第 1 款规定，地方公共团体为了防止校园欺凌，可以与学校、法务局或者地方法务局、都道府县警察以及其他相关者共同成立校园欺凌问题对策联络协议会。第 2 款则规定都道府县对于第 1 款规定校园欺凌问题对策联络协议会被设置的场合，可以针对市町村地域内的学校，让其与市町村的教育委员会协同采取措施应对校园欺凌。与此同时，同条第 3 款则规定，教育委员会可以在与校园欺凌问题对策联络协议会应对校园欺凌问题时，根据地方校园欺凌防止方针在必要的时候设置附属机关。这些规定使得校园欺凌问题分清了层级责任和不同机构、单位的角色，并从法律上规定了专门处置校园欺凌问题的相应组织机构，考虑到各地实情，这些机构属于"可以型"而非绝对的"应当型"。

三、基本的实施对策（第 15 条~21 条）

第 3 章共有 7 个条文，主要对校园欺凌的基本实施对策作了规定。

第 15 条第 1 款规定了学校应当培养学生、儿童等的丰富情操、道德心以及养成与他人进行心灵交流的能力、全面开展道德教育和体验活动等，从而防止校园欺凌。第 2 款则规定学校需要深刻认识和理解与学生、儿童等的保护者、社区居民、学校教职员等协同配合应对校园欺凌的重要性和必要性。

第 16 条对校园欺凌早期发现的应对举措进行了规定。该条第 1 款规定学校设置者和学校为了尽早发现本校的欺凌现象，应当对本校学生、儿童等采取定期调查和其他必要措施。第 2 款规定国家和地方公共团体应当采取必要措施整备有关校园欺凌通报和接待体制。第 3 款规定学校设置者和学校应当采取措施与学生、儿童等及其保护者以及学校教职员等相关人员整备有关校园欺凌的商谈体制。[1]第 4 款规定学校设置者和学校在整备商谈体制的时候，应当与家庭、社区等协同配合，必须考虑到保障受欺凌学生、儿童等受教育权和其他权益。这些举措明确了校园欺凌早发现的必要性和重要性，同时对尽早了解和发现欺凌现象起到了积极作用，而且根据日本文部科学省的相关通知规定，学校设置者及学校在采取相关手段调查时，不限于定期调查方式，还可以采取与儿童、学生个别的一对一的商谈，教职员与学生、儿童等通过各种方式的私下交流，教职员、配备的相关人员等的日常观察，个人笔记或者生活笔记等内容的发表、关注、灵活运用等多样途径尽早获知欺凌事实。

第 17 条则规定国家和地方公共团体应当与相关中央、地方的其他省、厅机关，学校，家庭，社区以及民间团体等相关机构协同努力，共同整备、强化相关必要体制以采取妥当措施支援受欺凌儿童、学生及其保护者和对实施欺凌行为的儿童、学生及其保护者的实施指导和帮助。

第 18 条第 1 款则明确规定国家和地方公共团体应当在支援受欺凌儿童、学生及其保护者和对实施欺凌行为的儿童、学生及其保护者的实施指导和帮助方面，采取以专门知识为基础的妥当举措，并应在教员相关素质、能力培养和提高，师生关系体制调整，配置心理、福祉等包含校园欺凌应对和防治内容在内的有专门知识的教员等相关人员方面采取必要措施。与此同

---

[1] 此款规定这一内容以下简称"商谈体制"。

时，该条第 2 款规定学校设置者和学校应当对本校教员在有关防治校园欺凌对策方面开展相应的研修和提升资质上采取必要措施。这些规定使得从国家到地方再到学校，对于有效应对校园欺凌的实施主体——教职等相关人员之培养和专业素质、能力的提高、完善提供了明确的法律依据和重要指导。

第 19 条则专门针对网络欺凌作了相关规定。该条第 1 款明确了学校设置者和学校应当对学生、儿童等开展对于网络信息交流高度流通性、发信匿名性以及其他网络特性的认识和启发活动，以有效避免网络欺凌发生。第 2 款则规定国家和地方公共团体对于学生、儿童等是否通过网络形式实施或者被卷入欺凌事件，可以寻求网络监察机关和其他相关机关的支援，并努力整备网络欺凌的应对机制。第 3 款则规定对于受到网络欺凌的儿童、学生，可以根据其本身或者保护者的要求删除相关网络信息，提供、公开发信息者的个人情报[1]，必要的时候还可以通过法务局或者地方法务局协力实现。根据相关法律规定，受害人可以要求相关网络服务运营商并请求法务局或者地方法务局协助提供发信者的个人信息，如姓名、住址、电子邮件地址、相关 IP 地址、提出侵权损害赔偿请求等。这些规定连同相关法律法规的体系性安排与规定，使得网络欺凌能够尽早被识别和发现，并及时删除相关信息尽可能地减少对被害人的不利影响和降低其受伤害程度，从而给予有效处置。

第 20 条和第 21 条则规定国家和地方公共团体等应当对校园欺凌的防止对策实施情况开展必要的调查研究和进一步检讨，并将成果公开、普及，同时对受欺凌学生、儿童等的身心及其

---

〔1〕 该要求在日本有相关法律明文支持，参见《特定電気通信役務提供者の損害賠償責任の制限及び発信者情報の開示に関する法律》（平成 13 年法律第 137 号）。

影响、校园欺凌防止的重要性、相关的商谈制度和救济制度等内容开展启发教育活动。这些规定使得国家和地方在了解相关对策实效的同时,进一步检讨不足,逐渐改进、完善应对校园欺凌的举措,从而使得应对举措的效果进一步得到提升。

四、防止校园欺凌的相关措施（第22条~27条）

第4章共有6个条文,主题是防止校园欺凌等的相关措施。

第22条明确规定学校应当成立防止校园欺凌对策的组织,组成人员应当包括两名以上的教职员或者具有心理、福祉等专门知识的相关人员以及其他相关人员。这一规定是对学校的法定要求,因而上述组织是必须设置的。按照日本学者的研究结论和相关法律的规定,考虑到校园欺凌涉及教育、心理、福祉等多个领域的复杂问题,相关组成人员一般包含具有临床心理士资格证者、具有社会福祉士资格证者、律师、医师、地方上的保护司、儿童委员会委员、民生委员、人权拥护委员会委员、NPO、NGO、警察等人员或者作为候补人员参加。[1]这些规定使得相关的组织在应对校园欺凌问题上更加具有全面性、复合性、专业性、有效性。

第23条则对校园欺凌发生时的举措进行了比较细致的规定。该条第1款规定,学校的教职员、地方公共团体的职员、其他学生、儿童等商谈者、保护者等,在相关交谈过程中认为存在欺凌事实的,应当立即通报该儿童、学生所在学校或采取相应措施。第2款规定根据前款规定接到报告的学校,如果认为有其他学校学生、儿童等受到欺凌时,应当迅速采取措施确认相关事实的有无,并将相关结果向其他相关学校的设置者报

---

〔1〕 参见池谷河子:"学校におけるいじめと法",载《现代社会研究》2014年第12号。

告。第 3 款规定，学校对于第 2 款规定的欺凌事实经过确认存在的情况下，应当与根据第 22 条规定必须设置的相关组织机构及其组成人员协力制止相关欺凌和预防再发生，同时持续开展对于受欺凌儿童、学生及其保护者的支援，并对实施欺凌者及其保护者提供指导和建议。第 4 款则规定，学校在认为有必要的时候，可以采取必要措施以保障受欺凌儿童、学生享受安心的教育，将实施欺凌的儿童、学生安置在受欺凌儿童、学生所使用的教室以外的其他场所学习。第 5 款规定学校在该校教职员给予被欺凌者及其保护者支援、实施欺凌者及其保护者相关指导和建议的时候，如果事件双方没有争议的话，可以将相关欺凌事实等信息告知双方，从而共同采取其他必要措施予以解决。第 6 款规定学校如果认为相关校园欺凌事件涉嫌犯罪行为，应当联系所在区域警察署共同处理，如果该学校认为本校的儿童、学生的生命、身体或者重大财产可能遭受侵害的时候，应当通报当地警察署，并寻求适当帮助。这些规定比较完整地搭建了学校在应对校园欺凌发生发现处置过程中的作为和责任、义务。概括起来，学校承担了六项义务：通报义务，确认、报告义务，支援、指导、建议义务，学习环境整备义务，情报提供义务，协作配合警察义务。

第 24 条则规定学校的设置者，根据前条第（二）项规定可以在接到报告后采取必要处置措施并自行开展调查。

第 25 条规定校长和教员对本校实施欺凌行为的儿童、学生，认为在教育上有必要的时候，根据《学校教育法》第 11 条的规定，采取针对该儿童、学生的适当措施加以惩戒。实际上，日本的相关法律已经明文禁止对学生、儿童等进行体罚性质的惩戒，但仍然保留了特殊情形下的惩戒权力，根据《学校教育法施行规则》第 26 条第（二）项，法定的惩戒形式主要有 3

种：退学、停学、训告。

第26条规定，市町村的教育委员会对于实施欺凌的儿童、学生，根据《学校教育法》第35条第（一）项规定对该儿童、学生实施出席停止命令的，应当迅速采取措施保障受欺凌儿童、学生和其他学生、儿童等的安心受教育权。

第27条则规定地方公共团体在处置和应对校园欺凌过程中，各个学校相互之间应当整备相互协作配合体制。这些规定和相应举措使得应对校园欺凌具有威慑力和实际效果，尤其是相应的惩戒措施具有针对性和可操作性。

五、重大事态的应对（第28条~33条）

第5章共有6个条文，主要内容是关于重大事态的应对规定。

第28条第1款明确规定学校设置者及其设置学校在应对重大事态或者防止与重大事态同种事态的发生场合下，应当迅速成立相应组织，采取质问票等合适方法调查与该重大事态有关的事实及其关系。所谓重大事态包括两种情形：一是由于欺凌事实的存在而怀疑可能对本校儿童、学生的生命、身心或者重大财产造成伤害的；二是由于欺凌事实的存在，该学校的儿童、学生在相当期间没有出席课堂而被怀疑可能遭受欺凌的。与此同时，该条第2款、第3款则规定学校设置者和学校根据前款规定进行调查得到的结果应当采取必要措施处置，承担指导、支援等义务。

第29条规定国立大学法人设置的附属学校在发生前条规定的重大事态时，应当由该大学校长向文部科学大臣报告。文部科学大臣在接到前述报告后，可以采取相应措施进行调查，并根据调查结果，基于《独立行政法人通则法》第64条第（一）

项的规定所具有的权限采取必要措施以应对重大事态发生或者预防同种事态发生。

第30条是针对地方公共团体设置的公立学校所作的规定。在发生第28条规定的重大事态时，应当由当地教育委员会向该地方公共团体的负责人报告。该地方公共团体的负责人可以采取相应措施由相应设置的附属机关进行调查，并由该负责人将结果向议会报告。此外，该地方公共团体的负责人和教育委员会可以根据相应的调查结果在各自权限范围内采取必要措施防止重大事态和同种事态的发生。

第31条则是针对私立学校所作的规定。在发生第28条规定的重大事态时，私立学校应当向所属的都道府县知事报告。都道府县知事可以通过相应设置的附属机关对重大事态等进行调查，并可以根据相关法律规定赋予的权限采取必要的应对和防止措施。

第32条则是针对由开设学校的公司企业设置的学校所作的规定，一般指的是大学、高等专门学校以外的私营机构设置的学校，在重大事态发生时应当向地方公共团体的负责人报告，并相应地由该地方公共团体的负责人通过相应设置的附属机关进行调查并采取必要措施予以处置。

第33条则规定文部科学大臣、都道府县的教育委员会在应对和处置重大事态时，对相应机构所应承担的指导、建议和援助等义务。这些规定使得重大事态发生时，根据不同性质的学校进行对应的处理，而且划清了责任范围，明确了义务责任，从而使得推诿塞责变得不可能，从而更加快速、有效地处置相关事态。

六、杂则（第34条~35条）

第6章是杂则规定，共有第34、35条2个条文。前者强调了在对学校进行考核评价时，应当对学校在没有隐瞒欺凌事实、把握事态发展、采取适当举措应对处置、欺凌早发现及再发生防止等方面的表现给予合理适当的评价。后者则强调了高等专门学校等性质较为特殊的学校，对于可能存在与欺凌相当的行为时，应当努力采取适当的必要措施防止欺凌和对相关行为早发现、早处理。这将从考核评价这一手段的运用上，使得学校更有动力、压力和责任从而更加积极、主动地参与校园欺凌防治。

附则共有 2 条，第 1 条是法律施行日期的规定，第 2 条主要是规定政府在本法施行 3 年后，所应承担的针对防止校园欺凌实施对策效果的评估与检讨义务，以及对学校的集团生活感到不安、紧张和相当期间不上课的学生、儿童等进行支援所采取举措的检讨完善义务。这使得本法及其具体规定将得到实践的检验并使得进一步改进和完善成为可能。

第五章
我国台湾地区校园霸凌防制文件

一、"校园霸凌防制准则"（节选）

第一章 总 则

第三条 本准则用词，定义如下：

一、霸凌：指个人或集体持续以言语、文字、图画、符号、肢体动作或其他方式，直接或间接对他人为贬抑、排挤、欺负、骚扰或戏弄等行为，使他人处于具有敌意或不友善的校园学习环境，或难以抗拒，产生精神上、生理上或财产上的损害，或影响正常学习活动之进行。

二、校园霸凌：指相同或不同学校学生与学生间，于校园内、外所发生霸凌行为。

三、学生：指各级学校具有学籍、接受进修推广教育者或交换学生。

前项第一款之霸凌，构成"性别平等教育法"第二条第一项第五款所称性霸凌者，依该法规定处理。

第四条 各级主管机关及学校应以预防为原则，分别采取下列防制机制及措施，积极推动校园霸凌防制工作：

一、主管机关应弹性调整及运用学校人力，担任学生事务

及辅导工作,并督导学校建构友善校园环境。

二、主管机关及学校应加强实施学生法治教育、品德教育、人权教育、生命教育、性别平等教育、资讯伦理教育、偏差行为防制及被害预防宣导,奠定防制校园霸凌的基础。

三、学校每学期应定期办理相关的在职进修活动,或结合校务会议、导师会议或教师进修研习时间,强化教职员工防制校园霸凌的知识能力及处理能力。

四、学校应善用优秀退休教师及家长会人力,办理志愿者招募研习,协助学校预防校园霸凌及强化校园安全巡查。

五、学校应利用各项教育及宣导活动,鼓励学生对校园霸凌事件尽早申请调查或检举,以利搜证及调查处理。

学生家长应参与学校各种防制校园霸凌的措施、机制、培训及研习,并应配合学校对其子女的教育及辅导。

第二章　校园安全及防制机制

第六条　学校应加强教职员工就校园霸凌防制权利、义务的认知;学校教职员工在进行校内外教学活动、执行职务及人际互动时,应发挥乐于助人、相互尊重的品德。

校园霸凌防制应由班级同侪间、师生间、亲师间、班际间及校际间共同合作处理。

第七条　学校应透过平日教学过程,鼓励及教导学生如何理性沟通、积极助人及处理人际关系,以培养其责任感、道德心、乐于助人及自尊尊人的处事态度。

学校及家长应协助学生学习建立自我形象,真实面对自己,并积极正向思考。

第八条　学校对被霸凌人及曾有霸凌行为或有该倾向的学生,应积极提供协助、主动辅导,及就学生学习状况、人际关系与家庭生活，进行深入了解及关怀。

第九条 教师应启发学生同侪间正义感、荣誉心、相互帮助、关怀、照顾的品德及同理心，以消弭校园霸凌行为的产生。

教师应主动关怀及调查学生被霸凌情形，评估行为类别、属性及严重程度，依权责进行辅导，必要时送学校防制校园霸凌因应小组确认。

第三章　校园霸凌之处理程序及救济方式

第十条 学校应组成防制校园霸凌因应小组，以校长为召集人，其成员应包括导师代表、学务人员、辅导人员、家长代表、学者专家，负责处理校园霸凌事件的防制、调查、确认、辅导及其他相关事项；高级中等以上学校的小组成员，并应有学生代表。

学校召开防制校园霸凌因应小组会议时，得视需要邀请具霸凌防制意识的专业辅导人员、性别平等教育委员会委员、法律专业人员、警政、卫生福利、法务等机关代表及学生代表参加。

第一项小组成员，应参加由各级主管机关自行或委由师资培育的大学、设有社会工作或辅导系、所的大学或其他专业团体或机构办理的培训。

各级主管机关应办理或协调师资培育的大学、设有社会工作或辅导系、所的大学或其他专业团体或机构应提供适当的培训机会，以充实小组成员的培训管道。

第十一条 疑似校园霸凌事件的被霸凌人或其法定代理人（以下简称申请人），应向行为人于行为发生时所属的学校（以下简称调查学校）申请调查；学校于受理申请后，应于三日内召开防制校园霸凌因应小组会议，开始处理程序，并于受理申

请的次日起二个月内处理完毕,以书面通知申请人调查及处理结果,并告知不服的救济程序。

导师、任课教师或学校其他人员知道有疑似校园霸凌事件时,应即通报校长或学务单位,学校应就事件进行初步调查,并于三日内召开防制校园霸凌因应小组会议,开始处理程序。

学校经学生、民众的检举(以下简称检举人)或大众传播媒体、警政机关、医疗或卫生福利机关(构)等的报导或通知,知有疑似校园霸凌事件时,应就事件进行初步调查,并于三日内召开防制校园霸凌因应小组会议,开始处理程序。

非调查学校接获申请、通报、检举或通知,知道有疑似校园霸凌事件时,除依第二十一条规定通报外,应于三日内将事件移送调查学校处理,并通知当事人。

第十二条 校园霸凌事件的申请人或检举人应以言词、书面或电子邮件申请调查或检举;其以言词或电子邮件为之者,学校应作成纪录,经向申请人或检举人朗读或使其阅览,确认其内容无误后,由其签名或盖章;申请人或检举人拒绝签名、盖章或未具真实姓名者,除学校已知悉有霸凌情事者外,应不予受理。

前项书面或依言词、电子邮件作成的纪录,应载明下列事项:

一、申请人或检举人姓名、身份证明文件字号、服务或就学的单位与职称、住居所、联络电话及申请调查日期。

二、申请人申请调查者,应载明被霸凌人的就读学校、班级。

三、申请人委任代理人代为申请调查者,应检附委任书,并载明申请人及受委任人姓名、身份证明文件字号、住居所、联络电话。

四、申请调查或检举的事实内容,如有相关证据,亦应记载或附卷。

第十三条 二人以上行为人分属不同学校者,以先受理申请调查或检举的学校负责调查,相关学校应派代表参与调查。

行为人已非调查学校或前项参与调查学校的学生时,调查学校应以书面通知行为人现所属学校派代表参与调查,被通知的学校不得拒绝。

学制转衔期间受理调查或检举的事件,管辖权有争议时,由其共同主管机关决定;无共同主管机关时,由各该主管机关协议决定。

第十四条 校园霸凌事件调查处理过程中,为保障行为人及被霸凌人(以下简称当事人)的学习权、受教育权、身体自主权及人格发展权,必要时,学校得为下列处置,并报主管机关备查:

一、弹性处理当事人的出缺勤纪录或成绩评量,并积极协助其课业,得不受请假、学生成绩评量相关规定的限制。

二、尊重被霸凌人的意愿,减低当事人双方互动的机会;情节严重者,得施予抽离或个别教学、辅导。

三、避免行为人及其他关系人的报复情事。

四、预防、减低或杜绝行为人再犯。

五、其他必要的处置。

当事人非属调查学校的学生时,调查学校应通知当事人所属学校,依前项规定处理。

前二项必要的处置,应经防制校园霸凌因应小组决议通过后执行。

第十五条 学校调查处理校园霸凌事件时,应依下列方式办理:

一、调查时,应给予双方当事人陈述意见的机会;当事人为未成年者,应由法定代理人陪同。

二、避免行为人与被霸凌人对质。但基于教育及辅导上的必要，经防制校园霸凌因应小组征得双方当事人及法定代理人同意，且无不对等的情形者，不在此限。

三、学校基于调查的必要，应于不违反保密义务的范围内，另作成书面资料，交由行为人、被霸凌人或受邀协助调查的人阅览或告以要旨。

四、学校就当事人、检举人、证人或协助调查人的姓名及其他足以辨识身份的资料，应予保密。但基于调查之必要或公共利益之考量者，不在此限。

五、申请人撤回申请调查时，为厘清相关法律责任，调查学校应经防制校园霸凌因应小组决议，或经行为人请求，继续调查处理；主管机关认为情节重大者，应命学校继续调查处理。

第十六条　依前条第四款规定负有保密义务者，包括学校参与调查处理校园霸凌事件的所有人员。

依前项规定负有保密义务者泄密时，应依刑法或其他相关法规处罚。

学校或相关机关就记载有当事人、检举人、证人及协助调查人姓名的原始文书，应予封存，不得供阅览或提供给侦查、审判机关以外的人。但法规另有规定者，不在此限。

调查处理校园霸凌事件人员，就原始文书以外对外所另行制作的文书，应将当事人、检举人、证人及协助调查人的真实姓名及其他足以辨识身份的资料删除，并以代号为之。

第十七条　学校防制校园霸凌因应小组的调查处理，不受该事件司法程序是否进行及处理结果的影响。

前项的调查程序，不因行为人丧失原身份而中止。

第十八条　行为人及其法定代理人，应配合学校调查程序及处置。

学校于调查程序中，遇被霸凌人不愿配合调查时，应提供必要的辅导或协助；未提供者，主管机关应积极督导学校处理。

第十九条 学校完成调查后，确认成立校园霸凌事件者，应立即启动霸凌辅导机制，并持续辅导行为人改善；行为人非属调查学校学生时，应将调查报告、辅导或惩处建议，移送行为人现所属学校处理。

前项辅导机制，应就当事人及其他关系人，订定辅导计划，明列惩处建议或第十四条规定的必要处置、辅导内容、分工、期程，完备辅导纪录，并定期评估是否改善。

当事人经定期评估未获改善者，应于征求法定代理人同意后，转介专业谘商、医疗机构实施矫正、治疗及辅导，或商请社政机关（构）辅导安置。

学校确认成立校园霸凌事件后，应依霸凌事件成因，检讨学校相关环境及教育措施，立即进行改善，并针对当事人的教师提供辅导资源协助；确认不成立者，仍应依校务会议通过的教师辅导与管教学生办法，进行辅导管教。

第二十二条 学校将调查及处理结果，以书面通知申请人及行为人时，应一并提供调查报告，并告知不服的申复方式及期限。

申请人或行为人对学校调查及处理结果不服者，得于收到书面通知次日起二十日内，以书面具明理由，向学校申复；其以言词申复者，调查学校应作成纪录，经向申请人或行为人朗读或使阅览，确认其内容无误后，由其签名或盖章。

学校受理申复后，应交由防制校园霸凌因应小组于三十日内作成附理由的决定，以书面通知申复人申复结果。

第四章 附 则

第二十四条 学校应依本准则规定，订定校园霸凌防制规定,并将第六条至第九条规定纳入学生手册及教职员工聘约中。

前项规定的内容,应包括下列事项:

一、校园安全规划。

二、校内外教学及人际互动应注意事项。

三、校园霸凌防制的政策宣示。

四、校园霸凌的界定、样态及通报权责。

五、校园霸凌的申请调查程序。

六、校园霸凌的调查及处理程序。

七、校园霸凌的申复及救济程序。

八、禁止报复的警示。

九、隐私的保密。

十、其他校园霸凌防制相关事项。

第二十五条 学校校长、教师、职员或其他人员有违反本准则之规定者,应视情节轻重,分别依成绩考核、考绩或惩戒等相关法令规定予以惩处。

行为人有违反本准则之规定者,学校或主管机关应依相关法规、学校章则予以处罚。

第二十六条 学校于校园霸凌事件调查处理完成,调查报告经防制校园霸凌因应小组议决后,应将处理情形、调查报告及防制校园霸凌因应小组的会议纪录,报所属主管机关。

主管机关应定期对学校进行督导考核,并将第五条的校园安全规划、校园危险空间改善情形,及学校防制与调查处理校园霸凌事件的成效列入定期考核事项。

主管机关于学校调查处理校园霸凌事件时,应对学校提供咨询服务、辅导协助、适法监督或予纠正。

二、"校园霸凌防制准则 Q&A"

Q1、何谓校园霸凌？

A1：本准则第 3 条第 1 项规定，「校园霸凌」系指相同或不同学校学生与学生间，于校园内、外所发生之个人或集体持续以言语、文字、图画、符号、肢体动作或其他方式，直接或间接对他人为贬抑、排挤、欺负、骚扰或戏弄等行为，使他人处于具有敌意或不友善之校园学习环境，或难以抗拒，产生精神上、生理上或财产上之损害，或影响正常学习活动之进行。此外，所称之「学生」系指「各级学校具有学籍、接受进修推广教育者或交换学生」。

Q2、学校防制校园霸凌因应小组的成员有哪些？

A2：本准则第 10 条第 1 项规定，学校防制校园霸凌因应小组，以校长为召集人，其成员应包括导师代表、学务人员、辅导人员、家长代表、学者专家；高级中等以上学校之小组成员，并应有学生代表。

又第 2 项规定，召开会议时，得视实际需要，邀请具霸凌防制意识之专业辅导人员，性别平等教育委员会委员，法律专业人员，警政、卫生福利或法务等机关代表及学生代表参加。

Q3、学校防制校园霸凌因应小组于确认是否成立校园霸凌事件前，是否要参酌导师或任课教师之意见？

A3：考量导师及任课教师相对于其他防制校园霸凌因应小组成员对学生有较深入的认识与了解，故学校防制霸凌因应小组就受理之疑似校园霸凌事件，于确认是否成立校园霸凌事件前，必须参酌导师或任课教师之意见，以避免因单一个案事件造成错误的判断。

Q4、何人可以向学校申请调查校园霸凌事件？

A4：本准则第 11 条第 1 项前段规定，疑似校园霸凌事件之被霸凌人或其法定代理人，可以向行为人于行为发生时所属之学校申请调查；另外，其他学生及一般民众也可以向调查学校提出检举（同条第 3 项）。

Q5、如果校园霸凌事件之行为人于事发后转学、升学，应向原属学校还是升、转学后的学校申请调查？

A5：因霸凌事件之行为人于事发后可能转学，或学校知悉有疑似校园霸凌事件时，行为人已升、退学，依本准则第 11 条第 1 项规定，以行为发生时行为人所属学校为调查学校，所以要向行为人于行为发生时所属之学校申请调查。

Q6、学校于受理校园霸凌事件申请后，处理时限为何？

A7：为避免延误校园霸凌事件之处理，本准则第 11 条第 1 项后段规定，学校于受理申请后，应于 3 日内召开防制校园霸凌因应小组会议，开始处理程序，并于受理申请之次日起 2 个月内，由防制校园霸凌因应小组处理完毕，以书面答复申请人，并告知申请人不服处理结果之救济程序。

Q7、本准则第 11 条第 1 项规定之 2 个月处理时限，是否包括第 19 条所定辅导程序？

A7：本准则第 11 条第 1 项所规定之 2 个月处理时限，系指学校防制校园霸凌因应小组应于 2 个月内完成调查原因及确认是否成立校园霸凌事件，尚不包含后续辅导当事人及其他关系人之时间。

Q8、如果民众向学校检举，或经大众传播媒体报导疑似校园霸凌事件时，学校应如何处理？

A8：依本准则第 11 条第 3 项规定，学校经学生、民众之检举或大众传播媒体、警政机关、医疗或卫生福利机关（构）等之报导或通知，知有疑似校园霸凌事件时，应就事件进行初步调查，并于3日内召开防制校园霸凌因应小组会议，开始处理程序。

Q9、非属校园霸凌事件行为人之学校接获申请或检举时，应如何处理？

A9：依本准则第11条第4项规定，非调查学校接获申请、通报、检举或通知，知有疑似校园霸凌事件时，除依本准则第21条规定通报外，应于3日内将事件移送调查学校（即校园霸凌事件之行为人于行为发生时所属之学校）处理，并通知当事人。

Q10、被霸凌人及其法定代理人或民众提出校园霸凌事件之申请调查或检举时，应以何种方式为之？学校又应如何处理？

A10：本准则第12条第1项规定，校园霸凌事件之申请人或检举人可以言词、书面或电子邮件申请调查或检举；如果以言词或电子邮件提出申请或检举时，调查学校应作成纪录，并向申请人或检举人朗读或使其阅览，确认其内容无误后，由其签名或盖章。

Q11、学校依申请人、检举人言词、电子邮件所作成之纪录，申请人或检举人如果拒绝签名、盖章或伪名、冒名者，学校应该如何处理？

A11：本准则第12条第1项后段规定，申请人或检举人拒绝签名、盖章或未具真实姓名者，学校可不予以受理；但是学校已经知悉有霸凌情事，则必须受理。

Q12、校园霸凌事件之申请或检举书面，或学校依申请人、检举人之言词、电子邮件所作成之记录，应载明的内容为何？

A12：依本准则第12条第2项规定，申请或检举书面，或学校依言词、电子邮件作成之记录，必须记载下列事项：

1. 申请人或检举人姓名、身份证明文件字号、服务或就学之单位与职称、住居所、联络电话及申请调查日期。

2. 申请人申请调查者，应载明被霸凌人之就读学校、班级。

3. 申请人委任代理人代为申请调查者，应检附委任书，并载明申请人及受委任人姓名、身份证明文件字号、住居所、联络电话。

4. 申请调查或检举之事实内容，如有相关证据，也必须记载或附卷。

Q13、如果校园霸凌事件之行为人有两个人以上，且分属不同学校时，应由哪一个学校负责调查？

A13：校园霸凌事件两个人以上行为人分属不同学校，依本准则第13条第1项规定，以先受理申请调查或检举之学校负责调查，相关学校必须派代表参与调查，并应督促所属人员配合接受调查。

Q14、如果校园霸凌事件之行为人已非调查学校或参与调查学校的学生时，调查学校应如何处理？

A14：依本准则第13条第2项规定，行为人已非调查学校或参与调查学校之学生时，为厘清霸凌行为之真相，并考量落实惩处与预防再犯，调查学校必须以书面通知行为人现在所属学校派代表参与调查，被通知的学校不得拒绝。

Q15、校园霸凌事件调查处理过程中，学校可以做些什么来保障行为人或被霸凌人之学习权？

A15：学校于接获疑似校园霸凌事件之申请调查后，应视情况之需要，立即采取行政处置或协助，以保障行为人及被霸凌人（以下简称当事人）在调查处置过程中之学习权、受教育权、身体自主权及人格发展权；必要时，当事人所属学校得依本准则第14条第1项规定，于防制校园霸凌因应小组决议后办理下列事项，并报主管机关备查：

1. 弹性处理当事人的出缺勤纪录或成绩评量，并积极协助其课业，可以不受请假、学生成绩评量相关规定之限制。

2. 尊重被霸凌人的意愿，减低当事人双方互动之机会；情节严重者，可以抽离或个别教学、辅导。

3. 避免行为人及其他关系人之报复情事。

4. 预防、减低或杜绝行为人再犯。

5. 其他必要之处置。

Q16、学校调查处理校园霸凌事件时，如果行为人或被霸凌人为未成年人，要注意些什么？

A16：学校调查处理校园霸凌事件时，如果行为人或被霸凌人为未成年者，依本准则第15条第1款规定，得由法定代理人陪同；必要时，亦可请社会工作、法律或辅导专业团体人员陪同。此外，亦得请社会工作、法律或辅导专业团体人员于防制校园霸凌因应小组会议时，陪同协助未成年学生。

Q17、学校调查处理校园霸凌事件时，为厘清事实，是否可以请行为人与被霸凌人对质？

A17：学校调查处理校园霸凌事件时，应秉持客观、公正、专业之原则，给予双方当事人充分陈述意见及答辩之机会，且为了避免被霸凌人遭受二度伤害，应以采取分别调查之方式为原则。

但基于修复式正义之精神，依本准则第15条第2款但书规定，如果有教育及辅导上之必要，经防制校园霸凌因应小组征得双方当事人及法定代理人同意，而且没有势力不对等的情形，可以由行为人与被霸凌人对质。

Q18、校园霸凌事件调查处理资料，是否可以交由当事人或协助调查之人阅览？

A18：依本准则第 15 条第 3 款规定，学校基于调查之必要，得于不违反保密义务之范围内，另作成书面资料，交由行为人、被霸凌人或受邀协助调查之人阅览或告以要旨。

Q19、如果校园霸凌事件之申请人撤回申请调查时，学校可否继续调查？

A19：申请人撤回校园霸凌事件申请调查时，调查学校为厘清相关法律责任，依本准则第 15 条第 5 款规定，可以经过防制校园霸凌因应小组决议，或者经过行为人的请求，继续调查、处理；如果调查学校所属主管机关认为情节重大者，必须命学校继续调查、处理。

Q20、如果校园霸凌事件之行为人于学校调查后丧失原身份，调查学校是否停止调查？

A20：本准则第 17 条第 2 项规定，行为人即使丧失原身份，学校亦应为适当之处理，所以校园霸凌事件之调查程序，不因行为人丧失原身份而中止。

Q21、如果被霸凌人不愿意配合学校调查时，学校应该如何处理？

A21：学校于调查程序中，如果被霸凌人不愿配合调查时，依本准则第 18 条第 2 项规定，学校仍应依第 19 条提供必要之校园霸凌辅导机制，并给予其在学校学习时必要之协助；学校未提供必要之辅导或协助者，主管机关则应积极督导学校提供被霸凌人必要之辅导或协助。

Q22、学校于完成调查后，确认不成立校园霸凌事件者，是不是就不用对当事人进行辅导？

A22：依本准则第 19 条第 4 项后段规定，即使确认不成立校园霸凌事件，仍必须按照事件性质，依校务会议通过的教师辅导与管教学生办法，对当事人进行辅导与管教。

Q23、二位以上行为人的疑似校园霸凌事件，由先受理的学校负责调查处理，但是在确认成立校园霸凌事件后，非属调查学校（先受理学校）之行为人的辅导机制，由何校负责？

A23：行为人非属调查学校的学生时，为落实惩处及预防再犯，依本准则第 19 条第 1 项后段规定，调查学校应将调查报告、辅导或惩处建议送交行为人现在所属的学校处理。

Q24、学校于完成疑似校园霸凌事件之调查处理后，应将结果通知何人？

A24：依本准则第 22 条第 1 项规定，学校应将调查及处理结果，以书面通知申请人及行为人，并提供调查报告，及告知不服之申复方式与期限。

Q25、申请人或行为人不服学校调查处理结果向学校提出申复时，学校应如何处理？

A25：依本准则第 22 条第 3 项规定，学校受理申复后，应交由防制校园霸凌因应小组于 30 日内作成附理由之决定，以书面通知申复人申复结果。

下 篇

行动方案——学校反欺凌指南

下篇：行动方案——学校反欺凌指南

"校园欺凌法治"问题既是理论问题，也是实务问题。相关学术研究在本书"正文""附录"中都有体现。这些成果，我在不同场合也向中小学校领导、教师做过专门汇报。大家听完课的反馈是，理论研究很重要，但是学校面临的问题是如何采取措施对该现象进行有效治理，学校需要切实可行的"行动方案"。这种反馈非常重要，所以笔者在对该问题进行系统理论研究的基础上，编写了"行动方案"内容。本部分实际上就是一本简易的中小学《学校反欺凌指南》，这一部分内容，中小学学校可以直接拿出来，结合本校实际，改编为本校《反欺凌手册》，对于有效治理欺凌问题，应该已经设置了比较详尽的措施和程序了。希望本部分能够为中小学校有效治理校园欺凌问题提供有益参考，也能为老师、家长、学生、社会正确认识校园欺凌及其治理策略提供指引。

第一章

CHAPTER 1 ▶

认识校园欺凌

从不同的角度来看,校园欺凌的内涵也是不一样的,老师欺凌学生的现象也是存在的,但是这不是本手册关注的重点,因为老师已经是成年人,有更加严格的法律对他们的行为进行规范。本手册研究的焦点问题是"学生对学生实施的校园欺凌"。

一、什么是校园欺凌

校园欺凌的概念界定是一个非常复杂的问题,我们舍去复杂的推导过程,综合不同学者和不同国家对该概念的界定,做如下定义:

"如果一个学生被另外一个或一群同伴学生进行重复性欺负,而被欺负者无力反击,且不能选择退出被欺负的地位时,该被欺负者就遭受了校园欺凌。校园欺凌不一定带来有形的身体伤害,但是一定伴随着精神伤害。单纯的一次性欺负行为,如果带来持续性精神伤害,也应该被认定为欺凌。"

二、校园欺凌关系中的角色定位

1. 欺凌者:主动发起欺凌行为,并且担任欺凌行为的领导者和主要实施者。

2. 受欺凌者:在校园欺凌关系中,处于被动、被欺负、受到生理或者精神伤害者。

3. 协助者：是欺凌者的跟随者和帮凶，积极地参与欺凌，但并不是欺凌行为的发起者和领导者。

4. 煽动者：本身不参与欺凌行为，但是对欺凌行为具有公开支持行为，如嘲笑、关注、起哄、呼喊加油等。属于"看热闹不嫌事大"的人。从事实上来看，如果缺少旁观煽动者，则许多欺凌者就会放弃欺凌。许多煽动者的存在，刺激了欺凌行为的发生，因为煽动者的欢呼声能够满足欺凌者的心理需要。

5. 逃避者：由于不想惹火烧身，看见欺凌事件就逃跑。属于"事不关己高高挂起"者，绝对不会去报告老师。

6. 保护者：本身认为欺凌行为是错误的，并认为受欺凌者应该得到帮助，实际采取了帮助或者尝试帮助受欺凌者的行为的人。

7. 潜在保护者：本身认为欺凌行为是错误的，并认为受欺凌者应该得到帮助，但是实际上并没有去采取帮助行为。

注意：第一，在处理欺凌事件过程中，要通过综合各个主体的言辞来确定每一个主体在该事件中的角色，这对于精准防止欺凌行为再发生具有重要意义。

第二，在同一个事件中，同一个人，可能角色会发展变化，可以从一个角色转化为其他角色。应该仔细分析，不要过于笼统。

三、构成校园欺凌的基本特征（认定标准）

1. 蓄意而为。从欺凌者主观方面来看，一定是蓄意而为，希望通过欺辱他人获得心理上的快感。纯粹的过失行为不构成校园欺凌。

2. 角色固定。从受欺凌者的角度来看，"为什么受伤的总是我?"被欺凌者总是同一个人。如果角色可以随机互换,也不构成校园欺凌。

3. 反复出现。从频度上看,欺凌者对特定受欺凌者的欺负行为,在一定时期内反复重复。

4. 单独一次行为也可以构成欺凌。有的时候,如果一个行为给受欺凌者带来了持续性的精神伤害则也可以被认定为构成校园欺凌。例如,甲乙丙三个人,在上学路上将同学丁强行拉到小树林,强抢钱财,并且强行对其做出一些侮辱性行为。最后结果是,丁同学产生害怕上学、经常夜间惊醒等精神伤害,则也应当认定为构成校园欺凌。"中关村二小"事件中的伤害行为虽然不是重复性行为,但是如果受欺凌者经过心理医生鉴定,确实发生了严重的精神伤害,则虽然不是重复性行为,但是仍然有可能认定为校园欺凌。

5. 势力不均。欺凌者与受欺凌者一定具有某种势力上的不均衡性。可以是体力、学习成绩、家庭经济条件、较大亲戚保护等方面的差异。受欺凌者不会保护自己,或者没有能力抵御欺凌。有可能是体力上的不对称,也有可能是基于精神压力。比如,甲与乙是同学,体力相当,但是甲的表哥是街头不良少年,乙害怕甲的表哥,于是经常被甲欺负。再比如,甲的妈妈是本校教师,乙害怕甲的妈妈,故造成甲经常欺负乙的局面。

6. 无理寻衅行为。欺凌者欺负受欺凌者并无正当理由,就是因为"讨厌他""看不惯他"等不合理理由而对他人进行伤害。如果是有合理理由,可能不构成校园欺凌,例如,甲在暑假中去乙家的玉米地偷玉米,开学后,乙找到甲理论发生冲突,如果确有此缘由,则也不一定构成校园欺凌。

7. 明确感到欺凌存在。受欺凌者必须自己认为自己是受到了欺负。例如,在某个班级,有两个同学甲和乙是从外地调入本校，口音与本地同学不一样。所以上课时，老师提问问题，其他同学就会喊着甲、乙的名字让他们回答。其中，乙生性腼腆、自尊心强，就认为这是对自己的精神伤害。而甲性格开朗、成绩好且自信，每次老师叫他回答问题也能回答得很好。则在这个事件中，对于乙可能构成校园欺凌，而对于甲则不构成校园欺凌。再如，某班男生合伙欺负一位女孩子，因其身强力壮、长相成熟，给其起绰号叫"假和尚"，该女孩子并没有感觉受到欺凌，反而是认为，这一群小男孩是对自己有好感，才处处找茬，所以从来没有真正生气，这也不构成欺凌。还比如，如果关系一般的同学甲喊同学乙"肥猪"，乙生气了，这就是欺凌。但是，如果乙和丙是非常要好的朋友，平时互相打闹很正常，虽然丙跟乙喊了"肥猪"，乙并没有生气，这样，就不构成欺凌。

第二章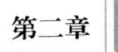
校园欺凌的类型

在各个国家和地区,对于欺凌行为的基本分类大体一致又有所差别。本书上篇第一章中将校园欺凌从学理上分为六大类,是为研究便利,且认为未来全国性立法中的分类不宜过分繁琐。而本书下篇写作目的是为学校提供一个可以操作的实用手册,划分细化是为了实践操作之便利。而且,至于校园欺凌分类,不同地区、不同学校可以根据实际情况进行界定,只要有利于管理、操作就可以,不应该抱守教条主义。

一、肢体欺凌

这是最传统、最容易被识别的欺凌行为。主要方式有徒手或者利用工具对弱势同学进行踢打、吐口水、抢夺财物、故意破坏衣服和财物等行为。这种欺凌形式,大部分发生在男生之间。此种欺凌关系的反复出现,对于欺凌者和受欺凌者的心理产生不良影响,他们在成年后都有负面的、反社会的暴力倾向或者消极人格发生。

二、言语欺凌

这是在同学之间最容易发生的一种欺凌行为。主要方式是以言语的方式来谩骂、取绰号、嘲笑等,在女生之间发生的频率较大。如果是取笑同学的家庭、种族、宗教信仰、生理缺陷,则伤害更大。此种欺凌行为较为隐蔽、不易被发现,但是对于受欺凌者的心理伤害,比肢体欺凌更加严重。

三、恐吓欺凌

此类欺凌是指,虽然没有产生实际伤害,但是欺凌者通过不断地发出恐吓信号,使受欺凌者产生持续性、真实的恐惧感的行为。比如,欺凌者经常对受欺凌者说"我们几个人会在你独自外出的时候收拾你!""我会找黑社会的人来收拾你!"

四、姿态欺凌

以没有言语和实际肢体接触的姿态进行欺凌,例如用充满恶意的眼神瞪着对方、在对方面前挥动拳头,这些姿态可以起到威胁的作用,因此属于姿态欺凌。

五、强迫欺凌

此类行为是指欺凌者向受欺凌者强力索取金钱和个人财物,或者是强迫受欺凌者去从事盗窃、破坏公私财物的行为。欺凌者还会以公开受欺凌者上述行为相要挟,强迫其服从自己。因受欺凌者行为都是被迫的,因此构成强迫欺凌。

六、关系欺凌

这也是一种常见的欺凌行为,欺凌者通过造谣、散布信息等方式说服周围同学,对受欺凌者进行孤立和排挤,使得受欺凌者被拒绝在同学团体之外。受欺凌者会出现焦虑、沮丧、丧失信心、逃避上学或者辍学等后果,最严重者可以引起自伤、自杀行为。关系欺凌比较隐蔽,不易发现,危害性更大。

七、文字欺凌

在学校墙壁、电线杆、黑板或者其他公共场合书写侮辱性文字,或者将写有此类文字的纸条传送给受欺凌者或者其他人的行为。文字内容如"某某是个私生子""某某是个小偷",等等。

八、性欺凌

此种欺凌行为是指欺凌者通过言语、肢体或其他暴力行为,对受欺凌者进行与性生理、性心理有关的欺凌,主要表现为对受欺凌者的性别特征、性格特点、性取向、性别认同等进行挖苦、嘲笑、威胁甚至攻击的行为。该行为尚未达到性骚扰程度,但是也会产生极坏结果,有的国家有因为此种欺凌而引发的自杀事件。

九、反击型欺凌

此种欺凌是指受欺凌者因长期遭受欺负而产生的不良反应,可能是直接对欺凌者展开反击,也可能是转而对比自己更加弱势的人展开欺凌。这也是校园欺凌的恶果之一。

十、网络欺凌

此种欺凌是新兴形态,但是具有难预防、传播快、危害性广等特点。主要表现形式是利用电子邮件、手机短信、微信、社群、网络聊天室、网站、留言板(手段将随着网络信息技术发展而不断更新)等手段,散播侮辱性、不实的言论、图片等对他人进行欺负。

第三章
CHAPTER 3 ▶
破除对校园欺凌的错误观念

以下将会列举出家长、学生、老师、学校管理者在对待校园欺凌问题时的一些错误观念，希望其能够认识到这些观念的危害性并且下决心去除。

错误一：这是必然经历

许多人认为既然大多数人都经历过校园欺凌，这就是人成长中的必然经历，不用去干涉，等到长大了，就自然没有危害了。这是最大的错误观点，人在年幼时候经历的欺凌伤害，对人的影响非常深远，许多人对于这种伤害记忆终生。因此，全社会所有成员，必须正确认识校园欺凌的危害性，合力打击此种行为。

错误二：最好息事宁人

有人会认为，被欺凌时，只要不去理会，或者顺从他，他以后就不会再进行欺负。事实证明这是错误的，越是放任，欺凌者越会变本加厉。

错误三：应该以牙还牙

有人认为，受欺凌者最好的方法就是去反击欺凌。该观点也不正确，如果一味鼓励受欺凌者反击欺凌行为，可能会对受欺凌者造成更大的伤害，因此最佳方法是教会受欺凌者如何向学校、家庭寻求帮助。

错误四：不要多管闲事

有的学生认为，看到有人进行校园欺凌，自己还是偷偷走开好，如果声张出去，就会被欺凌者进行报复。或者认为报告老师，是"打小报告""告密"的行为。这又是非常大的错误认识。本手册后面会告诉所有同学，知道欺凌事件后，必须勇敢地向家长或者老师说出来，这是对所有学生最好的保护，只有这样做，当你受到欺凌的时候，才会有人出来帮助你。

错误五：那是咎由自取

有人认为，受欺凌者是"可怜之人必有可恨之处"，为什么老欺负他的，肯定是因为他的很讨人厌。这个观点也是非常有害的。一般受欺凌者或许会与其他人有一些差异，比如民族、家庭情况、个人长相、学习情况、性格特征、性取向等，但是这些差异性不能构成其他人欺负他（她）的理由。在学校里面，任何人都是平等的，凡是以不喜欢他人、看不惯他人为理由而对他人进行欺凌的行为都是恶劣的、卑贱的、必须收到谴责和打击的行为。

错误六：此事不可避免

有人认为，由于学生之间有学习压力、学习竞争，所以必然会导致校园欺凌行为，这也是有的家长、老师抱有的错误观点。校园欺凌是存在于校园中的一个恶疾，必须人人喊打、通力合作、坚决铲除，才能还校园以宁静和谐。

错误七：事件简单认定

有人认为，只要是发生了学生之间的打架、暴力伤害事件，就可以定性为校园欺凌。这也是一种简单粗暴的处理方式。校园欺凌与校园游戏、意外事件、暴力行为等，既有联系又有区别，本手册将介绍详细的认定流程，避免因为简单处理，而造成不必要的麻烦。

错误八：实应淡定对待

有人认为，孩子们在一起就会有"强者""弱者"的划分，就会出现欺凌行为，因此，只要没有出现非常大的伤害性结果，就不应该过多关注。这也是常见的错误认识。虽然，我们小时候都经历过校园欺凌，但是这并不能说明这种现象就是合理的，我们成人必须以明确、坚定的态度告诉孩子，这种行为是错误的，必须勇敢揭发、坚决抵制，如果淡定对待就是姑息养奸。

错误九：不要小题大做

有的学校领导和老师认为，家长抓住学生之间的矛盾纠纷而小题大做，是蛮不讲理、护子心切的表现。这样的校领导是非常不称职的，他们只关注升学率、分数，而忽视了教育的本质是要培养出人格完善、思想独立的合格公民，如果对于校园欺凌行为不加以合理防治，那么这样的学校培养的学生很可能变成狂徒、懦夫，或者是没有是非观念的"和事佬"，所以此种错误观念必须改正。

错误十：学校大事化小

有的学校领导认为，发生校园欺凌行为会有损学校声誉，

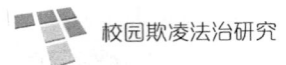

因此,最好不要认定发生此类行为。即使无奈认定了,也应该内部处理、息事宁人,不要上报,否则很影响领导、社会对学校的评价。这种为了政绩而对校园欺凌治理采取消极应对态度的做法,是值得批评和反思的。

以上十类错误,是我们研究校园欺凌行为防治过程中发现的错误观念,这些观念的存在,确实对治理校园欺凌非常不利,因此,应该明确列举,希望各个主体对照,早日革除。

第四章
教师如何防治校园欺凌

校园欺凌大多发生在校园及其辐射区域,教师对于预防、发现校园欺凌具有举足轻重的作用,本章为教师行动提供参考。

一、正确对待特殊学生

1. 对于特殊家庭学生的策略。①教师特别是班主任,要对于单亲家庭、父母离异、隔代教养、家庭暴力学生加强关心与辅导。②可以在班会上,适时讲解一下"不同的家庭组成格局及其所面临的问题"等议题,也就是对于单亲家庭、离异家庭、隔代抚养家庭及其面临的问题进行解释和正面引导,让其他同学尊重来自这些家庭的同学,使得这些同学从老师这里取得支持力量。

2. 对于特殊学生的策略。①对于残障学生、新转校学生,要成立"专门辅导小组",帮助他们克服困难。②教师对于这些特殊学生,应该建立专门的档案,对于他们的学习情况、同学关系情况及时记录,并且与其家长保持沟通。③请班上比较热心的同学,与新转校学生结对子,帮助该类学生尽快熟悉、适应、融入新学校的学习、生活。

3. 对于成绩落后学生的策略。①成绩落后学生大多会与校园欺凌产生关系,要么成为欺凌者、要么成为受欺凌者,基本上与其在学业上"缺乏自信"有关,因此应该指导这些学生在其他方面发掘自己的优点，比如在体育、文艺、美术等方面展示其特长。②对于学生多用鼓励的语气进行教育，对于学习落后的同学，更应以鼓励为主。如果学生有了好的表现，应该及时鼓励、肯定，这种鼓励和肯定对学生而言非常重要。③任何时候，都不要打骂学生，否则会引发不良的连锁反应。

4. 对于出现心理问题学生的策略。如果发现学生出现心理压力，应该采取措施予以介入，比如说请心理老师、心理咨询师辅导，或者与家庭合作进行减压活动。

二、有针对性地应对典型性校园欺凌

在校园欺凌中较常见的欺凌是肢体欺凌、言语欺凌、关系欺凌、财产性欺凌。

1. 防止肢体欺凌发生策略。要明确教育学生游戏与欺凌的区别，如果在游戏中，特定学生反复处于受支配地位，且无力摆脱该地位，则可以构成校园欺凌，教育学生在游戏中不可以有此类行为。

2. 防止关系欺凌发生策略。①班主任、教师要了解班级上同学关系特别不好、特别好的同学，对于这些同学可能存在或者出现的"同伴排挤、孤立"等行为早发现、早预防。②用被排挤的案例，来教育学生。③让同学们写感受，题目为"如果我被同学孤立我的心情会怎样"的小作业，借此让学生体会到受排挤的危害。

3. 防止言语欺凌发生策略。教育学生不得谩骂、取绰号、嘲笑、恐吓威胁其他同学。

4. 防止学生财产利益遭受侵害策略。①开主题班会，教育学生，凡是个人物品都受到法律保护，不得偷拿、损害他人财物，否则本人及父母将承担法律责任。②教育学生可以在自己的物品上进行标记，以免同样的文具、书本无法分清主人。

三、建立和谐的班级文化

1. 积极创建反欺凌班级文化。

（1）每个学期至少有一次班会，来讨论校园欺凌、人际关系排挤的问题，明确告诉学生进行校园欺凌、对同学进行排挤的危害，并且号召大家监督、举报此类行为。

（2）列举校园欺凌的类型，让学生知道何为欺凌。

（3）明确告诉学生，如果有谁对他人进行欺凌，自己将受到学校的有关惩罚，危害严重的案件中，本人和家长要承担法律责任。对本人可以采取责令退学的处理。

（4）鼓励大家拒绝欺凌行为，一旦发生欺凌行为，同学们应该立即上前，将欺凌者与被欺凌者分开，同时需要报告老师。

（5）设定自己班级的反欺凌口号，比如"好学生，不欺负别人""欺负同学，后果严重"等。

（6）告知学生校园欺凌将会产生何种责任和后果。

（7）教育学生，如果遭到挑衅，一定要告诉对方，你会告诉老师，或者告诉家长，实际上也应该及时告诉老师或者家长，老师和家长一定有办法处理好这个事情的。

2. 关注特殊群体。对于班上身高、体重、五官等身体条件特殊的同学，老师要留意观察同学们有没有起绰号、孤立等欺凌行为。要在班会上，提醒全班同学，与同学友好相处（当然，不能公开讲，不要嘲笑胖同学、肤色黑的同学，这样说反而会给这些同学带来困扰）。

3. 注意夸赞的平衡性。不能对学习好的、有特长的同学进行过分夸赞，对于学习落后的同学也要找到其优点给予适度夸赞，增加其自信心。许多欺凌行为发生，是因为受欺凌者不自

信、老师暗示而导致。

4. 鼓励学生学会换位思考。

（1）如果教师发现有学生喜欢戏弄他人、孤立他人，老师可以用做游戏的方式，让该学生处于"被戏弄、被孤立"的角色，让他切身感受到这种痛苦，从而不再做此种行为。

（2）对于学生干部、课代表、值日组长、小队长等进行适时调整，对于学习小组、值日小组人员组成进行合理调整，都对于改善学生之间关系有好处。

5. "优势互补法"。

（1）可以将学生分成学习互助小组，促进他们之间的互助与联系。

（2）不要出现在学习上或其他方面的不良竞争行为，也不要过分强调学习成绩的重要性。

（3）在班会上，可以组织请同学们互相把对方的优点讲出来的活动。

四、建立合理的矛盾化解机制

1. "公平执法"。

学生之间发生矛盾，教师应该既听取双方的意见，也要听取周围同学（证人）的意见，全面了解实际情况后进行处理。切不可为了息事宁人而"各打五十大板"。这样可以避免因教师处理纠纷不当，而引发校园欺凌的可能。更不能偏向学习成绩好的同学。

2. 正确处理"打小报告"问题。

（1）如果有学生"打小报告"，老师不能立即去找被报告的学生，否则会引发同学之间矛盾。老师应该利用其他机会去发现这个事情的原委，不能贸然行事。

（2）明确告诉学生，如果是本人遭受校园欺凌或者知悉他人受到校园欺凌，必须向老师报告，这不是"打小报告"，这是维护所有学生正当权益的要求。

3. 处理学生错误要"对事不对人"。

（1）学生犯了错误，老师应该就事论事，不能对该学生的人格、人品、家庭等进行否定，否则可能引起该学生的自我否定，也可能引起其他同学对其的嘲笑。

（2）如果该学生有优点，在批评这件事情的同时，可以适时肯定鼓励其优点。

（3）对学生错误行为进行处理，应将伤害控制在最小限度内，这是"最小侵害原则"的体现。

五、建立教师与家长良性互动机制

教师应当与家长合理交流。

1. 在家庭联络本上面，以鼓励、正面肯定为主，不要出现批评、负面评价，否则对于学生伤害会很大，会挫伤他们的自尊心、自信心。

2. 如果学生确实出现了比较明显的缺点，可以通过单独见面、手机联系等方式与家长进行交流。不要让学生感觉到老师特别讨厌自己，否则对其负面影响较大。

3. 与家长多交流教育理念，可以单独进行，也可以在开家长会时，统一交流。发现家长有不利于青少年成长的教育理念的，可以耐心与之沟通交流，以期望能有所改变。

4. 对学生的偏差行为进行处理之前，应该与家长进行合理沟通。

第五章 CHAPTER 5
家长如何防治校园欺凌

一、如何尽早发现欺凌行为

孩子受到欺凌，家长可能是最容易发现的主体。如果孩子遭受了欺凌，会发生以下情况，一旦家长发现孩子有下列情况之一，应该及时询问孩子，或者向学校设立的"反校园欺凌委员会"求助。这些行为主要表现有：

1. 情绪低落。孩子看起来有心事、不高兴、神情慌张、魂不守舍，但是不管如何盘问，都不肯说出缘由。此时，孩子可能害怕说出来，会遭受到更大的欺凌。

2. 可疑伤痕。孩子在运动和游戏中受皮外伤是比较常见的，但是如果在某些不容易受伤的位置产生伤口或者是挫伤痕迹，则应仔细追问。比如，大腿内侧、手臂内侧、脖子周围、耳后等处的伤痕就有可能是欺凌造成的。

3. 物品失损。如果新买的书包、衣服、书本、文具突然丢失，或者遭人为破坏，也应该进行仔细询问。

4. 性格反常。如果开朗、活泼、喜欢说话的孩子，突然出现少言寡语、对学习和生活失去兴趣等情况。再如性情温顺的孩子，突然出现对家人发怒、莫名抱怨的情况。

5. 不明病症。一反常态，连续几天说自己身体哪里不舒服，拒绝就医，或者虽然就医但并无明显效果，医生检查也没有发现明显病变。这可能是由于惊吓、精神紧张引起的。

6. 害怕学习。出现厌学、学习退步的情况，甚至有的孩子不愿意去上学。特别是对于那些本来喜欢学习、学业成绩较好的孩子，出现此类现象，更要引起注意，这很可能是孩子在学校遭受了欺凌的应激反应。

7. 突然失眠、惊醒。由于人受到欺凌后，会产生精神紧张、莫名恐惧、对可能受到的伤害的恐惧，所以会产生失眠或者半夜惊醒的情况。还有的孩子，在早晨大人推门进入房间时，会突然被惊醒坐起来。

8. 增加零用钱。突然跟家长多要零用钱或者是其他财物，很可能是由于学校有人对其进行勒索。

9. 明显丧失了自信心和自尊心。如果孩子本来是一个健康活泼、积极向上的孩子，但是突然出现害怕尝试、消极应对新事物等情形，家长要注意观察。

以上九个方面仅仅是根据实践中发生的案例进行总结所得，但是产生这些现象的原因很多，并不必然是遭受校园欺凌所致，所以家长和老师应该仔细观察和应对，不能过于迷信这些表现。

二、作为受欺凌者家长应该如何做

1. 发现真相需要技巧。如果直接逼问、反复追问，孩子不一定会说出来，所以要做到几点：第一，以倾听为主，不要过多打断和表现不耐烦情绪。第二，不要过分追击，可以跟孩子约定说出口的时间（比如约定两天以后再说）。第三，可以告诉孩子，无论发生什么事，自己都有能力保护他。第四，还可以告诉孩子，父母自己以及其他许多人，小时候都有被他人欺负的经历。

2. 为孩子树立正确的价值观。当孩子把事情说出来以后，要明确告诉孩子,无论是从法律、道德、社会还是学校、家长的角度来看,错误的都是欺凌者,而不是受欺凌者,自己根本不需要自责。

3. 告诉孩子不要与欺凌者正面冲突。告诉孩子,父母会通过合理途径解决,不要进行身体冲突,因为那些挑衅的人是不值得跟他们打架、发生直接冲突的。

4. 教会孩子正确的处理方法。

如果是遭受了言语欺凌,教会孩子使用以下方法应对:

(1)忽略对方的存在。对方嘲笑、挑衅等行为的目的是要看到受欺凌者惊慌、恐惧、沮丧的反应,如果受欺凌者完全无视对方的行为,则可能使得欺凌者罢手。

(2)以幽默方式回答。如果欺凌者嘲讽孩子是"武大郎",孩子可以回答"董存瑞个不高,关键时刻能举炸药包"。如果对方嘲笑孩子皮肤黑,孩子可以回应"皮肤黑是健康的表现""欧洲人还专门去海边把皮肤晒黑呢"等。由于对方得不到侮辱他人的快感,也会罢手。

(3)有理有力有节地回应。第一,可以告诉挑衅者,他们嘲笑别人是错误的行为,每个人都有不同的特征,要求他们立即停止这种行为。第二,可以明确告诉对方,他说什么,你根本不在乎。第三,可以明确告诉对方,你可以把这种错误行为告诉老师或者家长,他们一定会受到应有的惩罚。

如果是肢体欺凌,不能以以上方法应对了,必须向学校、家长报告。

5. 在平时教育中要以鼓励为主。有的家长经常会对孩子进行全面否定的批评,如"你真笨""你就不如人家某某",这样的教育显然会导致孩子失去自信心和自尊心,容易成为受欺凌的导火索。当然鼓励要恰如其分,如果过分拔高夸赞,也会带来不良后果。

6. 与学校沟通。父母在了解了一定基本信息以后,应该与班主任、学校主管人员进行沟通。以便对后续问题进行合理处理。

三、作为欺凌者家长应当如何做

1. 要认识到欺凌对于欺凌者也有危害。根据各国跟踪调查,经常欺凌其他人的孩子,长大以后负面人格、暴力倾向也会存在,犯罪率要比正常人群高出十几倍。因此,家长不要庆幸自己的孩子在欺凌关系中处于主动地位。

2. 教育孩子什么是欺凌。根据本书下篇第一章的内容,家长平时就应该告诉孩子哪一些行为是属于欺凌的,是绝对不能做的,如果做了这些事情,自己可能被学校开除,家长也会承担相应责任。

3. 言传身教。从欺凌行为研究成果来看,许多具有欺凌他人倾向的孩子都是受到了家长的不良影响,成长于一个父母经常谩骂、动辄大打出手的家庭,孩子很容易变得具有欺凌他人的倾向。

4. 对症下药。仔细观察、询问,探索孩子欺凌他人的真正原因是什么,然后有针对性地去解决。第一,如果孩子不知道其行为是欺凌,就应该明确告知。第二,如果孩子因为没有零花钱而抢夺他人财物的,则应该反思自己对孩子的财物管制方法。第三,如果孩子是模仿自己的行为,就要改变自己的习惯。第四,如果孩子是对具有某些特征的孩子具有偏见,就应该进行正面教育。第五,如果孩子是因为精力过剩、无聊而欺凌他人,应当为其安排丰富的体育运动、艺术活动以便于分散其过剩精力。

5. 教育孩子能够将心比心。让孩子设想，如果自己遭受同龄人欺凌，自己会是什么感受，借此教育孩子不要欺负他人。可以讲一下"己所不欲勿施于人"的道理。

6. 教育孩子接受差异之美。告诉孩子，世界上没有完全相同的两片树叶，人在外表、语言、习惯、性格上存在差异是很正常的事情，应该接受这种差异，而不要去嘲笑这种差异，这是一个文明人最基本的素质要求。

第六章

CHAPTER 6▶

学生如何面对校园欺凌

学生是遭受校园欺凌的直接主体，因此提高学生群体整体应对校园欺凌的能力，是根治校园欺凌最重要的关键环节。

一、自己被欺凌应当如何做

1. 必须立即告诉家长或老师。原因在于：第一，一味忍让，对方可能会变本加厉；第二，不告诉家长或老师，他们无法猜到这个事；第三，一旦告诉家长或老师，他们能够有效处理，此类事件以前也经常发生，父母和老师有处理问题的经验和能力；第四，如果不举报，欺凌者会继续欺凌别人，尽早揭发对于他人也是保护；第五，如果一味纵容欺凌者，他们以后会做出更坏的事情，可能走向违法犯罪深渊，因此，揭发行为也是对欺凌者的保护；第六，揭发该行为，并不是"打小报告"，而是对自己、其他人、欺凌者都负责任的一种正义行为。

2. 一定要知道有错误的人是欺凌者。所有人不分种族、信仰、性别、特长、性取向、外貌、运动能力、学习成绩等，都一律平等，任何人以上述理由对你进行取笑，都是错误的，必须告诉家长或老师来纠正他，受欺凌者没有任何过错，错误都在欺凌者身上！

3. 对待肢体欺凌，一定不能"以暴制暴"。遇到欺凌行为，必须首先告诉家长或者老师进行处理，如果自己使用暴力还击或者找来自己的表哥、朋友等人来"报仇",最终的结果往往是以打架斗殴、破坏校规校纪来处分,如果发生伤亡事件,还会吃官司。因此,遭受欺凌虽然是不幸的,但是一定不能进行"暴力回击"。

4. 对待言语欺凌,一定要巧妙应对。言语欺凌实施者,目的是通过言语伤害,使得受欺凌者气愤、苦闷、哭闹甚至逃避上学,因此只要能够避免以上情况发生,欺凌者就会主动放弃欺凌。有四种技巧可以采用。

第一,忽视对方。可以完全忽视,不予理睬,把对方说的话当成空气。

第二,表示无所谓。比如对方嘲笑你是"小胖墩",可以回应说"你去看看鹿晗小时候的照片,也很胖,但是后来是可以变瘦的。"或者说"胖并不是缺点呀!"

第三,平静应对。当对方在嘲讽自己的时候,可以回答"谢谢夸奖",并不表现出生气的样子,即使你内心生气也不要表现出来。这样的话,对方不知道你的真实想法,也就不愿意自讨没趣了。

第四,严厉反驳。如果对方嘲笑你长得矮,可以严厉回复"人重要的是内涵,而不是外表。有一些人个子虽然高,但是肚子里都是草,又有什么用呢?"

以上四种方法可以灵活运用,当第一次遭受言语欺凌后,可以回家反复操练,准备充分,因为言语欺凌者并没有能力和胆量来对你进行更加暴力的欺凌,仅仅是希望言语上占上风,"过嘴瘾而已",如果你能巧妙回击,他无法看到你的"丑态"发生,一般就会收手。如果继续纠缠,断然向家长和老师寻求支援,一定能解决。

二、如何参与防治校园欺凌

在学校防治校园欺凌的问题上，每一个学生的直接参与对于解决问题确实具有非常重要的作用，下面就谈一下学生应该怎么对待该问题。

1. 自己不要欺凌他人

我们一定要记住"弱肉强食"永远都是低级动物的法则，作为高等动物的人类不应该这样去做，原因是：第一，任何被欺负的人也是有感情的，不应该伤害他们；第二，欺负别人的人因为在欺凌行为中尝到了眼前的甜头，最终会形成扭曲的人格，成年后会有暴力倾向甚至走上犯罪道路；第三，一旦欺凌事件被揭发，老师、家长、朋友都会对欺凌者产生不良印象，甚至引起朋友的疏远；第四，如果一个人从小就有爱欺负人的名声，将来在就业、成家、社会交往中都是一个坏名声。

2. 远离欺凌者

记住，经常欺负人的人要么是有心理问题，要么是恃强凌弱者，要么是懦夫。如果你身边有这样的人，一定要劝说他不要去欺负人。如果实在无法劝说，就不要跟这样的人做朋友，因为这件事失去朋友是值得的。人一定要有是非观念，小时候经常欺负他人，成年后可能发展为坏公民，甚至犯罪分子。如果劝说他们向善不成，还是尽早远离他们。

3. 己所不欲，勿施于人

文明社会的人应该具有换位思考、体谅他人处境的"同理心"，孔子说人与人之间相处应该遵守"己所不欲，勿施于人"的原则。你想别人如何对待你，你就应该如何对待别人；你不希望自己受到这样的对待，也就不要去这样对待别人。我们当然不希望有人无端对我们进行打骂、抢夺财物、起绰号、孤立冷落等，那么你也不要去这样对待他人。因为，你要想到有朝一日当你受到这样的对待，你会有多么痛苦。你看媒体报道，有许多孩子因为受人欺负，最后都选择了自杀或者是反击他人引起欺凌者伤亡。因此，换位思考是我们与他人相处的重要法宝。

4. 尊重差异

在家庭里，我们可能是家里的孩子，大人们也不会过分与我们争执，凡事都由着性子来，久而久之就会觉得自己是永远正确的，这种想法实际上是大错特错的。"世界上没有两片完全相同的树叶"，同样也没有两个完全一样的人。因此，你千万不要因为民族、肤色、家庭出身、信仰、生活习惯、家乡、外表、性别等因素而嘲笑或者欺负他人，每一个人的存在都是有其价值的，你对这个问题认识得越是清晰，表明你的人格越是完善、心理越是成熟。只有愚昧无知的人，才会去嘲笑、欺负他人。如果能够悦纳与自己有差别的人，那么就达到了"有容乃大"的境界了，也是一个人走向成熟的标志。

5. 培养"以志帅气"的本事

"志"是我们的理智，而"气"是我们的情绪。我们每一个人都会生气，比如父母不理解我们、老师不公平对待我们、朋友误解我们、跟路人发生小摩擦，等等。当我们情绪不好的时候，我们应该学会自己控制自己的情绪，这就是"以志帅气"，是个人修养的很高境界了。

当然，如果把不良情绪憋在心里也会引发疾病，所以我们要有自己发泄情绪的方式，比如说去踢球、踩动感单车、野外大声歌唱、和朋友谈心等，每个人一定都有发泄不良情绪的途径。当我们做到在生气时能够较好地控制情绪，而又能找到合理途径发泄不良情绪，那么我们就不会变成令人讨厌的欺凌者了。

6. 要大胆揭发欺凌行为

最后也是最重要的,请记住,任何时间、任何地点发现有人遭受欺凌,必须向老师、家长报告,因为这样做可以防止发生更大的危害。即使十年、二十年后回过头来看,这也是一件大好事。这不是一般的"告密""打小报告",因为你对欺凌的危害应该认识比较清楚了,绝对不应该允许这种事情在我们周围发生。当然,你的老师、家长也会替你保密,不能说是你揭露的,从而打消你的后顾之忧。

第七章
学校防治校园欺凌的整体策略

防治中小学校校园欺凌，学校是最重要的基地，学校应该采取针对性强、系统性强的措施，防治结合。

一、建立专门组织

学校成立专门"反校园欺凌委员会"。成员由校领导、学生家长代表、教师代表、专业心理医生、律师（或大学法学教师、法学博士等法律工作者）、社会工作者、公益社会组织成员等组成。专门组织的成立，从形式上宣示了学校对于该问题严厉打击的决心。该组织实际上负责反欺凌宣传和发现、防治工作。

根据其他国家和我国台湾地区的经验，此类组织，应该做到人员责任明确、职责清晰。该组织大概人员职责应该做如下划分：

（一）领导小组

1. 主任一人。一般由校长或者主管副校长担任。全面负责本校反校园欺凌工作。

2. 副主任一人。一般由教导主任担任。对于各项工作进行规划、推进、总结。

3. 主任助理一人。由教导处干事担任。配合、协助副主任工作。

（二）校园环境安全督导小组

设组长一人，组员 3~5 人，由教导处干事、班主任、老师等人员组成。主要职责有：

1. 整体规划推进校园环境安全督导工作。
2. 在可能发生校园欺凌的偏僻场所安装报警器、摄像头等。
3. 安排人员在课间、放学后到特定的容易发生校园欺凌的场所进行排查。
4. 详细制定校园安保人员职责、执行安全保卫工作具体流程等。
5. 制定本校门卫管理制度、进出校园管理制度、学生宿舍管理制度等，并负责监督落实。

（三）反欺凌宣传小组

设组长一人，组员若干人。主要职责有：

1. 研究如何在法治教育、品德教育、生命教育、安全教育等课程中安排反校园欺凌内容。
2. 研究如何在《学生手册》中增加反校园欺凌内容。
3. 负责本校《反校园欺凌手册》编写工作。
4. 对于所有教师（特别是新进教师）进行《反校园欺凌》课程培训。
5. 研究如何通过"主题班会、校园宣传栏、班级宣传栏"等途径宣传反校园欺凌的方案。
6. 负责组织编排反校园欺凌情景剧、模拟法庭等宣传活动。
7. 安排校外法官、律师、警察等法律人员进入学校进行反校园欺凌讲座。

（四）反校园欺凌心理辅导小组

设组长一人，组员若干人，组长一般由本校资深心理咨询老师担任。如果本校没有心理老师，需要到校外机构聘请。主要职责有：

1. 为特殊学生建立档案，指导班主任对特殊学生进行跟踪关注。

2. 对于已经认定的校园欺凌关系人（欺凌者、受欺凌者、协助者）建立档案并且跟踪辅导。

3. 制定反校园欺凌"心理干预预案"，一旦发现学生需要进行干预，即需要启动预案。

4. 负责与欺凌者、受欺凌者、协助者家庭建立联络，跟踪辅导。

5. 安排老师对需要补课的学生进行补课，并且告知特别注意事项。可以组建教师志愿者队伍，负责对问题学生、欺凌者、受欺凌者、协助者进行补课辅导。

（五）校园欺凌危机公关小组

由组长一人、组员若干人组成。主要职责有：

1. 负责全校每年一次（或半年一次）反校园欺凌问卷调查、统计工作。统计本校校园欺凌案件的件数等基本数据。

2. 当校园欺凌发生后，负责对外宣传、通报事宜，为"反校园欺凌委员会"主任向上级部门、向社会汇报和通报提供全面准确的材料。

3. 制定本校校园欺凌突发事件应急处理预案、流程。

4. 不定期进行对模拟校园欺凌发生后的应急预案的演习。

5. 负责校园周边区域巡逻，防止校园欺凌发生。

6. 在对本校校园欺凌数据进行统计的基础上，分析本校校园欺凌的特点，制定特殊的防治措施。

对于校园欺凌事件进行现场调查开会时，由以上各个小组派出成员组成现场调查、认定小组。

二、采取有力措施

1. 对于本校专门教师进行培训，提高教师对校园欺凌的重视程度和应对能力。对于"反校园欺凌委员会"成员要进行专门培训，使之具备专业性的应对、处理能力。

2. 发挥班级管理的作用，要求班主任在班级建设中，注重防范校园欺凌。

①成立"班级反欺凌小组"，随时发现、报告班级出现欺凌的情况，对欺凌发生进行全天候防范。②将学生纳入学习小组之中，告诉学生，学习小组中的同学遭受欺凌，其他成员必须向老师及时汇报，以集体的力量对抗个别学生的暴力倾向。

3. 学校公开联系方式，使受欺凌者可以更容易得到帮助。在学校教室内、教学楼和办公楼楼道、食堂、宿舍、操场、体育馆、超市等所有场所的醒目位置张贴公布反校园欺凌的电话、电子邮箱、投诉信箱等联系方式，以此对校园欺凌行为发挥持续性的高压防范态势。

4. 学校进行持续性数据积累。有条件的学校应该对本校发现、查处的校园欺凌事件建立档案予以保存。同时，应该定期（每学期或每学年）在全校展开匿名问卷调查，观察本校校园欺凌的情况。问卷应当采取匿名方式，可以让学生填写后投递到学校公共的投票箱内，而不是以班级为单位，彻底打消学生疑虑。问卷内容主要包括：自己是否欺负他人，自己是否受到他人欺负，自己是否见过有人欺负他人等，可以包括欺负的次数、方式，还可以包括自己认为学校、老师应该采取何种方式打击此类现象等内容。

5. 学校需持续性进行反校园欺凌教育宣传活动。在全校形成反校园欺凌的氛围，使广大师生充分认识到欺凌的危害性。宣传形式包括但不限于：主题班会、学校大会、学校宣传栏、班级黑板报、讲座、报告、情景剧、模拟法庭活动，等等。

6. 教育学生自己作为旁观者或者受欺凌者，必须第一时间报告老师或者家长。成人能够正确处理这件事情，而且报告该行为是理所当然的，不是"打小报告""告密"的行为。

7. 在放学以后，由专门值班老师确认所有学生都离开了学校，对于隐蔽的场所，要重点进行排查。

8. 在厕所、建筑背后的过道、假山背后等僻静场所，设置标志明显的警报铃、摄像头，而且告诉学生们遇到紧急情况可以按铃报警，这样对于计划实施欺凌的学生也是一种警告。

9. 设置专门经费用于处理校园欺凌事件，作为预防、治理校园欺凌行为的专项经费。

三、加强相关法治教育

1. 在《学生手册》中必须包含反校园欺凌的基本内容。主要包括：①校园欺凌的类型、危害；②学校专门负责防治校园欺凌组织的职责、联系方式；③学校处理校园欺凌的流程；④欺凌者有可能承担的校规校纪责任、法律责任；⑤教师和学生防治校园欺凌的发现、揭发义务。

2. 编制《我是好少年，我不欺负别人》的小册子。该宣传册包含的主要内容有：①将典型的欺凌案例编写其中，教育学生不要做欺凌他人的坏事；②将校园欺凌可能引起的法律责任写进去，起到警示作用。③这一部分内容，可以纳入《法治教育》课程中；④增加反对编造、传播性谣言、起性别歧视性绰号的教育。

3. 提升学生法治观念。以上内容都应该纳入中小学"法治教育"课程的正式教学之中。所有教务人员和教师，都有义务将基于受教育权、基本人权的法治观念传授给学生：①平等权观念。告诉学生，所有人不因其民族、种族、信仰、家庭、外表、能力等差异而不平等，不得歧视任何人；②受教育权观念。

任何人对同学的欺负，都是对他人正常的受教育环境的破坏，侵犯了他人的受教育权；③教师责任。任何老师，只要知道有人遭受了欺负，完全有责任第一时间站出来，对欺凌者的不当行为进行纠正辅导，对于受欺凌者进行最大限度的保护；④学生义务。凡是看到发生欺凌事件的同学，都有义务通过公开或匿名方式将此情况报告学校或者老师；⑤学校依法治校的必然要求。告诉学生学校有一套完整规则和处理机制应对校园欺凌问题，一旦出现校园欺凌事件，学校必然启动处理机制，合法合理、公平高效地处理此事件，任何人不得存侥幸心理。

四、加强校内外合作

1. 可以安排警察、法官、检察官、律师等专业人员，对学生进行教育，让学生明白欺凌行为的严重后果和法律责任，从而对学生起到极大的威慑作用。

2. 邀请家长、社会组织志愿者等，参与排练校园情景剧活动，模拟校园欺凌发生后，欺凌者及家长进行赔礼道歉、赔偿损失、承担法律责任等情景，使得学生受到身临其境的教育。

3. 劝说家长让孩子少带金钱和贵重财物到学校，避免抢夺财物行为发生；发现学生之间出现的不正常的借贷关系，老师应当及时介入；告诉学生"凡是强迫或使用暴力向他人借钱的行为，与盗窃行为一样。"

4. 对于经常欺凌他人或者具有欺凌倾向的学生，要与教导主任结为对子，教导主任与该学生家庭经常保持联系，对该学生进行特别专门教育，以减少校园欺凌发生的源头。

5. 与心理医师建立联系，保证在发生校园欺凌后，能够对受欺凌者进行及时的心理干预，避免精神损害扩大。

第八章
校园欺凌发生后的调查程序

一、发现与初评阶段

1. 发现途径包括:
（1）老师、班主任观察发现;
（2）通过校内举报电话、投诉信箱、电子邮箱等投诉方式发现（可能是学生、家长进行举报而来）。

2. 建立对举报者的必要保护措施。除了直接受理人，不让其他人知悉举报人具体信息。如果是匿名举报，也应该调查、处理，这样更有利于保护举报人、受欺凌者的权益。

3. 进行初评。由班主任、学校专门负责处理校园欺凌的人员进行初评，初评内容包括:
（1）评估该行为的性质及危害程度;
（2）如果评价为一般矛盾，可以直接解决；如果评价为疑似校园欺凌行为，要立即报告学校"反校园欺凌委员会"，同时报告校长。

4. 如果本校专门负责处理校园欺凌事件的人员认为危害比较严重，应该汇报校长，启动"心理干预预案"，由心理学家、心理医生介入，对受欺凌者进行心理干预。

二、开展调查阶段

1. "反校园欺凌委员会"应该立即与欺凌者、受欺凌者及其他参与人的家长联系,交流初步情况。

2. 对相关学生展开访谈。有必要的,可以对涉事班级展开匿名问卷调查,以便最大限度掌握真实情况。

三、现场评估阶段

1. "反校园欺凌委员会"由校长召集,举行现场调查与认定会议。关于"反校园欺凌委员会"每一类成员应该有多位候选对象,每次开会可以抽签决定,更加保证处理结果的公正性、中立性。委员会成员应该为 7~11 人,最终判定应当以投票表决决定。(反校园欺凌委员会成员组成、小组分工,在本书上一章第一个问题中有介绍)

2. 现场评估会议,涉事学生家长应该全程参与。

3. 进行事件调查过程中,欺凌者、受欺凌者、其他学生都会进行陈述。任何学生陈述时,其他学生不得在现场,防止相互影响。

4. 最终判断。通过前期调查、现场调查两方面内容,"反校园欺凌委员会"成员应充分讨论该行为是否符合"校园欺凌标准",如果有异议,对于有异议的地方应该进行深入讨论,涉事学生父母可以提出自己的意见和观点。最终表决采取记名表决方式。

5. 各个学校应该根据本手册第一章第三个问题"构成校园欺凌的基本特征"来制定本校认定校园欺凌的标准。标准主要包括以下几个方面:①具有欺负行为;②具有伤害的故意,过失不应该构成校园欺凌;③行为人与受欺凌者之间具有某种地位不平等；④对于受欺凌者已经造成了身体上、精神上的伤害，精神伤害由心理学家、心理医生、医师进行认定；⑤"委员会"自己认为应该作为考量因素的其他因素。

该认定标准应该在"反校园欺凌委员会"成立后，经过与专家反复讨论形成书面文件，并且印制在《学生手册》《反校园欺凌手册》上予以公开、公布。

6. 事件分级处理。对于构成校园欺凌的事件，最后认定结果应该有四个级别。

四级欺凌事件：偶发事件，欺凌者平时无不良行为记录，对于受欺凌者伤害较小，欺凌者及家长认错态度良好，取得受害学生及家长的谅解。

三级欺凌事件：欺凌者此前有过不良行为记录。

二级欺凌事件：具有下列情形之一者可以认定为二级欺凌事件：

（1）参与欺凌的人数多于1人；

（2）欺凌次数多于1次；

（3）对受欺凌者造成较大伤害；

（4）欺凌者或者其家长对于问题严重性认识不足。

一级欺凌事件：具有下列情形之一者可以认定为一级欺凌事件：

（1）经媒体曝光，产生了较大社会关注和不良影响；

（2）欺凌手段残忍；

（3）受欺凌者受伤害严重；

（4）欺凌者或者家长对行为的恶性认识错误，对于调查不予配合，甚至出现蛮横无理、阻扰调查等行为。

四、通报阶段

1. 学校应当由专门负责处理校园欺凌事件的人员对外通报

相关事件的调查进程、调查结果、后续处理等问题。

2. 对于被认定为三、四级校园欺凌事件的，根据"校园欺凌委员会"的决定，在班级内、校内进行通报。

3. 对于构成一级、二级校园欺凌事件的，根据社会影响，向社会通报。

4. 以上通报，对于当事人的个人信息、班级信息、具体欺凌行为细节都进行保密。

5. 媒体报道过程中，对于欺凌事件发生的学校、当事人基本信息、欺凌行为细节应该保密。

6. 如果已经涉及违法、犯罪问题，应该及时向公安机关报案。

第九章
CHAPTER 9▶
校园欺凌行为认定后的处理

一、对于欺凌者、协助者的处理

对于欺凌者、协助者的处理措施,应该以明确方式规定在处理意见书中,欺凌者、协助者及其家长签字后,应当按照要求执行。

1. 对欺凌者家长进行全面培训,让其明确知道校园欺凌对于双方的危害性,并且让他们完全掌握本手册关于家庭防治义务的内容。

可以采取的责任方式有:

(1) 要求欺凌者、协助者在班级或更大范围内公开进行检讨。

(2) 要求欺凌者、协助者(可以要求家长一起)参加学校劳动、值日或周末到学校上课等。

(3) 欺凌者、协助者家长对于周末到学校上课,应该缴纳一定金额费用,给加班老师作为加班津贴。

(4) 处理决定中可以规定一个"留校察看"期限。

(5) 要求欺凌者、协助者调离原班级,与受欺凌者进行隔离。

2. 学校设定专人与该欺凌者家长保持联系,共同配合做好跟踪、辅导、转化工作。

3. 采取"留校察看"措施的，在该期间，欺凌者应该受到严格监督，如果再有类似行为发生，则采取更严厉措施。如果到期没有再犯则解除"留校察看"措施。

4. 对于给受欺凌者造成的物质损失及精神损害，欺凌者及其监护人应当承担相应的民事责任。

5. 对于在查看观察期间，仍然发生欺凌行为者，采取1~2周的隔离学习，隔离期间，由学校安排教师给其补课（保护欺凌者的受教育权，同时给予其比较严重的惩罚）。补课期间，欺凌者、协助者监护人应当支付一定金额费用，作为老师加班的津贴。

6. 对于欺凌倾向更加严重者，可以采取短期开除，或者永久开除措施。（该学生可以转学，但是这也是对其的一个警醒，警告他不会再轻易去欺凌他人）

如果欺凌者转学，其欺凌记录，应当随其档案一并转入新学校，由新学校进行继续观察、辅导。

7. 以上条款，对于协助者同样适用。

二、对于受欺凌者的跟踪辅导

1. 从发现行为开始，任何一个阶段，如果学校主管校园欺凌人员认定疑似校园欺凌行为的，都要第一时间启动"校园欺凌事件应急预案"，主要包括对受欺凌者进行心理辅导、心理治疗，还有就是尽量将欺凌者与受欺凌者分开学习。

2. 对于受欺凌者家庭应该提供专门帮助，由学校"反校园欺凌委员会"安排专人负责。

3. 对于暂时不愿意去学校的同学，可以安排老师、同学进行补课。

4. 班主任、班干部对于受欺凌者，在班级内应该构建特别

关注和保护体系，防止类似情况再次发生。

三、进一步预防欺凌事件发生的策略

1. 班主任、主任及学校主管校园欺凌防治人员，对于发生过校园欺凌的班级，应当持续性关注、与该班级学生保持联系，以便杜绝类似事件再次发生。

2. 学校为欺凌事件涉事学生家长建立档案，由学校专人对接，至少2周联系一次，关注学生近况，并提供必要帮助。

3. 班主任为欺凌事件涉事学生建立档案，将此类学生日常表现、转变过程、学业情况记录在案，备查。

4. 每学期教师大会、学生大会，必须专门强调校园欺凌的类型、危害、法律责任及本校严厉处置的态度，特别是对于本校处理过的典型案件，要进行匿名宣传、强调，起到警醒作用。

5. 对于新进教师，全员进行培训，使之熟悉校园欺凌相关知识，以此提高其防治、发现、处理能力。对全体教师每年至少进行一次相关知识、处理技能培训。

6. 对于已经具有不良行为记录的学生本人及其所在班级，要重点关注，嘱咐任课老师在课堂、自习课上观察有无异样，及时发现问题。对于此类班级，应该由学校安排校外法律专家、校内老师进行专门的"校园欺凌防治"法治教育。

7. 学校年度预算中，应留有一定比例经费预算用于处理校园欺凌事件。

四、对于认定结果不服的申诉问题

如果涉事家长对于学校认定的校园欺凌事件不服，可以向上一级教育行政主管部门（教育局）进行申诉。

教育行政主管部门应当设立专门受理此类申诉的组织。

第十章

工作表格及治理对策运用问题

一、校园欺凌状况调查问卷

中小学校应当于每个学期进行一次全校范围的"校园欺凌"问卷调查,以便掌握本校在防治"校园欺凌"事件策略上存在的问题。

问卷可以针对全部学生,也可以针对一定比例(30%以上)学生,但是,要保证每一位学生在一年内必须接受一次问卷调查。

问卷调查使用匿名制方式。匿名制有利于掌握全校整体情况。

校园欺凌防治调查问卷

亲爱的同学:你好!

学校对于发生在学生之间的校园欺凌问题非常重视,学校设立了专门组织对该问题进行专门化、持续性治理。请你按照实际情况填写本问卷,你提供的所有信息都是保密的。你如实回答问题,对于保护你自己和其他同学都具有非常重要的意义。谢谢你的配合!

校长：

姓名：　　　　年龄：　　　　年级：　　　　性别：

过去一年内发生的事件在空格处打√	发生过0次	1~3次	3~10次	10~20次	20次以上
1. 有同学殴打我					
2. 有同学向我索要财物					
3. 有同学孤立我					
4. 有同学用言语侮辱我					
5. 有同学威胁要伤害我					
6. 有同学通过手机、微信、网络伤害我					
7. 在过去一年内见过有同学被欺负的情况					
如果见到同学被欺负，你能否写下同学的名字，这样能够让同学摆脱困境，我们能够帮助他（她）。 同学姓名：_____ 受到欺凌的类型是本表所列第_____种（1~6） 该欺凌行为发生的大概时间是：_____ 你对该欺凌行为的大概描述：_____					
8. 在过去一年内你有发生过欺负其他同学的情形					
9. 你知道学校有哪些治理校园欺凌的措施吗？请写下来					

续表

10. 你认为学校在治理校园欺凌方面还有哪些不足？	
11. 你有感受到自己在其他方面受到欺负吗？请写下来	
12. 如果看到有人受到欺凌，你愿意挺身而出举报吗？如果不愿意，请写明原因	
说明：如果你本人或者其他同学遭受任何形式的校园欺凌，请立即报告给学校，学校会尽快处理，保护受欺凌者的利益。 1. 本校举报信箱设置地址： 2. 本校举报电话： 3. 本校举报电子邮箱：	

二、本校校园欺凌状况调查问卷汇总表

本校校园欺凌状况调查问卷汇总表

1. 问卷调查对象：

2. 问卷调查完成时间：

3. 问卷所问问题是：过去 1 年内发生的校园欺凌问题进行统计

（在空格内填写，每个年级学生回答发生校园欺凌的次数）

年级	问题	发生过0次	1~3次	3~10次	10~20次	20次以上
1年级	1. 有同学殴打我					
	2. 有同学向我索要财物					
	3. 有同学孤立我					
	4. 有同学用言语侮辱我					
	5. 有同学威胁要伤害我					
	6. 有同学通过手机、微信、网络伤害我					
	7. 在过去一年内见过有同学被欺负的情况					
	8. 你有欺负过他人吗					
	9. 看到有人受到欺凌吗					
2年级	1. 有同学殴打我					
	2. 有同学向我索要财物					
	3. 有同学孤立我					
	4. 有同学用言语侮辱我					
	5. 有同学威胁要伤害我					
	6. 有同学通过手机、微信、网络伤害我					
	7. 在过去一年内见过有同学被欺负的情况					
	8. 你有欺负过他人吗					
	9. 看到有人受到欺凌吗					

(每个年级一个表格进行统计，可以看出来趋势)

三、校园欺凌事件当事人跟踪辅导记录表

一旦校园欺凌行为得到确认，对于欺凌者、受欺凌者、旁观者（协助者）都必须建立档案进行跟踪辅导，一般至少要跟踪6个月，情况特殊的可以延长跟踪期，每次延长时间为3个月，经过本校"反校园欺凌委员会"讨论决定。

本表格在对学生进行跟踪辅导建立档案时使用，跟踪记录频率根据需要可以定为1周一次至1月一次，根据事件具体情况确定。

校园欺凌事件当事人跟踪辅导记录表

基本信息	姓名：　　　年级：　　　性别：　　　年龄： 记录人：　　记录时间：　　电话：
角色	欺凌者（　　）受欺凌者（　　）协助者（　　）
共同生活家庭成员及其工作	
家庭经济情况	
与父母关系	融洽（　　）一般（　　）隔阂（　　） 其他：_____
先前不良行为记录	无记录（　　）有记录，记录内容是：
案情简介	
案件认定结果	

续表

制定跟踪辅导计划内容	
本次跟踪辅导情况	
是否终结跟踪	否（　　）继续跟踪辅导。是（　）。 作出解除决定会议时间、地点、参与人

（如果反校园欺凌委员会认为该学生生活、学习及日常行为、心理已经完全恢复了，可以作出解除跟踪辅导决定，记录在案。）

四、校园欺凌事件处理流程记录表

一旦学校接到对校园欺凌行为的举报，必须建立一个记录表，因为整个事件处理时间比较长、流程复杂，所以本表需要详细记录过程。

校园欺凌事件处理流程记录表

填表开始时间：_____ 制表人：_____

阶段	具体内容	是/否	填表人
发现	发现途径是：		
初评	是否属于校园欺凌		
	是否应当报告公安机关		
	是否转报"反校园欺凌委员会"		
	是否应启动"心理干预预案"		
开展调查	与涉事学生家长进行了联络		
	对相关学生展开访谈		
	对涉事学生班级开展匿名问卷调查		

续表

阶段	具体内容	是/否	填表人
现场评估	涉事家长参加		
	涉事学生、知情者陈述是否一致		
	具有欺负行为		
	具有伤害的故意		
	行为人与受欺凌者之间具有某种地位不平等		
	对于受欺凌者已经造成了身体上、精神上的伤害		
	行为人做出该行为有"合理"理由		
	受欺凌者有能力选择自由退出被动地位、角色		
	受欺凌者是否明确感受到自己受到了欺负并为此而沮丧		
	"委员会"自己认为应该作为考量因素的其他因素。 这些因素是：		
	该事件认定为几级：		
通报	以何种方式进行通报：		

续表

阶段	具体内容	是/否	填表人
对欺凌者、协助者处理及跟踪情况	对欺凌者家长采取何种培训：		
	对欺凌者及家长采取何种处罚措施：		
	负责与欺凌者家长进行跟踪联络者姓名：		
	欺凌者承担的民事责任：		
	欺凌者有无构成违法犯罪：		
	欺凌者留校察看期限是：		
	是否采取"隔离学习"：		
	是否有"转学""开除"情形：		
对受欺凌者的跟踪情况	是否进行心理治疗：		
	对欺凌者家庭进行帮助的人员是：		
	帮助措施有：		
	在发生欺凌行为的班级是否开展专门法治讲座：		

POSTSCRIPT ▶

后 记

一、初次接触

2016年3月，华东师范大学法学院从上级教育部门接到一个小课题——编写一个"校园暴力"短片剧本。张惠虹书记嘱我尝试，我此前并未接触过"校园暴力"概念。我与学生左亮国等着手编写，后发现"校园暴力"有两层含义：第一，校外人员侵入学校伤害师生权益；第二，校内学生之间相互欺负。请示委托领导所需短片为何，领导回复以"学生间欺负、暴力"为主。于是，我们一周内完成短片剧本编写。此项工作引发了我对"校园欺凌"问题的思索。

2016年4月28日，国务院教育督导委员会办公室印发了《关于开展校园欺凌专项治理的通知》，该通知第一次以正式文件的形式确立了"校园欺凌"的概念。5月25日，华东师范大学法学院组织了"向校园欺凌说'NO'"跨学科对话，教育学王占魁副教授、心理学李凌副教授对"欺凌"问题谈得比较深入，因为这个话题与他们之前的研究相关性较强。我从法学视角谈，就谈得很浅，因为当时对此所知不多，仅仅浏览了国外一些立法情况而已。讨论结束后，张志铭院长进行总结发言时，提出一个问题"什么是校园欺凌"？

张院长的问题给我带来了非常大的启发。起初，我并没有认为这是一个问题，当然也不知道答案了。不过，此事过后，我意识到这可能是一个问题，于是在接下来的一段时间都在搜集资料研究"校园欺凌的概念"这个问题，但是资料不好找。于是，我又搜索"校园暴力""校园霸凌"等相关资料，经过研究发现三者既有共通性，又有区别，于是经过一番爬梳后完成了第一篇论文"校园欺凌的概念界定"初稿。在看资料时发现，日本有这方面的立法，于是我便向在日留学的闻志强博士（现为广州大学法学院讲师，时为华东政法大学在读博士）咨询，志强博士不辞辛劳，翻译了日本立法文件并且搜集了三万余字资料。我在这些资料的基础上，选择能够为我国借鉴的部分，与志强博士完成第二篇论文"日本中小学校园欺凌治理经验镜鉴"。

二、循序渐进

2016年11月1日，教育部联合中央综治办、最高人民法院、最高人民检察院、公安部、民政部、司法部、共青团中央、全国妇联等部门印发了《关于防治中小学生欺凌和暴力的指导意见》。以此为契机，教育部青少年法治教育协同创新中心（华东师范大学）、《华东师范大学学报（教育科学版）》于2016年12月3日联合主办"跨学科对话：校园欺凌治理"研讨会。来自复旦大学、华东师范大学、华东政法大学、南京师范大学等高校的十余位学者，从不同学科领域对校园欺凌的成因、类型、防治措施进行了研讨，涵盖了法学、教育学、心理学、社会学、体育学、政治学、哲学等多个学科。在这次会议之前，我把我的文章发给各位专家，并且在会上汇报了我的初步研究成果。各位专家都提出了重要意见，比如黄向阳教授就提出问题："单纯一次侵害行为是否可以认定为欺凌？""如果被欺凌者虽弱小但敢于反抗，且心理并无认为自己受辱，是否构成欺凌？"

听了不同学科专家的意见，我才知道原来我对于"校园欺凌"的理解有失偏颇。会后，认真修改论文。"'校园欺凌'的概念界定及其法律责任"一文幸得《华东师范大学学报（教育科学版）》杨九诠主编认可而发表在2017年第2期。感谢编辑胡岩博士对该文的标题、结构、资料取舍提出的宝贵意见，为文章增色不少。该文发表后，被《新华文摘》当年第12期、人大复印资料《教育学文摘》当年第2期全文转载。文章被转载后，我才坚定了信心：第一，这个课题值得深入研究，因为学界很关注。第二，我从法律史学专业转到教育法研究，还不算太差，原先害怕跨行研究会"贻笑大方"的担心有所缓和。

"日本中小学校园欺凌治理经验镜鉴"一文草成以后，冒昧投到《复旦教育论坛》投稿系统中，经过一个多月的外审，看到系统中显示"专家建议修改后发表"。于是，按照专家意见修改后发到邮箱中。此时恰逢国庆节放假期间，辛苦熊庆年教授占用休息时间，通过邮件先后四次提出修改意见。那个小假期，既兴奋又担心，一般情况是我修改后就立即发送到邮箱。然后，第二天早晨起床第一件事就是查看邮件，一般就收到回复了，我就按照专家意见修改。一连修改四次，才算达到及格。

此文发表后，被2017年人大复印资料《中小学学校管理》第5期全文转载，我本以为此文水平不错。后来在一次会议上，熊庆年教授毫无保留地讲了真实想法，目的是向在座的教育法青年学者提供写作指导。不知道其他人是否记住，因为是以我的文章为例，所以此建议我铭记在心，想必也会终身受益。熊老师的大概意思是：好文章应当"不着一字，尽得风流"，意思是在行文叙述过程中让读者体味古代或国外制度对今天的"启

· 283 ·

发",而不是非要把"借鉴意义"用大段文字写出来。他举例说明,有一篇文章介绍民国时期大学自治,从头到尾没有去谈"对今天的启发",但是读者读罢掩卷而思,就会体会到对今天的启示。初闻高论,顿觉醍醐灌顶。而我的文章上来就是写哪些地方可以借鉴、如何借鉴,这样的分析太过于僵硬、太实,还欠火候。真正的好文章应当去分析这些制度缘何产生,产生后在其社会中如何运作,在分析过程中给人启发。会后沉思,前辈处世、为学的积累,后辈实难望其项背。

三、支持立法

2017年,上海市"教育法学人才项目"开题答辩时,市教委政策法规处王磊处长给我提了一个要求,希望我研究治理校园欺凌的"应然"法律责任,而不应局限于现行法律中法律责任的规定。我查阅大量欧美、日韩及我国香港、台湾地区的规定,发现这些国家和地区在治理校园欺凌方面确实有一些"有牙齿的处罚方式",于是写成"校园欺凌者及监护人'中间性处罚'法律责任研究"。该文章于2018年发表,感谢《教育发展研究》林岚主编、陈霞老师为该文发表所付出的辛勤汗水。

2018年年初,国家启动对《未成年人保护法》的修改工作,修法专家组总负责人是北京师范大学宋英辉教授,其中"学校保护"委托以张惠虹书记为负责人的团队负责,我有幸参与其中。在参加修法工作的过程中,我认为应当将校园欺凌防治内容纳入修改稿中,该想法得到各位专家认可。于是,我将几年来积累的想法、观点写入了该法修改"专家意见稿"中相应法条,并且将上述几篇论文中重要观点作为"意见稿说明"提交。后来,见到报道,《未成年人保护法》修法已纳入《十三届全国人大常委会立法规划》,争取2019年10月提请全国人大常委会审议。[1]该报道称，校园欺凌将成为该法修改重点领域，这无疑是一个好消息。三年来，全国数百位学者都在关注、研究的"校园欺凌"问题的成果如果能够进入修改后的《未成年人保护法》，则功莫大焉。

四、研究体系

2017年教育部人文社会科学研究青年基金项目公布，我申报的"多学科视角下校园欺凌防治的理论与行动方案研究"获得立项。这个消息既鼓励我深入研究该问题，又向我提出了新的挑战。仅仅研究校园欺凌的个别防治问题是不够的，必须构建一个完整体系。结合我自己的专业背景，我认为我的研究特长应当是"校园欺凌法治研究"，我计划对该体系进行深入研究。恰此时，2017年11月，教育部等11部门发布了《加强中小学生欺凌综合治理方案》，该方案为我的研究提供了更加全面的指引和启发。于是我构建了本书目录所展现的研究体系。以该文件为研究对象而撰写的论文"我国校园欺凌法治体系的反思与重构——兼评11部门《加强中小学生欺凌综合治理方案》"有幸被刊载于《东方法学》2019年第1期，感谢吴以扬主编、孙建伟博士的大力支持与辛勤付出。

具体到体例，本书共分为正文研究、附录研究、行动方案三个部分。正文理论研究的七个问题是我一直在思考和研究的核心问题。附录中前三章的理论研究是我与其他课题组成员共同研究而成，南京财经大学法学院讲师刘旭东博士对于法社会学、法治社会颇有研究，于是我请他搜索相关资料，共同完成

---

[1] "未成年人保护法最快明年修法，重点关注校园欺凌"，载新浪教育，http://edu.sina.com.cn/zxx/2018-12-30/doc-ihqfskcn2507744.shtml，最后访问时间：2018年12月31日。

附录第二章内容。刘旭东博士、张玉涛同学、孙康同学都参与了相关资料搜集，我们共同完成附录第一章内容。再有，上文已述，附录第三章"他山之石：日本中小学校园欺凌治理经验镜鉴"也是我与闻志强博士合作完成。这三篇文章属于课题研究体系重要组成部分，但是不宜放在正文之中，于是放在"附录"中，以示区别，具体分工情况在章标题下有专门说明。附录第四、五章，是本课题重要研究参考资料，且对于其他研究者也具有参考价值，故一并置于"附录"之中。本书最后一部分"行动方案"本来是本人受某部门委托编写的《学校反欺凌手册》，由于没有正式出版过，又符合课题研究目标，且中小学校可以直接拿过来稍加改造就可成为本校手册，故单独成为下篇内容。本书第一章中"同伴欺凌现象的历史"本是引导读者认识校园欺凌历史的章节，最初设计是从《史记》中记载的"胯下之辱"这一"同伴欺凌"写起，重点写史书、小说中有关"欺凌"的故事。此思路与妻子吴文静老师讨论后，她提出似乎可以从《悲伤逆流成河》等影视作品入手，于是我在文学作品之前增加了对影视作品中"欺凌"问题的梳理，使得此部分叙述更加完整。上文所提诸君皆应感谢，对本课题完成帮助甚大。

最后应该感谢导师何勤华教授，感谢郭为禄教授、屈文生教授，三位老师大概都是在2015年前后鼓励我开始关注教育法治领域研究。因为他们的学术视野广阔、前瞻性强，故指引我走上了这条道路，不得不说"方向比努力更加重要"，虽然在该领域尚无建树，不过已经培养了浓厚兴趣。此处未提及的更多老师、朋友、学生都给予我莫大鼓励与支持，默默感谢诸位。

五、未完待续

近一二年接触的教育学、社会学专家越来越多，才发现隔

后 记

行如隔山,而不同学科学者之间又能相互提供新视角。

在研究"校园欺凌"问题之初,我看到国外、我国台湾地区有专门的法律文件和完整的制裁体系。我的想法很简单,推动校园欺凌立法工作,将这些严厉措施写入法条,那么我们的任务就结束了,就成功了!随着跟其他领域专家交流的加深,我日益发现自己知识与意识的偏狭。用法律来消灭"问题",似乎这是法律人的通病,我们发现一个问题就希望"立法了之""处罚了之",而教育学家、社会学家可能并不以为然。

在接触了其他领域研究之后,有几个问题我们需要回答:第一,有了严厉法律就可以消灭校园欺凌吗?校园欺凌问题是一个教育问题,不是纯粹的法律问题,以前我们是将"欺凌者"作为"违法者"来看待,主张用"严法"来处罚他们,从而消除欺凌,这种思路值得反思。按照教育学观点,欺凌者、被欺凌者都是教育过程中的"半成品",不能简单处罚了事,而是应该寻求拯救他们,探索帮助他们回归正轨的方法,发挥教育"治病救人"的作用。第二,处罚手段可以和欺凌行为危害相当吗?法治要求"罪刑相当",也就是说要求处罚措施与所犯错误对等,但是当面对未成年人时,我们无法构建一个与"欺凌行为"相当的罚则体系,我们无法做到"报复主义"的要求。第三,一个孩子成为欺凌者、被欺凌者、消极旁观者,难道只是他们的错误吗?可能我们的成人世界应当负更大的责任。孩子本善良,可能我们社会中错乱的价值观、家庭中或暴躁或冷漠的环境、学校中"唯分数论"等因素把他们塑造成为了欺凌者。如果成人世界没有足够的反思、足够的治理、足够的改变,那么仅仅关注"欺凌者"以及对他们进行治理的策略,并非治本之策。

还有许多问题值得我们深思。换句话说,校园欺凌"法治"

状态不是终极目标，可能仅仅是一个起点。借助"法治"的方式处理校园欺凌并不是最佳选择。但是，因为时代、经济、社会发展局限性的存在，现阶段我们只能先这样来治理校园欺凌。校园欺凌问题的真正解决，应当是将孩子们都作为"教育过程中的半成品"、作为主体（而不仅仅是被治理的对象）角度来思考这个问题。比如未来社会福利水平提高、社会贫富差距缩小、社会歧视文化减少、家庭环境更加温暖、教育不再是"功利的应试教育"、班级文化更加和谐，等等，这些大环境的改变，对于有效治理校园欺凌和其他教育问题都有好处。前路很远，但是未来可期。

以校园欺凌为起点，近年来的一系列与"教育+法律"有关的新闻、案件都会引发我的深思，有的还会继续研究下去。比如，清华大学学者付林教授等人因为科研成果市场转化而被拘捕问题；国内若干著名高校出现性骚扰问题；学前机构出现虐待幼儿问题；社会培训市场秩序混乱问题；中小学出现"毒校服、毒跑道、霉变食物"以及防疫站出现"毒疫苗"问题；高考改革引发的教育公平问题，等等。还有，最近发生的12岁男孩弑母行凶后毫无罪责感的新闻、16岁中学生犯错误被要求作检讨而跳楼自杀事件，等等。这些新闻事件都与教育有关、与法律有关。这些问题所引发的思考，不是"概念到概念""空对空"的思考，而是面对社会问题产生的"真命题"。如果我们能够运用所学知识提出恰当的、相对较好的方案，这是对于国家、社会、学校、家庭、学生、教师都有好处的事情。

以校园欺凌研究为起点，我也将针对社会热点的"教育法治"问题进行研究。当然，毕竟我跨入这个领域还不足3年，研究中会有各种纰漏和不足，比如这本书中的研究，我感觉在未来都有修改的余地。一方面，我会继续深入研究修正自己的

后 记

观点,另一方面请读者不吝指教。只有在"如切如磋,如琢如磨"的相互砥砺过程中,才可能发现真知。这本书出版,是为了给学界树立一个批判的靶子,对于从法治角度系统研究"校园欺凌",本书应该是较早的一本,因此也应该是一部难免有缺陷的作品。希望这块"砖"在未来引出"玉"来,这或许是本书在现阶段存在的价值。

本人1981年出生,在读大学前一直未脱离农业劳动,乘火车去大学的前一天还去地边"打柳条子"。2000年赴兰州大学,2008年9月赴上海读书并工作。屈指算来,到今年为止,我在家乡生活的时间与在外地生活的时间已经相等,都是十九年了。故录诗一首以纪念过往的岁月,感恩每个阶段曾帮助过、启迪过我的善良师友亲朋。

三十八岁寄怀
少慕贤良耕读勤,
皋兰名黉教泽深。
中隐东南十载后,
冰心依旧在昆仑。

任海涛
2019年03月13日
于上海